무박3일 밤새워 읽는
최고민수 경제사 특강

**일러두기**
- 독자의 이해를 위해 일부 표현은 국립국어원 외래어 표기법이 아닌 학계에서 통용되는 표현을 그대로 살려 저자의 의도를 반영했음을 밝힙니다.
- 단어 앞에 붙은 1) 2) 3) 혹은 A) B) C)는 독자의 이해를 돕기 위해 작가가 정한 문단 내의 순번임을 밝힙니다.
- 역사적 내용을 기반으로 했지만, 이 책에서 언급한 내용 외에도 학자나 문헌에 따라 다양한 가설과 해석이 존재할 수 있음을 알립니다.

# 무박3일 밤새워 읽는 최고민수 경제사 특강

한 권으로 역사학, 인문학, 지리학까지
**정복하는 투머치
경제 교양서!**

최고민수(박민수) 지음

**프롤로그**

# 최고민수스러운, 최고민수다운, 최고민수만의 B4 경제사

나이가 들어가면서 역사에 관심이 많아졌다. 늘 변화무쌍한 주식시장과 달리 시간이 흘러도 변치 않는 과거의 기록들 말이다. 특히, 경제학자도 역사학자도 체계적으로 완성하지 못했던, 돈과 경제에 관한 역사를 한번 만들어보고 싶었다. 오래 묵혀둔 묵직한 이야기들을 최고민수만의 유쾌한 화법으로 풀어낼 순 없을까! **최고민수스러운, 최고민수다운, 최고민수만의 고봉밥 경제 역사 이야기**를 말이다. 숱한 불면의 밤을 고민하고 또 고민했었다.

'침착맨' 유튜브에 출연해 '최고민수 경제사 특강'을 이야기한 지 벌써 3년이 지났다. 그동안 '침착맨', '빠니보틀' 유튜브 채널에서 보여준 수다스러움을 담은 **최고민수 B4용지**를 탐내는 수요도 많았다. 여러 영상에서 보여준 최고민수의 입담을 책으로 수북하게 풀어내고 싶었다. 여의도 금융기관 직장인 27년 차이자 주식 책 베스트셀러 작가 아니던가. 경제의 역사 큰 틀에서 아주 오랜 고대부터 현재의 일상까지 꼼꼼하게 풀어내 보자. 하지만, 아므리 최고민수라도 방대한 양을 요약 정리 풀어내려고 하니 준비 작업이 꽤나 필요했다. 금방 나올 것 같았던 '최고민수 경제사 특강'이 '침착맨' 유튜브 출연 후 3년 만에 빛을 보는 이유다.

『최고민수 경제사 특강』은 총 2권으로 구성되어 있다. 역사적 순서대로 정리를 하다 보니 중상주의 이전과 이후로 구분해 봤다. 제1권은 고대 문명 탄생부터 출발해 고대 그리스, 로마 그리고 중세시대를 중심으로 풀어낸다. 제2권은 중상주의로부터 대두된 경제와 산업 발전을 중심으로 다룬다. 주요 경제학자들의 경제이론과 경제학 원론에서 언급되는 주요 경제 이슈를 역사적 진실과 함께 엮어 설명한다. 제1권이 역사적 만담꾼 같은 느낌이라면, 제2권은 경제학적 수다쟁이라 하겠다. 총 90개의 주제로 제1권과 제2권 각 45개 주제로 되어 있다. 마음 같아서는 완벽한 무박 3일을 위해 최소 5권 정도는 풀어낼 수 있겠지만, 일단 간단하게 2권으로 시작을 해보려 한다.

이 책의 기반은 세계사를 뒤흔든 중요 역사적 사건 중 경제학적으로 의미 있는 주제들이다. 방대한 역사적 내용을 핵심만을 요약하고 압축해 이해도를 높였다. 딱딱한 경제학적 내용을 쉽고 편하게 수다쟁이 최고민수만의 만담 방식으로 편하게 적어냈다. 수다의 영역은 무한대 아니던가, 최고민수만의 인문학적 소양, 지리학적 사실도 더했다. 그러다 보니 역사, 경제, 인문, 지리를 포함한 올라운드 플레이어, 종합 백과사전이 되었다. 그래도 핵심을 꼽으라면 역사가 메인, 경제학이 보조적으로 도와준다 보면 되겠다. 경제 섹터를 주로 다루는 역사책이 정확한 표현이겠다. 정말 무박 3일이 필요한 방대한 양을 쉽고 재미있게, 시간 가는 줄 모르고 읽을 수 있을 것이다. **최고민수의 여행용 B4용지에 목말라 있던 독자라면 이 책으로 충분한 지식 섭취가 가능하리라.** '유쾌하고 재미있고 지식도 있게'가 이 책의 모토다.

이 책은 **대학 입시를 준비하는 고등학생들의 논술 및 인문 사회 영역 교재**로도 훌륭히 쓰일 것이다. 대입 입시에 필요한 지식을 무박 3일 만에 습득할 수 있으니 얼마나 좋으랴. 또한 **금융권 취업을 준비하는 취업 준비생, 평소 역사와 경제학적 소양에 목마른 이들**에게도 많은 도움이 될 것이다. 국방의 의무를 충실히 하는 군인 아저씨들, 도서관에서 책을 읽고픈 독서광에게도 최고의 선물이 되리라 기대한다. 세상에는 수많은 역사책과 경제 관련 서적들이 있지만,『최고민수 경제사 특강』과 비슷한 컨셉의 책은 아직 없으니, 나름의 독창성 있는 책임을 알아주셨으면 좋겠다.

마지막으로 아버지, 어머니, 여동생들 그리고 아내와 쌍둥이 아들들에게도 사랑한다고 전하고 싶다. 특히, 병상에 계신 아버지의 건강함을 늘 기원한다.

2025년 여름
최고민수

### 최고민수 경제사 특강 1권 목차

프롤로그 · 4

1-1 화폐 이야기가 많은 함무라비 법전 · 15
1-2 얼큰하게 취해보는 맥주의 경제사 · 21
1-3 화폐의 역사, 서양 화폐와 동양 화폐 간 가치관 차이 · 28
1-4 그리스, 페르시아, 마케도니아 그리고 헬레니즘 · 39
1-5 빵과 서커스, 로마의 가격 통제 · 53
1-6 카이사르와 클레오파트라, 나일강의 범람 · 63
1-7 팍스 로마나, 모든 길은 로마로 통한다 · 73
1-8 흉노가 몰고 온 게르만족 대이동 그리고 신성로마제국 탄생 · 83
1-9 용병의 반란과 대리인 비용 · 91
1-10 침략자 바이킹, 유럽 문명에 동화되어 가다 · 103
1-11 유대인이 고리대금업자가 된 이유 · 111
1-12 카노사의 굴욕과 보름스 협약 · 119
1-13 경제적 이유로 떠난 십자군 원정 · 124
1-14 페스트가 가져온 부자 농부 탄생 · 134
1-15 백년전쟁이 만든 모직물 수출 국가 잉글랜드 · 140
1-16 오스만 튀르크 정복 역사 그리고 전통시장 그랜드 바자르 · 147
1-17 독과점 카르텔, 한자동맹과 길드 · 157
1-18 샴페인의 본고장, 상파뉴 정기시 시장 거래 · 163
1-19 레오 10세 교황을 배출한 르네상스 주역 메디치 가문 · 173
1-20 복식부기 회계 처리와 재무제표에 대해 · 180
1-21 면벌부 판매와 종교 개혁, 자본가 탄생 · 186
1-22 합스부르크 가문 결혼 동맹과 후원자 푸거 가문 · 195
1-23 대항해시대를 연 바다의 왕자, 엔히크 · 201

| | | |
|---|---|---|
| 1-24 | 1492년도가 갖는 3가지 의미 | 209 |
| 1-25 | 스페인 대항해시대를 연 콜럼버스와 마젤란 | 216 |
| 1-26 | 한나라의 탄생『초한지』와 진나라의 탄생『삼국지』 | 223 |
| 1-27 | 수나라의 중국 통일, 과거제도와 대운하 건설 | 233 |
| 1-28 | 원나라의 교초 초과 발행이 일으킨 인플레이션 | 243 |
| 1-29 | 해금령으로 중국이 유럽에 밀리기 시작하다 | 249 |
| 1-30 | 네덜란드, 청어잡이가 금융을 일으키다 | 256 |
| 1-31 | 네덜란드, 동인도회사 주식 거래가 되다 | 262 |
| 1-32 | 네덜란드, 먹고살 만하니 터진 튤립 버블 | 271 |
| 1-33 | 악화가 양화를 구축한다, 그레셤의 법칙 | 279 |
| 1-34 | 드레이크, 해적질로 잉글랜드 여왕 배를 불려 | 286 |
| 1-35 | 명예혁명과 권리장전, 영국 의회의 예산 통제 | 291 |
| 1-36 | 영국 해군 육성과 영란은행의 탄생 | 300 |
| 1-37 | 향신료 전쟁에서 승리한 네덜란드 동인도회사 | 311 |
| 1-38 | 군대 정복 비즈니스, 영국 동인도회사 | 317 |
| 1-39 | 사탕수수 재배를 위한 노예 삼각무역 | 324 |
| 1-40 | 공유지의 비극을 막을 방법은 사유재산 제도 | 333 |
| 1-41 | 커피의 역사, 증권과 보험의 시작 커피하우스 | 339 |
| 1-42 | 런던 대화재와 화재보험의 시작 | 349 |
| 1-43 | 루이 14세부터 16세까지, 그리고 미시시피회사 버블 | 356 |
| 1-44 | 버블법을 만들게 한 영국 남해회사 주가버블 | 363 |
| 1-45 | 종교가 부른 육식 금지와 중국인의 돼지고기 사랑 | 370 |

그림 출처 · 380

# 최고민수 경제사 특강 2권 목차

2-1 절대 국가 왕의 힘, 중상주의

2-2 중상주의를 비판한 경제학의 아버지, 애덤 스미스

2-3 자유무역 옹호자 데이비드 리카도, 비교우위론

2-4 면직물 대량 생산이 만들어 낸 산업혁명

2-5 산업혁명 낙관론에 우울함을 던진, 맬서스 함정

2-6 자본주의가 망할 거라던, 카를 마르크스

2-7 수요와 공급의 법칙을 만든, 알프레드 마샬

2-8 명품은 더 비싸져, 베블런 효과

2-9 공리주의 속 자유주의 주창자 존 스튜어트 밀

2-10 대륙 봉쇄령, 나폴레옹이 러시아로 간 까닭은

2-11 몽골의 보르츠, 나폴레옹의 병조림과 전투 식량의 역사

2-12 로스차일드, 5개의 부러진 화살

2-13 에펠탑과 파리 만국박람회 그리고 백화점의 탄생

2-14 찻값이 아까워, 영국의 아편전쟁 도발

2-15 서태후, 청나라의 멸망과 『아큐정전』

2-16 전쟁 배상금 비즈니스의 시작, 메이지 유신

2-17 데지마와 나비 부인 그리고 군함도

2-18 영국인과 네덜란드인 간 다이아몬드를 놓고 싸운 보어 전쟁

2-19 비스마르크 독일 통일과 1차 대전 발발

2-20 1차 대전과 독일의 하이퍼인플레이션

2-21 헨리 포드 컨베이어벨트 시스템, 자동차 대중화

2-22 보호무역주의, 스무트-홀리 관세법과 대공황

2-23 대공황을 극복하게 한 케인스

2-24 공짜 점심은 없다, 밀턴 프리드먼

2-25 미국 대공황이 불러온 히틀러의 부활

2-26 간디의 소금 행진, 그리고 인도와 파키스탄 분리

2-27 분서갱유와 문화대혁명 그리고 흑묘백묘론

2-28 과도한 세금이 불러온 미국의 독립전쟁

2-29 미국 서부 골드러시와 대륙 횡단 열차의 탄생

2-30 미국 남북전쟁, 그레이백과 그린백

2-31 재정 정책과 통화 정책 vs. 레이거노믹스 신자유주의

2-32 글로벌 경제 대통령, 미국의 중앙은행 연방준비제도

2-33 미국 달러 기축통화를 만든 브레튼우즈 체제

2-34 빅맥 지수, 물가 그리고 골디락스

2-35 필립스 곡선 그리고 실업률과 인플레이션

2-36 소득 불평등, 로렌츠 곡선과 지니계수

2-37 사우디아라비아와 미국 간 석유 패권, 밀월과 경쟁

2-38 독과점과 반독점 규제, 셔먼법

2-39 코카콜라, 펩시콜라, 닥터페퍼, 그리고 코카콜라와 환타는 대체재인가

2-40 콩코드 여객기, 매몰 비용의 오류

2-41 『어린 왕자』의 보아뱀 M&A 그리고 승자의 저주

2-42 서브프라임 모기지론 사태와 리먼 브라더스 파산

2-43 영국의 유럽연합 탈퇴, 브렉시트가 부른 화

2-44 지브롤터와 세우타, 헤라클레스의 기둥

2-45 카니발, 플라멩코 그리고 탱고

# 화폐 이야기가 많은 함무라비 법전

### 메소포타미아 문명

**메소포타미아**이란, 이라크, 시리아는 '강 사이의 땅'이라는 뜻이다. 바그다드(이라크 수도) 근처 티그리스강과 유프라테스강이 만나는 비옥한 초승달 모양 지역이다. 메소포타미아 문명은 아카디안 왕조기원전2350~기원전2150년, 우르 왕조기원전2150~기원전2000년, 바빌로니아 왕국기원전2000~기원전900년, 아시리아 제국기원전911~기원전612년, 신 바빌로니아 왕국기원전626~기원전539년, 페르시아 제국기원전550~330년까지 이어졌다. 메소포타미아인들은 인류 최초 문자인 **수메르 문자**(쐐기 모양의 설형 문자), 바퀴 달린 운송수단을 발명하기도 했다. 쐐기Wedge는 나무나 쇠를 비스듬하게 깎은 물건이다. 주로 문을 괴어 놓거나 틈새를 가르는 데

**그림 1** 점토판의 쐐기 문자

쓰인다. 점토판찰흙판에 날카로운 갈대로 꾹꾹 눌러 글쐐기 문자을 남겼다. 채무 관계를 증명하는 점토판이 발견되기도 했다. **수메르인**은 메소포타미아에 살던 사람들이다.

**지구라트**Ziggurat는 메소포타미아 도시문명 가장 높은 곳에 세워진 신전이다. 신이 높은 곳에 산다는 믿음을 가지고 높게 지었다. 진흙 벽돌로 지었는데, 위로 올라갈수록 점점 좁아지는 계단형 탑이다. 구약성서에 나오는 바벨탑도 지구라트다. 하늘에 오르려는 인간의 오만함을 상징한다. 신바빌로니아 왕네부카드네자르 2세은 향수병에 걸린 아내를 위해 **공중정원**을 만들었다. 25m 높이 계단형 건물가로세로 각 400m을 짓고 그 안에 정원을 꾸몄다. 아내 고향에서 나무, 풀, 꽃 등을 가져다 만들었다. 맨 꼭대기에서 폭포수가 떨어지게도 했다.

### 탈리오 법칙

수메르인은 북쪽에서 온 셈족 계열의 아카드인에게 정복당한다. 그 후 셈족 계열인 아모리인이 메소포타미아 남쪽 바빌론에 **바빌로니아 왕국**을 세웠다기원전 2000년경. **함무라비왕**재위 기원전 1792~1750년은 바빌로니아 6대 왕이다. 함무라비는 눈에는 눈, 이에는 이로 불리는 **함무**

**라비 법전**기원전 1754년을 만들었다. 기존에 판결들을 묶은 판례판결 사례 묶음집이다. 검은 현무암 기둥2m 25cm에 282개 판례를 새겼다. 함무라비왕은 메소포타미아 전 지역을 차지한 뒤, 드넓은 지역 통치 방식의 하나로 함무라비 법전을 선택했다. 제국 각지에 지방 법정을 만들고 왕을 대신할 사법관을 파견했다.

법전 맨 위에는 태양신 샤마시와 함무라비왕이 새겨져 있다. 왕은 한 손을 배에 붙이고, 다른 손은 올려 신에게 예를 갖추고 있다. 왕이 곧 신이었던 이집트 문명과 달리 메소포타미아 왕은 '신의 대리인'으로 표현되고 있다. 프랑스 루브르 박물관에 가면 함무라비 법전을 만나볼 수 있다. 함무라비 법전은 당한 만큼 그대로 되갚아준다는 **탈리오 법칙(동해보복법**한가지 동同, 해할 해害)을 적용했다. 받은 피해보다 더 큰 복수를 막는 게 핵심이다. 앙갚음은 '피해받은 만큼' 이 최대치이다. 지금도 일부 이슬람 국가에서는 샤리아이슬람 율법에 따라 탈리오 법칙을 적용하기도 한다.

### 함무라비 법전

함무라비 법전에선 웬만하면 죽인다282개 조항 중 32개거나, 신체를 자르니 지금 보면 무자비할 수 있다. 예를 들면, 귀족이 임산부를 때려 죽이면 그 귀족의 딸을 죽인다. 건축가가 지은 집이 무너져 사람이 죽으면 그 건축가를 죽인다. 그 집주인 아들이 죽으면 건축가 아들을 죽인다. 아들이 아버지를 때리면 한 손을 자른다. 의사가 귀족 수

그림 2 함무라비 법전

술을 했는데, 귀족이 죽거나 눈을 잃으면 의사 손목을 자르는 식이다. 그 당시 의사나 건축가는 목숨을 내놓고 일했어야 했겠다. 다만, 당시는 왕이 본인의 마음대로 처벌할 수 있었던 시절임을 감안하면, 규율로 징벌을 정하려 했으니 나름 **법치주의**다. 다만, 계급사회였기에 **신분차별**이 판례에도 담겼다. 예를 들면, 눈을 다치게 했다면 귀족끼리는 동등하게 당한만큼 갚아 주지만, 피해자가 평민이라면 화폐로, 노예라면 평민보다 배상금액을 50% 감액해 줬다. 뺨을 때렸을 경우 평민들끼리보다 귀족끼리 배상금액이 더 높았다. 평민이 귀족 뺨을 때리면 쇠가죽 채찍을 맞아야 했다. 노예가 귀족 뺨을 때리면 노예 귀를 자르도록 했다.

재미있는 점은 **부부관계의 정의**다. 1)계약을 하지 않으면 부부로 성립되지 않았다. 마치, 오늘날 혼인신고를 해야 하는 것처럼 말이다. 3)남편이 아내가 애를 못 낳는다고 이혼을 원하면 아내에게 결혼지참금결혼할 때 가져오는 화폐(물건)을 돌려주고 이혼해야 했다. 원래 지참금이 없었으면 합의금을 따로 줘야 했다. 3)남편이 아내를 두고 다른 지역에 가 오랜 기간 살다가 뒤늦게 왔다면, 아내의 딴살림을 인정해 줬다. 반면에, 4)기혼 여성이 다른 남성과 바람을 피우다가 걸리면, 두 불륜을 묶어 강에다 던졌다. 예외적으로 남편이 아내를 용서해 주면 둘 다 살려줬다.

## 상거래 조항

4대 문명 발상지 답게 법전에 **상거래나 경제 관련 조항**이 많다. 벌금형 처벌도 있어, **화폐가 사용**되었을 것으로 판단된다. 수메르인은 원래 밀 다발을 화폐로 사용했다. 수메르어로 밀은 셰She 다발은 켈Kel, 밀 다발은 **셰켈**Shekel이다. 셰켈은 무게 단위 겸 화폐 단위였다. 이후 금속 화폐를 만들었는데 그 이름도 셰켈이었다. 셰켈보다 큰 단위도 있었는데 60셰켈이 1미나Mina, 60미나가 1달란트Talent였다. 달란트는 재능을 뜻하는 탤런트의 어원이기도 하다. 현대 이스라엘 화폐 단위도 셰켈이다. 수메르인은 이자를 당연시했다. 이자를 마스라고 했는데, 송아지란 뜻이다. 이자를 출산 능력으로 본 셈이다. 무역 식민지카룸에 대한 이야기도 있는데, 당시 상업 수준이 높았음을 알 수 있다.

상거래 관련 법전 내용을 좀 더 보면, 1)**임대차**에 대한 개념이 담겨있다. 농지를 빌리고 경작을 안 해도 지대 납부수재, 한재는 예외를 하라거나, 배를 빌릴 경우 내야 할 사용료도 적혀 있다. 2)남의 재산을 훔쳤을 때 10배를 변상하라는 건 **사유재산**에 대한 개념이다. 소를 빌려서 잃어버리면 비슷한 소로 갚아야 했다. 제방 관리를 소홀히 해 다른 사람의 농사를 망치면 손해를 갚아주도록 했다. 이 경우 돈이 부족하면 그 사람을 노예로 팔아서 갚도록 했다. 바빌로니아판 신체 포기 각서라고나 할까. 3)**이자**를 받을 수 있게 하되, 상한선을 정했다. 은은 20%, 곡물은 33%다. 곡물의 이자율이 더 높은 건 농사를 망치면 못 받을 수 있어서였다. 위험이 높을수록 이자율이 높은 셈이다. 4)**최저임금**을 정해둔 조항도 있다. 선원은 1년에 6구르[1구르=300리터], 일용직 노동자와 목축업자는 8구르로 정해뒀다. 5)**외국인 노동자 보호**랄까, 용병 월급을 안 주면 고용자 처벌 조항도 있다.

# 1-2

# 얼큰하게 취해보는 맥주의 경제사

### 맥주는 화폐

맥주는 맥아보리를 가공를 발효한 술이다. 영어로 Beer지만 독일어로는 Bier다. 발음은 둘 다 비~어로 '**마신다**'라는 라틴어 Bibere에서 유래했다. 농업이 번창하니 곡창지대에서 술 문화가 발전되기 시작했다. 최초 맥주는 보리빵이 주식이던 **수메르인** 메소포타미아 지역(이라크 남부)부터다 기원전 4000년. 곡물가루로 빵 반죽을 만들고 발효되면 물을 타서 마셨다. 요즈음 청량하고 투명한 맥주와는 완전 다르다. **시큼하고 걸쭉한 막걸리 같은 맛**으로, 거뜬한 한 끼 식사가 되었다. 맥주가 밥 노릇을 하니 화폐로 쓰였다. 수메르인은 노동자에게 **월급**으로 맥주를 지급했다. 신분 사회였기에 높은 신분이 더 많은 맥주를 받았다. 높

**그림 3** 고대 이집트의 맥주 벽화

은 신분일수록 술 도수도 더 높았다. 지체 높은 분은 더 취하라는 건가. **이집트인**도 맥주를 무척 좋아했다. 가톨릭에서 와인이 종교의식에 쓰였듯 맥주가 신에게 바쳐졌다. 이집트에서도 화폐처럼 쓰였다. 노동 계약을 할 때 지급받을 맥주량이 포함되었다. 피라미드 건설자는 빵과 함께 맥주 4L가 일당으로 지급되었다. Meal<sup>식사</sup>이 빵과 맥주의 합성어에서 유래한 걸 보면 **맥주는 곧 식사**였다. 또한, Cash<sup>현금</sup>도 이집트어로 맥주인 Kash에서 유래되었다고 하니 **맥주는 곧 화폐**였다. 대량의 맥주가 소비되었기에 **대형 양조장**이 이집트 시대에 건설되었다. 지금으로 치면 양조장이 조폐공사인 셈이다.

### 투명한 맥주

함무라비 법전에도 맥주를 경제적으로 정의했다. 맥줏값을 곡물로 계산토록 한 점이 재미있다. 예를 들면, 맥줏집에서 60쿼 외상 맥주를 마셨다면 수확하고 50쿼 곡물을 납부해야 했다. 술집 여자가 맥줏값을 곡물로 안 받고 은으로 받거나, 받은 곡물 대비 맥주를 적게 주면 물속에 던지도록 했다. 잔인하다만 술값 계산은 확실하다. 반면, 그리스·로마 시대에 맥주는 홀대받았다. **야만족의 역겨운 발효음료**로 평가절하되었다. 신의 음료인 와인에 맥주가 웬 말인가. 로마 장군 **카이사르**기원전 100~기원전 44년도 켈트족 정벌 당시, 맥주 먹고 날뛰는 켈트족들을 보고 야만인들이 우글거린다고 했다. 그런 그도 나중에 맥주 맛에 홀릭했지만 말이다. 홀대당한 맥주가 중세시대 **수도원**에서 재도약했다. 수도사의 빈약한 식단을 매우는 영양보충제 역할을 했다. 씁쌀한 맛을 내는 홉$^{Hop}$을 첨가해 풍미를 높였다. 고대 막걸리 같았던 맥주는 **투명하게 재탄생**했다. 맛있는 맥주는 수도원의 주 수입원이 되기도 했다. 하지만, 수도원은 돈을 벌어도 세금 한 푼 내지 않는다. 머리 좋은 관리들이 민간인에게 **맥주 제조를 권장**했다. 그리곤 **맥주세**라는 세금을 만들어 걷는 영리함을 보였다.

### 맥주순수령

맥주의 시큼한 맛을 감추기 위해 이것저것 첨가물을 넣기도 했다. 쓸개즙, 숯가루는 물론 뱀 껍질까지 넣었다. 맥주가 독약이 되어 죽는 사태까지 발생했다. 이에 **바이에른 왕국**오늘날 독일 **빌헬름 4세**는 **맥주순수령**을 발표했다[1516년]. 맥주 원료는 딱 3가지로 제한했다. 순수하게 **보리, 홉, 물**만 넣으라는 거다. 이는 밀, 호밀을 제외해 식량 확보 측면도 있다. 순수령 덕분에 **맥주는 곧 독일**이라는 공식이 성립하게 되었다. 맥주 품질은 올라가고 맥주세 수입이 늘었다. 독일은 보존 기간이 짧은 잉글랜드 Ale(에일) 방식 대신, 보존 기간이 긴 Lager(라거) 방식을 개발했다. **Ale(에일)**고온+상면 발효은 효모가 위로 떠올라 진하며 과일 향이 난다. 반면, **Lager(라거)**저온+하면 발효는 효모가 바닥에 가라앉아 깔끔하고 청량한 맛이 난다. 우리나라에서 제조하는 대부분의 맥주는 Lager(라거)다. **옥토버페스트**Oktoberfest는 이름처럼 10월의 축제다. 독일 뮌헨에서 2주간[9월 말~10월 초] 열린다. 결혼식 바이에른 왕국 왕자와 작센 공국 공주 축하연에서 기원했다. 축제 때 여성들은 3kg들이 맥주잔[잔 2kg+맥주 1kg]을 10개씩 손으로 나른다. 많게는 16개씩 나른다고 하니 48kg나 된다. 참고로 뮌헨 공대독일 뮌헨 소재에는 술을 전문적으로 공부하는 양조학과도 있다.

  독일인에게 맥주가 있다면 우리에겐 소주가 있다. 소주는 고려 시대 몽골에서 전해졌다[13세기]. 몽골도 중동에 침략하면서 배운 기술이다. 몽골은 일본 침략을 위해 병참기지를 안동에 뒀다. **안동소주**가 유명해진 이유다. 칭다오 맥주가 유명한 것도 중국 칭다오가 독일 조차지일시적으로 빌린 영토여서다. 전통방식 소주는 쌀이 주원료다. 고두밥에 누룩을 넣고 발효해서 만들었다. 그런데 조선 시대 흉년 기근이면 금주령이 내렸다. 먹고살 만해야 소주를 맛볼 수 있었다.

## 금주령

요즈음도 이슬람은 금주령술 금지령이지만, 금주령 하면 미국 **알 카포네**1899년~1947년가 떠오른다. 20살의 카포네가 시카고 갱단 중심이 되고, 시카고 암흑가 1인자가 된다1925년. **화무십일홍**花無十日紅, 열흘 붉은 꽃은 없다이다만, 매춘, 밀주, 도박장 운영으로 1억 달러 재산을 축적하기도 했다1927년. 당시 미국은 **금주법**을 통과시켜 **금주령**을 선포했다1919년. 1차 대전에 따른 곡물 부족을 주원인으로 하나, 가톨릭 근본주의자들, 노동자의 음주를 싫어한 사장님들, 적극 독일의 맥주 산업에 반감을 가진 이들의 환영도 한몫을 했다. 금주령으로 미국에서 **모든 술의 제조, 판매, 유통을 불법**으로 규정했다. 황당하지만 마시는 건 허용했다. 그로 인해 주류 사재기, 밀수, 밀주 제조가 성행했다.

미국 남부 시골에서 옥수수로 밀주 생산이 시작되었다. 연기를 들키지 않게 밤에만 증류기를 돌

그림 4 알 카포네

렸는데 이를 **문샤이닝**Moon(달)+Shine(비추다)이라 했다. 합법적인 술 시장이 사라져 밀주를 생산하는 갱단이 최대 혜택을 본다. 술집도 간판을 떼고 단골들만 비밀번호를 대고 이용할 수 있게 했다. 이를 **스피크이지**Speakeasy **바**라고 한다. 당시 경찰에 걸리지 않고 밀주를 공급하기 위해 성능 좋은 자동차와 운전실력이 뛰어난 운전기사가 발전하게 된다. 금주령에도 **교회 미사용 포도주, 의료 처방용 독주**는 합법이었다. 이로 인해 병원을 찾는 환자가 늘었다고 한다. 포도즙을 발효하면 포도주가 되고, 이를 증류하면 브랜디가 되다 보니 포도즙 시장도 커졌다. 공급보다 수요가 많으니 밀주 가격이 급등했다. 가난한 이들은 질 낮은 술을 찾게 되고 건강을 잃기도 했다. 술을 구하지 못해 마약에 빠지는 경우도 있었다. 미국 대공황1929년으로 금주법은 반전의 계기가 된다.

미국 정부는 주류 판매를 통한 세수 확대와 음지에 있는 양조업계를 살리려 결정한다. 프랭클린 루스벨트는 금주법 폐지를 제1 공약으로 내세워 미국 대통령에 당선된다. 대공황 이후 **금주법을 폐지**하기1933년까지 14년간이나 술 없는 세상이었다. 밀주가 사라지면서 마피아도 설 자리를 잃는다. 금주법이 시행되던 1920년대 미국에선 토마토 주스에 무색無色 술을 섞어 마시는 방법이 비밀리에 유행했는데, 색이 붉어 '**블**

그림 5 블러디메리

**러디메리**'로 불렸다. 성공회 사람들을 하도 숙청한 영국 여왕 메리 1세 별명이 블러디메리다.

## 가치재

경제학에서 **가치재**는 교육, 의료, 주택공급과 같이 바람직한 것들이다. 정부가 적극적으로 나서서 장려한다. 반면, 술, 마약, 담배, 매춘은 **비가치재**다. 가치가 없는 것이니 소비자에게 나쁜 영향을 준다. 쾌락효용은 높게, 고통비효용은 낮게 평가되는 특징 때문에 쉽게 끊질 못한다. 정부가 비가치채에 대해 못하도록 발 벗고 나서지만, 부작용도 만만치 않다. 앞서 금주법에 알 카포네 같은 밀주업자가 대박을 치듯 말이다. 맥주 역사가 6,000년이 넘는데 술을 끊게 한다고 쉽게 끊어지겠는가 말이다.

# 화폐의 역사,
# 서양 화폐와 동양 화폐 간 가치관 차이

### 모네타

**모네타**Moneta는 '경고하는 여자'라는 뜻이다. 유노를 붙여 '**유노 모네타**'로 주로 사용되었다. 유노Juno는 영어로는 주노라고 불리는데, 혼인과 출산을 관장하는 로마 여신이다. 그리스 신화에서 제우스의 부인인 헤라에 해당한다. 유노는 6월 June의 어원이기도 하다. 갈리아인프랑스 등 거주이 로마로 쳐들어왔을 때기원전 390년, 로마 장군만리우스 카피톨리누스은 거위 소리를 듣고 적의 급습을 막아낸다. 당시에 거위는 유노 여신에게 바쳐진 신성한 동물이기도 했다. 그 사건 이후 유노 여신은 **경고하는 자**라는 의미인 유노 모네타로 불렸다. 거위 덕분에 로마를 지켜냈기에 유노 모네타는 로마를 수호하는 여신이 된다.

50여 년 뒤 로마의 또 다른 장군마르쿠스 푸리우스 카밀루스이 전쟁에 나선다. 장군은 유노 여신에게 승리를 도와주면 신전을 바치겠노라 약속했다. 결국, 전쟁에서 승리한 장군은 **유노 모네타 신전**을 만든다. 이후 전쟁을 또 치르게 되는데, 전쟁 자금 부족을 걱정하는 로마인들은 유노 여신에게 도움을 청했다. 여신은 정의로운 전쟁이라면 화폐가 부족하지 않을거라고 답했고, 이후 로마인은 화폐 부족 없이 전쟁을 치르게 되었다. 여신의 신탁커신 신神, 부탁할 탁託에 따라 유노 모네타 신전에는 화폐를 주관하는 **조폐소**가 들어선다. 그로 인해 모네타는 Money화폐의 기원이 되었다.

## 동서양 화폐 차이

동양과 서양 화폐를 구분하는 기준은 **무게와 순도**다. **서양 화폐**는 무게와 모양이 통일되었다. 금속 **무게와 순도는 화폐 가치와 일치**했다. 그 결과, 서양 화폐의 가치는 **표준화**되었다. 오직 금속 가치만큼 시장에서 객관적으로 인정받았다. 왕의 자의적 의사결정은 배제했다. 고대 유럽은 여러 언어가 혼재되어 있었다. 여러 언어를 쓰는 사람끼리 물건을 교환하기 위해선 화폐 무게와 순도가 표준화되어야 했다. 애덤 스미스는 화폐 기준으로 '1)모두가 가치를 인정하고, 2)교환 가치가 있으며, 3)변질되지 않고, 4)분할이 가능해야 한다'라고 했다. 서양 기준에는 금과 은이 화폐가 될 수밖에 없었다. 금본위제근본 본本, 자리 위位이든 은본위제이든 보유한 금이나 은만큼만 금화나 은화를 만들 수 있었고 그 화폐가 유통될 수 있었다. 금만 화폐로 인정하면 **금본위제**, 은만 인정하면 **은본위제**다. 금과 은 둘 다 인정하면 **금은 복본위제**다. 반면, **동양 화폐**는 '왕이 정의하는 가치'가 화폐였다. 어떤 재료든 왕이 정의 내리면 화폐가 되었다. 볍씨나 조개껍데기도 동양에선 화폐가 될 수 있었다. 종합하자면, 서양에서 화폐란 금속이란 물건이라면, 동양에선 **왕이 정한 약속**이다. 지폐가 중국에서 처음 사용된 것도 화폐를 금속의 무게와 순도로 정의하지 않았기 때문이다. 왕이 지폐에 적힌 금액을 화폐로 쓰도록 정의했고, 중국이 서양보다 먼저 지폐가 가능했던 이유다.

### 일렉트럼

화폐를 사용한 흔적은 바빌로니아 함무라비 법전에도 나온다. 이 법전에 **벌금형 처벌**이 있기 때문이다. 그 당시에도 화폐가 사용되었을 걸로 판단된다. 다만, 기록만 남았을 뿐 실물 화폐로 발견되지는 않았다. 현재 실물로 발견된 가장 오래된 서양 화폐는 **일렉트럼**Electrum이다. 고대 리디아터키 서쪽 소아시아에서 만든 금과 은이 반씩 섞인 호박금 화폐다. 리디아는 아시리아 제국이 4개 왕국으로 분열된 나라신바빌로니아, 메디아, 이집트, 리디아 중 하나다. 당시 주조기술이 발달되지 않아 원석 그대로 썼다.

그림 6 일렉트럼

기원전 7세기경 화폐치곤 무게가 표준화되어 있다. 일렉트럼은 뒷면에 **네모꼴 문양**이 그려있는데, 그 개수로 화폐 가치가 표현되었다.

## 중국 화폐

중국의 연나라<sup>춘추전국시대</sup>에서는 청동으로 만든 **명도전**이 쓰였다. 칼 모양으로 표면에 한자로 밝을 명<sup>明</sup>이 쓰여졌다. 다만, 그 모양과 크기가 제각각이다. 서양 입장에서는 표준화되지 않기에 화폐로 볼 수가 없다. 춘추전국시대 후반에는 농기구 모양의 **포전**이 쓰이기도 했다. 이 화폐들은 진시황이

그림 7 반량전

중국을 통일한 이후에 **엽전** 모양의 청동 동전으로 통일되게 되었다. 엽전은 둥근 원에 네모난 구멍이 뚫려 있다. 반량<sup>반 반半, 두 량兩</sup>이라는 한자가 새겨져 있어 **반량전**이라 불렸다. 세계 최초 완전한 원형모양 동전이다. 당시 로마제국 동전도 둥근 모양이지만, 금속을 망치로 두들겨 폈기에 끝이 울퉁불퉁했다. 반면, 반량전은 녹인 금속을 틀에 부어 만들었기에 완벽한 원형이다. 고대 중국 우주관은 **우주는 둥글고, 인간 세상은 네모**<sup>천원지방(天圓地方)</sup>다. 천원지방 우주관이 엽전에 담겼다. 서양 동전과 달리 가운데 네모난 구멍이 뚫렸다. 왕은 화폐의 둥근 우주와 네모난 인간 세상을 연결한다. 엽전의 바닥

면이 왕의 세상이다. 왕이 엽전에 가치를 부여하면 그게 곧 화폐가 된다. 참고로 우리나라 최초의 화폐는 고려 시대에 만들어진 '건원중보'다. **종이 지폐**가 처음 등장한 건 중국 송나라 때다. 왕이 종이 지폐를 화폐로 인정했기에 가능한 일이다. 송나라 시대에는 **교자**交子라는 지폐가 사용되었다. 이후 원나라몽골 후예도 **교초**交鈔라는 지폐를 발행했다. 당시 원나라에서 오랜 생활을 하고 고향인 이탈리아로 돌아간 **마르코 폴로도 지폐를 『동방견문록』에 기록**하고 있다. 종이 지폐가 금과 은으로 교환할 가치가 있다는 내용을 당시 유럽인들은 믿지 않았다.

## 로마 화폐

페르시아는 리디아일렉트럼 화폐 생산를 차지했다. 리디아의 화폐 기술이 페르시아를 통해 유럽과 아시아로 퍼져나가게 되었다. 페르시아 왕 다리우스 1세는 **다릭 금화**와 **시글로스 은화**라는 화폐를 만들었다. 로마제국은 **데나리우스 은화**를 만들었다. 성경에 나오는 데나리온이 데나리우스로, 로마제국 500여 년간 경제의 기반이 되었다. 하지만, 네로 황제 이후로 데나리우스 은화의 순도가 낮아졌다. 네로는 은 순도를 92%로 낮추고 8%의 시뇨리지Seigniorage, 화폐 주조 차익를 챙겼다. 이후 은 순도는 5%까지 떨어지게 되었다. 은 함량이 낮은 은화가 유통되면서 화폐 가치는 하락했다. 동일한 물건을 더 많은 화폐를 주고 사야 했다. 물가상승 즉, 인플레이션이 발생했다.

> 은화의 은 함량 하락 → 화폐 가치 하락 → 물가상승(인플레이션)

**시뇨리지**Seigniorage, 화폐 주조 차익는 화폐 발행으로 얻는 주조 차익이다. 화폐 주조권자(왕 또는 영주)가 화폐 주조 의뢰자에게 부과한 수수료다. 중세 유럽의 봉건영주를 시뇨르Seignoir라고 불렀다. 1)개인이 금은을 왕또는 영주의 조폐소에 맡기고, 2)화폐 주조를 의뢰하면 3)조폐소는 화폐를 만들어주면서 4)수수료를 떼어갔다. 현대에서는 화폐 액면가에서 발행 비용을 뺀 금액이 시뇨리지다. 예를 들면, 5만 원권 제조 비용이 500원이라면, 액면가 5만 원에서 제조 비용 500원을 뺀 4만 9,500원이 시뇨리지다. 참고로 금과 은의 순도 확인은 **시금석**시험할 시試, 쇠 금金, 돌 석石으로 했다. 시금석은 조직이 치밀한 검은색 현무암이다. 시금석에 귀금속을 문질러 만들어진 자국의 색과 표본을 비교해 순도를 측정했다.

이후 로마제국 콘스탄티누스 대제는 화폐 개혁을 단행해 **솔리두스 금화**를 발행했다. 솔리두스 금화 발행으로 데나리우스 은화는 화폐로서 가치를 잃는다. 로마는 화폐 가치 요동으로 관료와 군인에게 소금을 수당으로 지급하기도 했다. 라틴어로 수당을 **살라리움**Salarium이라 불렀다. '소금을 지급한다'라는 의미인데, 오늘날 **샐러리**Salary의 어원이다. 화폐 가치 하락은 로마제국의 몰락을 불러왔다. 로마가 동서로 분할되고 서로마가 멸망하면서 가톨릭이 지배하는 중세

시대로 접어들게 된다. 중세시대에는 **종교적 가치관**으로 금욕을 강조하다 보니 화폐보다 물물교환이 더 발전하기도 했다.

## 은본위제

르네상스는 고대 그리스와 로마 문화의 복원을 의미한다. 르네상스 시대, 고대 로마 시절 은화의 부활이다. 십자군 원정을 통해 이슬람과 유럽 간 향신료 무역 등을 주도했던 피렌체 왕국의 순도 높은 **플로린 금화**가 널리 쓰였다. 당시 은화는 은이라는 금속 자체로도 가치가 있었다. 순도 높은 은만 있으면 지역 화폐를 발행하고 유통할 수 있어서다. 유럽 각 지역마다 그 지역 명칭을 딴 은화들이 주조되었다. 1)독일 지역에서는 **요하임스탈러 은화**가 주조되었다. 보헤미아 체코 '성 요하임 St.Joachim' 지역에 은광이 개발되었다 1516년. 왕이 요하임스탈 Joachimsthal, 요하임 계곡이라는 이름을 하사했고, 이후 은화를 생산하게 되는데 **요하임스탈러 그로셴** 요하임스탈에서 제조된 화폐란 뜻으로 불렸다. 그로셴은 당시 독일 화폐 단위다. 이름이 길어 요하임탈러, 탈러 thaler로 줄여 부르다가 달러가 되었다. '미국 달러'란 이름 유래 중 하나도 독일 탈러 은화다. 2)스페인은 볼리비아 산악지대인 포토시에서 은광을 발견한다. 포토시 은으로 만든 스페인 달러 **페소 데 오초**는 스페인을 거쳐 전 유럽으로 퍼졌다. 스페인이 전쟁 경비 등을 대며 돈을 뿌려댄 결과다. 포토시로부터 대규모 은 유입은 은은화의 가치하락을 불러왔다. 은의 과다 유입, 은화 발행 남발, 이로 인한 은화 가치하락은 물가상승, 즉 **인플레이션**을 낳았다. 한동안 유럽 전역은 '포토시 은' 과다 유입 때문에 인플레이션을 겪었다.

스페인 이후 해상패권을 차지한 네덜란드는 일본 **데지마**나가사키 지역에 동인도회사 상관을 열고 일본산 은을 독점홀로 독獨, 차지할 점占했다. 3)일본 **이와미 은광**에서 나온 은으로 **달더르 은화**를 주조했다. 이와미 은광은 16~18세기 전 세계 은의 1/3을 담당했다. 여기에 조선의 은 제련 기술이 일본에 건너가 꽃을 피웠다. 스페인과 네덜란드 은화는 식민지였던 신대륙 미국으로 흘러 들어갔다. 특히, 스페인 달러의 영향으로 미국 화폐의 이름이 **달러**가 된다. 은화는 고대 로마제국, 대항해시대 기축통화금융 거래·국제 결제 기본 통화였다. 중국도 **명나라 일조편법, 청나라 지정은제** 등 세금을 은으로 받았다. 중국에선 거액의 거래를 할 때 말굽 모양 은괴인 **마제은**이 활용되기도 했다.

## 금본위제

영국은 네덜란드와 연합해 스페인과 포르투갈가톨릭 수호국들을 물리친다. 이후 동맹이던 네덜란드와 영란전쟁을 통해 해상패권을 차지한다. 영국이 기존 기득권 층스페인, 네덜란드의 화폐인 은화 중심에서 금화 중심으로 **기축통화**를 바꾼다. 대항해시대 은본위제가 대영제국의 **금본위제**로 바뀌게 된 것이다. 이후 유럽의 주요 국가와 신대륙 미국도 **금본위제**를 따른다. 미국은 처음에 **금은 복본위제**를 하다 금

**본위제**로 바꾼다. 원래 영국 상인들은 금을 나라에 맡겼다. 안전할 줄 알았는데 왕찰스 1세이 본인 마음대로 금을 다 써버렸다. 왕을 믿을 수 없기에, 영국 상인들은 금을 **금세공업자**에게 맡기는 대신, **금 보관증**을 받아갔다. 근대적인 서양 지폐의 등장이 금 보관증에서부터다17세기. 금 보관증을 **골드스미스 노트**Goldsmith's Note라 불렀다. 골드스미스는 금세공인이라는 뜻이다. 금 보관증은 화폐처럼 사용되었다. 무거운 금을 들고 다니지 않아도 되고, 금세공인이 지급을 보증하니 신용믿음이 생겼다. 골드스미스 노트는 지폐로, 골드스미스는 은행업자가 되었다. 금 보관증은 적혀 있는 숫자만큼 교환이 가능했다. 이를 **태환 지폐**Convertible Paper Money라고도 했다. 태환바꿀 태兌, 바꿀 환換은 지폐를 정화바를 정正, 재물 화貨(금화)로 바꾼다는 의미다. 단순한 종이가 아닌, 금으로 바꿔주겠다는 교환 약속이 담겼다. 태환화폐는 금 교환을 요청하면 지폐에 쓰여진 숫자만큼 정확히 금으로 바꿔줘야 했다. 반대로, 불태환 지폐는 금으로 바꿔주지 않는다. 오늘날 지폐는 **불태환 지폐**다. 경제 규모가 커져 한정된 금 보유량만큼만 화폐를 발행하기 어려워서다.

> **태환 화폐:** 금 보관증 발급 → 금 보관증 유통 → (금 보관증으로)금 지급 요청 → 금 지급

## 10% 마법과 뱅크런

영란은행은 은행에 맡겨둔 금 보관증을 기반으로 **10% 마법**을 일으킨다. 금 보관증을 소유한 이들이 실제로 금을 찾으러 오는 일이 적다는 점에 착안했다. 금 한 덩이로 10장의 금 보관증을 발행했다. 10% 마법으로 10배의 통화팽창을 일으켰다. 10% 마법이 있더라도 결국 태환 지폐는 보유한 금을 기준으로 발행해야 한다. 경제 규모가 커져 더 많은 지폐가 필요하더라도, 정부나 은행이 가진 금 한계 때문에 지폐 발행을 더 늘릴 수가 없었다. 유럽에서 중상주의가 발전한 이유도 국가가 보유한 금과 은을 더 늘리기 위함이었다. **중상주의**무거울 중重, 헤아릴 상商는 한 나라의 부(富)가 그 나라가 보유한 화폐(금은)에 좌우된다. 대내적으로는 상공업을 중요시하고, 대외적으로는 보호무역, 식민지주의 등을 통해 국가의 부를 증대하려 한다. 유럽은 금과 은을 더 확보하기 위해 **식민지 개척과 보호무역**에 집중했다. 식민지로부터 더 많은 금과 은을 얻고, 보호무역으로 금과 은이 빠져나가는 걸 막았다. 그래야만 화폐를 더 많이 발행할 수 있어서다. 하지만, 금과 은은 금속이기에 그 **가치 변동**이 컸다. 금과 은 가치 변화에 태환 지폐 가치도 연동되었다. 대형 금광과 은광이 발견되면 금과 은 가격이 떨어졌고 화폐 가치도 하락했다.

## 금 태환 중지

유럽은 1차 대전을 치르며 막대한 전쟁 자금이 필요했고, 금이 나라 밖으로 많이 빠져나갔다. 대부분의 나라들은 1930년대 태환 지폐 원칙을 폐지했다. 기존 지폐들은 금과 은으로 바꿔주지 않는 **불태환 지폐**로 변했다. 1차 대전으로 영국은 금 태환을 일시 중단했다. 막대한 전쟁 자금을 대기 위해서였다. 전쟁이 끝나고 재무 장관이던 윈스턴 처칠은 금 태환에 기반한 금본위제를 살려보려 했다. 하지만 금본위제를 유지할 만큼 금이 부족해 금 태환을 포기하고 만다. 반면, 유럽 대륙에서 벌어진 제1차와 2차 대전으로 수혜를 본 미국은 1971년에서야 태환 지폐 원칙을 포기했다.

 2차 대전 중 **브레튼우즈 체제**를 출범시킨 미국은, **금 1온스=35미국 달러**로 고정하는 **금-달러 기축통화 체계(고정환율제)**를 구축했다. 고정환율제는 외환 시세 변동을 인정하지 않거나, 극히 작은 변동 폭만을 인정하는 제도다. 브레튼우즈 체제에선 미국 달러 가치를 금에 고정시키고, 다른 국가들은 그들의 통화 가치를 미국 달러에 고정시켰다. 하지만, 베트남 전쟁을 약 15년간 치르며 미국 달러를 많이 찍어내다 보니 금 태환을 할 수 없게 되었다. 리처드 닉슨미국 37대 대통령은 달러 **금 태환 중지를 선언**했다. 더 이상 달러를 금으로 교환할 수 없다는 것이다. 이를 **닉슨쇼크**1971년라고도 부른다. 결국, IMF국제통화기금 회원국이 킹스턴자메이카에 모여 **변동환율제**에 합의하게 되었다킹스턴 체제. 환율이 더 이상 금에 얽매이지 않게 되었다. 일정 비율에 고정되지 않고 자유롭게 시장에서 정해졌다. 즉, 외환시장의 수요와 공급에 따라 화폐 가치가 결정되도록 한 거다. 고정환율제보다 환율 시세 변동성이 더 커지게 된다.

# 1-4

# 그리스, 페르시아, 마케도니아 그리고 헬레니즘

### 페르시아와 전쟁

기원전 10~8세기 경부터 그리스에는 도시국가인 **폴리스**<sup>Polis, 성채</sup>가 생겨났다. 산악지대인 그리스 특성상 통일된 나라를 이루기에 쉽지 않아서였다. 폴리스는 평화로울 땐 독립 국가로, 전쟁 시에는 서로 힘을 합쳤다. 정치를 뜻하는 Politics도 도시국가 Polis에서 유래했다. 당시 도시국가인 그리스와 맞닿아 있는 건 대제국 **페르시아**<sup>중동 지역</sup> <sup>이란</sup>였다. 페르시아 지배를 받던 이오니아가 반란을 일으키자<sup>기원전</sup> <sup>499년</sup> 아테네는 이오니아를 돕는다. 해상무역 주도권을 페르시아에 빼앗기지 않기 위해서였다. 1)페르시아<sup>다리우스 1세</sup>는 이오니아 반란군을 무찌르고 **아테네 원정**에 나선다. 페르시아는 그리스 북부<sup>마케도니</sup>

아 등를 점령했다. 하지만, 페르시아 해군이 바다에서 폭풍을 만나 제 1차 원정은 실패로 끝난다. 2)페르시아다리우스 1세는 다시 그리스를 공격했다기원전 490년. 아테네는 그리스 도시국가 스파르타에 도움을 요청했지만, 스파르타가 종교 축제 기간이라 지원이 늦어졌다. 아테네는 페르시아군과 **마라톤 평원에서 전투**를 벌이고 **대승**을 거둔다. 아테네군은 승리 소식과 페르시아군이 바다로 공격해 올거란 첩보를 전하기 위해 병사페이디피데스를 보낸다. 전장인 마라톤에서 아테네까지 40여 km를 뛰어간 병사는 소식을 전하고 숨을 거둔다. 덕분에 아테네는 해상 전투 태세를 갖추게 되었다. 그리스 전투 대비 기세에 페르시아는 자신감을 잃고 전쟁을 끝낸다. 마라톤 경기는 42.195km를 뛰는 데, 아테네까지 소식을 전하러 온 병사를 추모하기 위해 생겼다. 3)페르시아는 세 번째 그리스 원정에 나선다다리우스 1세 아들인 크세르크세스 1세(기원전 480년). 그리스는 아테네와 스파르타 중심으로 동맹을 맺고 맞섰다. 영화 〈300〉에서도 나온 **테르모필레 전투**가 벌어졌다. 테르모필레는 마케도니아 해안에 위치한 좁은 골짜기다. 그리스로 가려면 반드시 통과해야 하는 지역이다. 스파르타 왕레오니다스은 그리스 연합군 7,000명을 데리고 방어를 했다. 좁은 골짜기에 대규모 인원이 한꺼번에 진격하기 어려워 페르시아군은 어려움을 겪는다. 그러던 중 그리스인 밀고자가 페르시아군에게 우회로를 알려주면서 스파르타 왕은 갑자기 뒤에서 공격을 받는다. 당시 그리스 연합군은 분산 배치되어 있어, 스파르타 왕은 스파르타 정예군 300명과 기타 군사 700여 명 등으로 맞섰다. 스파르타 왕과 그의 정예군은 이 전투에서 모두 장렬히 전사했다. 스파르타는 페르시아에 전멸당하지만, 아테네는 달랐다. 페르시아 해군을 살라미스섬으로 유인해 크게 이긴다. 이를 **살라미스 해전**으로 기억한다. 살라미스 해협은 폭이 좁다. 그리스 전함은 이 해협에 맞게 작고 가벼워 페르시아보다 유리했다. 페르시아는 그다음 해에도 그리스 동맹군에 패해 더 이상 침략을 포기하게 된다.

## 아테네 민주주의

고대 아테네는 민주주의가 발전했다. 다른 나라와 무역이 늘며 상공업이 발전하고, 다양한 전투에 평민 참여가 늘며 평민의 지위가 높아져서다. 기원전 6세기 초반 아테네 최고 집정관아르콘, Archon에 오른 **클레이스테네스**는 신분, 경제적 차별 없이 아테네 **남자 성인 시민** 모두에게 **참정권을 부여**했다. 기존에는 신분에 따라, 경제적 차이에 따라 참정권이 차등되었다. 클레이스테네스는 **500인 평의회**를 구성했다. 10개 행정 구역별 50인씩을 추첨해 임기 1년짜리 평의회 의원으로 임명했다. 평의회는 아테네 모든 남자 성인 시민이 참여하는 **민회**아고라에서 논의할 주제를 결정했다. 민회는 500인 평의회에서 제안한 주제에 대해 토의한 뒤 투표로 결정했다. 도시국가 아테네는 인구가 20만~30만 명 정도였고, 이중 성인 남자 시민은 3만~6만 명이었다. 참정권이 있는 모든 이가 참여하는 직접 민주주의가 가능했다. 클레이스테네스는 **시민 법정**디카스테리아을 설치해 500명 이상 시민이 배심원으로 재판에 참여토록 했다. 클레이스테네스는 **도편추방제**를 도입한 걸로도 유명하다. 도편추방제는 독재 가능성이 있는 정치인을 미리 추방하는 제도다. 도편<sup>질그릇 도陶, 조각 편片</sup>은 깨진 사기그릇 조각을 말한다. 조개껍데기나 도자기

**그림 8** 고대 그리스의 도편

파편에 적힌 이름이 6,000표 이상 나오면 10년간 아테네에서 추방되었다. 민주적인 듯 하지만 정적 제거용으로도 활용될 수도 있었다.

## 펠로폰네소스 전쟁

그리스와 페르시아 간 전쟁이 끝나고 **스파르타와 아테네** 간 **펠로폰네소스 전쟁**이 발발했다. 당시 그리스 도시국가 중엔 스파르타와 아테네가 강력했다. 스파르타가 먼저 치고 나갔다면 아테네는 후발주자이자 신흥 강국이었다. 아네테가 페르시아와 전쟁<sup>기원전 5세기 초</sup>에서 최종 승리한 결과 스파르타와 겨룰 만 해졌기 때문이다. 아테네는 토지가 척박해 농업보다 **상업에 집중**했다. 대외교역으로 부를 축적한 상인이 늘고 민주정이 싹튼다. 아고라<sup>Agora</sup> 광장에 모였는데, 정치적 공간일 뿐만 아니라 시장<sup>Market</sup> 기능도 했다. 상업이 발달하다 보니 가능했던 일이다. 반면, 스파르타는 **농업 국가**였다. 정복전

으로 대규모 농경지를 확보한 덕분이다. 정복지 농경을 위해 대규모 노예제를 구축했다. 스파르타의 강력한 군사체제는 노예제를 지키기 위함이었다. 스파르타는 강력한 전사가 되어야 했기에 상업을 억제했다. 아테네는 우호적인 도시국가들과 **델로스 동맹**을 만들고 해상제국을 만들었다. 에게해에 있는 델로스섬에 동맹국 공동자금을 모아 관리했지만, 나중에는 아테네로 옮겼다. 그만큼 아테네의 힘이 세졌다는 것이다. 이에 위기감을 느낀 전통 강호 스파르타는 **펠로폰네소스 동맹**펠로폰네소스반도의 연맹체을 강화했다. 아테네가 동맹자금을 마음대로 쓰는 것에 불만을 가진 도시국가들을 끌어들였다. 이후 도시국가 간 분쟁케르키라와 코린토스 간이 나고 두 도시아테네, 스파르타가 참전하면서 펠로폰네소스 전쟁이 20년 넘게 벌어졌다. 아테네는 해군, 스파르타는 육군에서 우세했다. 아테네는 육상 대신 해상에서 필승 전략으로 임했다. 모든 주민을 성채 안으로 피난시켜, 성안에서 육군을 막았다. 바다에선 아테네 함대를 출격시켰다. 하지만, 성안에 전염병이 돌아 아테네 인구 상당수가 죽고 만다. 이에 주도권을 쥐고 있던 아테네는 주춤하고 전쟁은 잠시 휴전을 했다. 휴전하는 동안 아테네는 이탈리아 반도 아래 **시칠리아섬을 공격**하기로 했다. 시칠리아는 당시 스파르타의 식량 보급처였다. 아테네가 그곳을 점령하면 스파르타 식량을 쥐고 흔들 수 있어서였다. 허나, 아테네 원정군이 떠난 사이, 아테네 **원정군 대장**알키비아데스을 처벌하란 요구가 들끓었다. 원정군 대장 반대파가 시기심에 만든 여론이었다. 이에 원정군 대장은 스파르타에 망명하고 아테네의 시칠리아 공격 계획을 알려줬다. 아테네의 시칠리아 원정은 그렇게 실패하고 만다. 스파르타는 한때 전쟁을 치른 페르시아 함대를 끌어들여 아테네 보급로를 차단했다. 결국 **아테네는 항복하고 이후 몰락**했다. 델로스 동맹도 해체되고 스파르타가 주도권을 잡는다. 이후 절대 1인자 스파르타는 더욱 가혹하게 도시국가를 다루다 보니 불만이 쌓여갔다. 스파르타도 **도시국가 테베**에 의해 무너졌다. **투키디데스**는 아테네 장군으로 펠로폰네소스 전쟁에 참가했다. 전쟁에서 지고 쫓겨난 그가 자신의 책『펠로폰네소스 전쟁사』에서 스파르타와 아테네 간 전쟁은 피할 수 없었다고 주장했다. 신흥 강대국이 부상하면 기존 강대국이 이를 견제하는 과정에서 전쟁이 발생한다는 것이다. 이를 **투키디데스 함정**이라고 한다.

## 알렉산드로스 대왕

원래 **마케도니아**그리스 북부, 북마케도니아 일대는 그리스인들에게 북방 야만인 취급을 받았다. 페르시아 침략기원전 5세기에도 그리스와 달리 굴복했다. 그러던 마케도니아가 아테네와 스파르타가 전쟁하는 동안 힘을 길러 **그리스를 통일**했다필리포스 2세, 기원전 4세기 중반. 당시 그리스를 지배하던 테베는 아테네 등과 '반(反)마케도니아 전선'을 구축했지만 패하고 만다. 이후 그리스를 통일한 필리포스 2세가 페르시아 정벌을 준비하던 중 암살되고, 그의 아들 **알렉산드로스**가 20살의 나이로 왕에 오른다. 그는 취임 초기 테베가 반기를 들자 아예 테베를 폐

그림 9 알렉산드로스 대왕

허로 만들어 버린다. 이후 아버지의 뜻을 이어 **페르시아 정벌**에 나선다. 페르시아 다리우스 3세와의 전쟁 이수스 전투에서 이겨 페르시아를 멸망시킨다. 알렉산드로스는 페르시아를 넘어 인도 북부까지 진출했다. 하지만 전염병 등이 돌아 회군하게 된다. 그도 열병에 걸려서 그만 33살에 죽고 만다. 참고로 알렉산드로스의 스승은 고대 그리스 철학자 아리스토텔레스다. 알렉산드로스는 10여 년간 원정 전쟁을 통해 유럽을 넘어 이집트, 인도 인더스강까지 **3개 대륙** 유럽, 아프리카, 아시아**에 걸친 대제국**을 건설했다. 그의 원정길은 새로운 도시가 되고 상업과 무역이 발달하게 되었다. 특히, 지중해 정복 도시에는 자신의 이름을 딴 '**알렉산드리아**'란 이름의 도시를 건설했다. 이 중 이집트 알렉산드리아가 가장 유명하다.

## 헬레니즘

알렉산드로스는 정복지에 대한 관용과 융합 정책을 펼친다. 세계 시민주의세상 모든 사람이 동포를 강조하고 동방문물도 받아들인다. 마케도니아 군인들을 페르시아 여인들과 결혼도 시켰다. 본인도 페르시아 왕 다리우스 3세의 딸과 결혼을 통해 페르시아 문화를 받아들였다. 그런 융합의 노력으로 그리스 문화가 페르시아 등에 스며들며 **헬레니즘 문화**가 탄생하게 되었다. 헬레니즘은 '**그리스와 같은 문화**'라는 뜻이다. 그리스인들이 스스로를 헬레네스전설적 영웅 헬렌의 자손이란 뜻라고 부른 데서 유래했다. 그리스 문화와 동방 문화의 융합, 그 밑바탕에는 그리스 문화가 깔려있다. 로마에 의해 알렉산드로스의 제국이 몰락하기까지 300여 년간을 헬레니즘 시대라고 한다. 헬레니즘 문화는 **개인주의**를 강조했다. 그리스 도시국가가 무너지며 공동체보다 주관적인 인간, 개인을 더 중요하게 여겼기 때문이다. 헬레니즘 이전의 고대 그리스 미술은 감정을 절제하고 이성적인 인간 몸과 표정에 주목했다. 반면, 헬레니즘 미술은 인간의 **격정적인 감정**을 잘 드러낸다. '**라오콘 군상**'은 대표적인 헬레니즘 미술품이다. 라오콘트로이의 사제과 그의 두 아들이 포세이돈의 저주로, 2마리 바다뱀에 의해 비극적 죽음을 맞는 장면을 조각했다. 일

**그림 10** 라오콘 군상

그러진 표정과 뒤틀린 신체는 살아있는 듯 생동감이 있다. 헬레니즘 문화는 인도에 전해지는데, 대표적인 것이 **간다라 미술**이다. 그래서인지 간다라 지방 불상들은 그리스 사람을 많이 닮아있다.

## 페르시아 왕의 길

'**아케메네스 왕조**' 페르시아 제국은 기원전 8세기 페르시아인이 중동지역<sup>이란</sup>에 세운 나라다. 기원전 6세기 **키루스 2세**가 대제국으로 발전시켰다. 이웃국인 메디아, 리디아, 신바빌로니아 등을 정복하며 영토를 넓혔다. 키루스 2세도 점령 지역 종교와 관습을 인정하는 **포용 정책**을 썼다. 포용 정책 덕에 신바빌로니아를 정복할 수도 있었다. 신바빌로니아는 메소포타미아 일대 비옥한 땅을 가졌지만, 왕이 탄압하고 빈부격차도 심했다. 이에 백성들이 직접 성문을 열고 키루스 2세를 맞이하기도 했다. 페르시아 제국이 전성기를 맞이한 건 **다리우스 1세** 때다. 비록 그리스 정복 전쟁은 실패했지만, 아라비아 반도는 물론 인도 서북부 인더스강 유역, 아테네 인근과 이집트까지 영토를 크게 넓혔다. 그는 **왕의 길**이라 일컫는 2,400km 도로를 만들었다. 도로 덕분에 지방에서 거둔 세금을 옮기거나 군대를 반란 지역이나 국경에 신속히 이동시킬 수 있었다. 도로를 따라 말과 사람이 쉴 수 있는 **역참**을 약 28km마다 100여 개 설치하기도 했다. 우편물도 역참을 통해 전달할 수 있었다. 하지만, 다리우스 1세 이후 왕실의 잦은 내분으로 아케메네스 왕조 페르시아 제국은 **알렉산**

**드로스 대왕**에 의해 멸망했다. 이후 파르티아 왕국, 사산 왕조 페르시아, 사파비 왕조, 팔레비 왕조 등을 거친다. 보통 페르시아라고 하면 아케메네스 왕조 페르시아를 말한다. 그리스와 전쟁을 벌인 왕조가 아케메네스 왕조, 로마제국과 영토싸움을 한 왕조가 **사산 왕조**다. 사산 왕조 페르시아는 이슬람 왕조에 의해 멸망했다.

### 조로아스터교

아케메네스 왕조와 사산 왕조는 **조로아스터교**를 믿었다. 사산 왕조는 아예 조로아스터교를 국교로 삼기도 했다. 조로아스터교는 조로아스터가 이란 북동부에서 창시한 종교다. 선과 빛의 신인 **아후라 마즈다를 유일신**으로 모신다. 아후라 마즈다가 모든 악의 세력을 물리치는 날이 오면 **최후의 심판**이 있다고 했다. 사람들에게 악을 배척하고 선을 행하도록 했다. 유일신 사상과 선과 악 이분법적 세계관은 유대교, 기독교, 불교, 이슬람교 등에 영향을 주었다. 조로아스터교는 중국에도 전해지는데, 불을 숭배해서 **배화교**절 拜, 불 火, 가르칠 教로 불렸다. 페르시아 땅을 이슬람이 차지하면서 조로아스터교는 교세가 몰락했다. 오늘날 인도, 이란, 아제르바이젠 등에서 믿고 있다만 아주 소수다. 그룹 퀸의 메인 보컬 프레디 머큐리도 조로아스터교 신자였다. 독일 철학자 니체는 『**자라투스트라는 이렇게 말했다**』라는 철학 소설을 썼다. 페르시아 당시 발음 아베스타어인 자라투스트라의 영어식 발음이 조로아스터다.

**48**

# 트로이 전쟁

### 일리아스

기원전 8세기 **호메로스**고대 그리스 음유시인가 쓴 『**일리아스**』는 트로이 전쟁을 그린 대서사시24권, 1만 5,693행다. **트로이 전쟁**은 기원전 1250년경 '그리스와 에게해 건너편 트로이튀르키예에 위치' 간의 10년 전쟁이 배경이다. 트로이 전쟁이 끝나고 500년이나 지나서 일리아스가 쓰여졌다. 인간과 신이 함께 트로이 전쟁에 참여했을 거란 상상력이 동원된 픽션이다. 그로 인해 트로이 전쟁이 실제 있었느냐에 대한 논란도 있다. 『일리아스』는 10년 전쟁 중 **마지막 51일간의 기록**이다.

### 황금 사과

올림포스산에서 열린 결혼식프티아의 왕 펠레우스(인간)과 바다의 여신 테티스(신)

**그림 11** 불화의 황금 사과

간 결혼에 에리스불화의 여신가 초대받지 못한다. 화가 난 에리스는 결혼식장에다 '가장 아름다운 여신에게'라고 쓰인 **황금 사과**를 던진다. 이에 여신 셋헤라, 아테네, 아프로디테이 사과가 서로 자기 것이라며 다툰다. 이에 제우스신들의 왕는 트로이의 미남 왕자인 **파리스**에게 판단을 맡긴다. 헤라는 부귀영화, 아테네는 승리, 아프로디테는 절세미녀와의 결혼을 파리스에게 약속한다. 파리스는 절세미인을 약속한 아프로디테에게 사과를 건넨다. 그런데 이 절세미녀는 유부녀인 스파르타 **왕비 헬레네**였고 둘은 사랑에 빠진다. 헬레네는 파리스와 **트로이로 도망**간다. 스파르타 등 그리스 연합군은 트로이로 쳐들어간다. 사과를 못 받았던 아테네, 헤라 여신은 그리스 연합군을 지원한다.

## 트로이 목마

그런데 그리스 연합군 총사령관 **아가멤논과** 그리스 최고전사인 **아킬레우스 간 갈등**이 생긴다. 둘 간 갈등의 원인은 아가멤논이 아킬레우스의 전리품 여자 포로를 빼앗았기 때문이다. 아킬레우스는 반은 인간이고, 반은 신이다프티아의 왕 펠레우스(인간)와 바다의 여신 테티스(신)의 아들. 아킬레우스는 전쟁불참 파업을 선언한다. 할 수 없이 그리스 연합군은 **파트로클로스**아킬레우스 친구에게 아킬레우스 갑옷을 입히고 참여를 부탁한다. 아킬레우스 대신 전투에 참가한 파트로클로스는 **헥토르**파리스의 형에게 죽는다. 친구의 죽음으로 인해 아킬레우스는 전쟁에 다시 참가하고 헥토르를 죽여, 그의 시신을 전차에 매달아 끌고 다닌다. 헥토르의 아버지 **프리아모스**트로이 왕는 그날 밤 선물을 들고 아킬레우스를 찾아가 그의 손에 입을 맞춘다. 아들의 시신을 제발 돌려달라고 정중히 부탁한다. 헥토르의 시신은 돌려보내지고, 트로이 사람들은 장례식을 치른다. 긴 전쟁은 **트로이 목마**로 인해 결말을 맺는다. 그리스군이 트로이 목마를 성 앞에 두고 철수한다. 승리를 확신한 트로이는 전승 기념으로 목마를 성안에 들여놓는다. 밤이 되자 목마에서 숨겨둔 군사들이 나와 성문을 열고 그리스군이 기습하면서 **그리스의 승리**로 끝난다.

## 아킬레스건

호메로스가 쓴 『일리아스』 실제 줄거리는 전리품 여자를 빼앗긴 **아**

**킬레우스의 분노**에서부터 **헥토르의 장례식**까지다. 나머지 앞과 뒤 스토리는 그리스 신화 내용이다. 트로이 목마 이야기도 그리스 신화다. 아킬레우스 신화 중 하나는 '**아킬레스건**'과 관련 있다. 아킬레우스는 아버지가 인간이기에 불사신이 될 수 없었다. 이에 어머니 테티스는 아들을 불사신으로 만들고자 했다. 테티스는 아킬레우스 발뒤꿈치를 잡고 영험한 스틱스강에 담궜다. 하지만, 그의 발뒤꿈치는 신비한 물이 닿지 않았다. 아킬레우스는 불사신이 되지 못하고 발뒤꿈치는 치명적 약점이 되었다. 결국 트로이 왕자 파리스가 쏜 화살에 발뒤꿈치를 맞아 아킬레우스는 죽고 만다.

# 1-5

# 빵과 서커스, 로마의 가격 통제

### 포에니 전쟁

로마는 테베레강이탈리아반도 중부 하류 작은 도시국가로 출발했다기원전 8세기. 처음에는 왕이 다스렸으나 귀족들이 왕을 몰아내고 공화정을 세운다기원전 6세기. **공화정**함께 공共, 화할 화和, 정사 정政은 국민 대표를 뽑아 통치하는 정치다. 로마 전반기 통치체제는 공화정 체제였다. 1) 집정관과 2)원로원, 3)평민회로 구성되었다. 1)**집정관**은 2명으로 임기는 1년이다. 행정과 군대를 책임졌다. 2)**원로원**은 300명의 **귀족들**로 구성되었고, 권력의 중심 역할을 했다. 3)**평민회**는 **평민들** 권리를 보호하기 위한 의회로 민주적 성격이 강했다. 평민회는 입법기관으로서 재판을 담당하고 **호민관**평민회의 의장을 선출했다. 로마는 주변 나라

**그림 12** 한니발의 알프스 원정

와 전쟁을 벌이며 영토를 확장했다. 이탈리아 반도를 통일기원전 3세기 하고 포에니 전쟁기원전 264~146년에 승리하며 지중해를 지배했다. 로마가 지중해를 장악해 가는 과정에서 **3번의 포에니 전쟁**을 치른다. 포에니 전쟁은 카르타고와 로마 간 전쟁으로 3번 다 로마가 이겼다. 마지막 전쟁에서는 아예 로마가 카르타고를 없애버린다. **포에니**는 로마 사람들이 카르타고인을 부르던 이름이다. **카르타고**는 '페니키아인'들이 북아프리카 지중해 연안튀니지에 만든 도시국가다. 기원전 500년부터 상업 도시로 번성했다. 로마가 이탈리아를 통일하고 지중해에 진출하기 전까지 지중해 무역은 카르타고가 장악하고 있었다. 로마가 지중해로 확장하면서 카르타고와의 왕좌 싸움은 피할 수 없었다. **1차 포에니 전쟁**기원전 264~241년은 시칠리아섬 때문에 일어났다. 시칠리아 섬에 있던 두 나라메시나, 시라쿠사 간 전쟁이 나고, 도움 요청을 두 나라카르타고, 로마에 하면서다. 1차 전쟁에서 진 카르타고가 칼을 간다. **2차 포에니 전쟁**기원전 218~202년은 카르타고 명장 **한니발**이 로마 예상을 깨고 알프스를 넘는다. 로마가 지중해와 육로를 모두 장악했기 때문이다. 한니발이 로마에 집중하는 사이 로마는 역으로 카르타고를 공격했다. 이에 한니발은 카르타고로 돌아가 싸웠으나 지고 말았다. 전쟁에 진 카르타고는 로마 허락 없이는 전쟁을 하지 않기로 약속했다. 하지만, 로마는 카르타고 옆 도시국가누미디아를 부추겨 카르타고와 전쟁을 하게 만들었다. 이에 로마가 **3차 포에니 전쟁**기원전 149~146년을 일으키고 카르타고는 완전히 파괴되었다.

## 팍스 로마나

로마는 제1차와 제2차 **삼두정치**三頭政治, 3인 집권체제를 거친다. 삼두정치는 공화정에서 제정황제가 다스림으로 넘어가는 과도기에 나타난 정치 형태다. 제1차는 **카이사르, 폼페이우스, 크라수스** 세 사람이 로마를 이끈다. 크라수스가 죽고 폼페이우스와 카이사르 간 다툼에서 카이사르가 승리했다. 이후 독재자 카이사르가 암살당하고 제2차 **삼두정치**옥타비아누스, 안토니우스, 레피두스가 시작되었다. 레피두스가 먼저 탈락하고, 악티움 해전에서 옥타비아누스가 안토니우스에 승리했다. 최종 승리자 **옥타비아누스**카이사르의 양자(카이사르 누나의 외손자)가 제정황제가 다스림을 실시하게기원전 27년 되었다. 이로써 공화정은 끝나고 **황제 정치**로 넘어간다. 옥타비아누스는 아우구스투스존엄한 사람이라는 뜻란 칭호를 얻고 로마제국 최초의 황제가 되었다. 이 시기부터 200여 년기원전 27년~기원후 180년간을 **팍스 로마나**로마 평화의 시대로 부른다. 팍스Pax는 '평화'를 뜻하는 라틴어다. 팍스 로마나 시기, 로마제국이 유럽 영토 대부분을 차지하고, 파리, 런던, 빈 등 대도시도 만들어졌다. 로마제국은 늘어난 영토를 효율적으로 관리하기 위해 군용도로 건설에도 힘썼다. **모든 길은 로마로 통한다**는 말이 탄생하게 된 계기다. 그리스, 로마 문화가 이 길을 통해 유럽 곳곳으로 전해지

**그림 13** 117년 로마제국 영토(빨간색)

게 되었다. 옥타비아누스가 죽은 후 네로황제재위 기원후 54~68년등 잠시 정치적 혼란이 있었으나 1)**네르바**재위 기원후 96~93년가 황제에 오르며 로마는 다시 안정을 찾는다. 네르바는 유능한 사람을 **양자**로 받아들여 미리 후계자로 선포하는 제도를 만들었다. 네르바 이후 4명의 황제가 이 방식으로 황제가 되었다. 가장 능력 있는 이를 선택하니, 로마는 평화로웠고 영토를 넓혀 나갈 수 있었다. 네르바 포함 5명의 황제가 다스린 이 시기를 **오현제**현명한 5명 황제 **시대**라고 한다. 2) 네르바 다음은 **트라야누스** 황제재위 98~117년로 군인 출신답게 로마제국 영토를 최대로 늘렸다. 유럽 영토 대부분스페인, 프랑스, 독일, 그리스, 터키은 물론 영국 남부, 이집트 일부, 북아프리카 지중해 연안까지 넓혔다. 3)**하드리아누스** 황제재위 117년~138년는 영토를 안정적으로 관리하는데 치중했다. 이민족게르만족, 켈트족 등 침략을 막기 위해 성벽을 쌓았다. 켈트족에 대비하기 위해 만든 **하드리아누스 성벽**은 이후 스코틀랜드와 잉글랜드를 구분하는 경계가 되었다. 4)**태평성대를 누린 안토니누스 피우스**재위 138~161년를 거쳐 오현제 마지막 황제인 **마르쿠스 아우렐리우스**재위 161~180년는 이민족과 전쟁이 많았다. 전쟁터에서 철학책을 쓰는 데 그게 『**명상록**』이라는 책이다.

## 서로마 멸망

영원할 것 같던 로마도 무너지게 되었다. 아우렐리우스오현제 마지막 황제가 네르바가 정한 양자 후계제도를 지키지 않으면서다. 아우렐리우스는 자신의 친아들 **코모두스**재위 180~192년에게 왕위를 물려줬다. 코모두스는 친위대에게 암살당하기 전까지 나랏돈을 낭비해 대고 부자들의 재산을 강탈했다. 아버지 시절부터 역병과 이민족 침략으로 로마는 힘들어져 갔는데 아들이 쐐기를 박았다. 게르만족이 북쪽에서167~180년 마르코만니 전쟁, 서쪽에선 사산 왕조 페르시아가 처들어왔다. 여기에 **안토니우스 역병**165~180년 사이 전염병이 로마에 돌아 로마군에게 피해를 입혔다. 수많은 이가 죽어가고 용병도 부족해지면서 외세 침략에 지킬 힘이 떨어졌다. 아우렐리우스오현제 마지막 황제는 역병 민심을 수습하기 위해 '로마 신에 대한 제사'를 대대적으로 지냈다. 그 당시 가톨릭은 로마 신에 대한 경의를 거부했다. 하느님만이 유일한 신이기 때문이다. 황제는 가톨릭을 박해했으나, 역병으로 인해 가톨릭이 대중적 인기를 얻는다. 어려운 시기, 환자들을 도우며 사후세계 구원을 포교했다. **가톨릭**은 난세에 급성장 해 다신교 국가였던 로마제국의 국교로 자리 잡는다. 코모두스 이후 50여 년간 황제가 26명군인 황제 시대 235~284년이나 바뀌는 등 정치적 혼란이 더해졌다. 몰락해진 로마는 **서로마**395~476년**와 동로마**395~1453년, 비잔티움제국(비잔틴제국)**로 분리**되고, **서로마는 게르만족에게 멸망**당하고 만다. 동로마도 번영하기도 했으나 오현제 로마 영토만큼 회복하지는 못했다.

## 큐라 아노라

로마 멸망의 배경엔 1)**빵과 서커스**로 불리는 복지정책과 가격 규제,

2)**시뇨리지**가 부른 **인플레이션**도 한몫했다. 민주적인 공화정이 없어지고 황제 1인이 모든 걸 결정한 결과다. 로마 제정 후기 황제는 매달 **한 달 치 빵과 콜로세움 무료 입장권**을 줬다. 일종의 무상복지 정책이다. 공화정 부활, 빈부격차 불만 등을 억제하기 위함이었다. 로마는 시민들의 식량을 해외에 의존했다. 주된 식량창고는 나일강이 있는 **이집트와 시칠리아**였다. 그런데 외부로부터 식량이 끊기는 일이 종종 발생했다. 이집트 알렉산드리아에서 밀을 싣고 출발한 배가 난파되거나, 해적에게 빼앗기거나, 이집트와 시칠리아에 흉년이 드는 경우가 생겼다. 전쟁이 나면 곡물 사재기로 곡물 가격이 치솟았다. 빈민이나 평민들의 민심이 동요했고 폭동이 일어나기도 했다. 이를 막기 위해 빵값이 오르면 가난한 자들을 위해 처음에는 저렴한 가격에, 나중에는 무료로 나눠주게 되었다. 바로 **큐라 아노라**Cura Annona 곡물 여신이 베푸는 배려 정책이다. A)처음에는 비정기적으로 고위 정치인, 부자 등이 개인 재산을 기부하는 형태였다. 곡식을 사들여 시장가격보다 싸게 가난한 자들에게 판매했다. B)기원전 133~123년 사이 호민관 가이우스 그라쿠스 정치기 정기적인 복지제도로 정착했다. 처음에는 매달 33kg 이하 곡물을 시장가격의 60% 수준에서 구입하게 했다. 대상자는 가난한 로마 시민 중 성인14세 이상 4만여 명이었다. 로마 시민 인구의 10%를 넘지 않았다. C)이후 수혜 대상자가 성인 30만 명이 넘게 되는데, 당시 로마 시민 인구의 30~50% 수준이었다. 이에 카이사르가 대상자를 15만 명으로 줄이기도 했지만, 시간이 흐르며 대상자가 다시 20만 명 이상으로 늘었다. D)로마 후기

로 갈수록 인기 영합 포퓰리즘대중 중시 정치이 판을 친다. 셉티미우스 세베루스 황제재위 193~211년는 곡물을 **빵으로 업그레이드** 했다. **올리브 오일과 소금**도 더해서 줬다. 공짜에 길들여진 로마 시민의 요구사항은 늘어만 갔다. 아우렐리우스 황제는 **와인과 돼지고기**까지 포함시켰다270년. 로마제국이 번영할 때에는 무상배급이 별문제가 되지 않았다. 문제는 제국이 쇠락해 가면서부터다. 로마의 절대우위 군사력은 무너져만 가고 더 이상 식민지를 늘리지 못했다. 바닥난 재정을 메우고자 기존 **식민지에 과도한 세금**을 물렸다. 높아진 세금에 상거래는 위축되고 식민지 반란도 늘어만 갔다.

## 서커스 정책

서커스 정책용 대표적인 건물은 **콜로세움**이다. 베스파시아누스 황제재위 69~79년가 전임자인 **네로 황제**재위 54~68년**의 황금궁전 자리**에 원형 경기장건설 기간 72~82년인 콜로세움을 지었다. 네로 폭정에 지친 시민들의 마음을 달래주고 네로와 차별화하려는 목적이었다. 콜로세움은 황제베스파시아누스의 아들인 도미티아누스 황제가 최종 완성했다. 로마는 세계 최초로 **콘크리트**를 활용했는데, 콜로세움 내벽도 콘크리트를 사용했다. 덕분에 2,000년이 지났어도 멋진 외관을 유지하고 있다. 콜로세움은 지하 2층~지상 4층 건물높이 50m로 총면적만 2만 4,000m²에 이른다. 당시 로마 인구가 100만 명이었는데 관중만 5만~8만 명이 들어가는 규모다. 좌석 아래쪽으로 갈수록 경기

그림 14 콜로세움

를 잘 볼 수 있어 높은 신분이 앉았다. 지하 공간히포게움에는 검투사 대기실, 맹수 우리 등이 있었다. 검투사와 맹수는 승강기를 타고 경기장 위로 올라와 결투를 했다. 서커스 정책은 제국이 건재하다는 것을 알리고, 로마 시민의 불만과 정치적 관심을 돌리기 위함이었다.

## 가격 통제 칙령

큐라 아노나, 대규모 군대 운용, 왕실의 사치 등을 메우기 위해선 황제에게 막대한 화폐가 필요했다. 식민지에서 오는 세금과 공물로는 비용을 댈 수 없게 되자 로마 황제는 주화에 들어가는 귀금속의 양을 줄였다. 화폐 주조 차익인 **시뇨리지**Seigniorage다. 은화라면 은

이 100% 포함되어야 하는데, 은의 비중을 줄이고 구리의 함량을 높였다. 은의 함량이 떨어졌으니 은화 가치도 액면가$^{화폐에\ 쓰여진\ 숫자\ 가치}$보다 낮아졌다. 화폐의 가치가 떨어지니 더 많은 화폐를 주고 물건을 사야 했다. 물가상승, 즉 **인플레이션**이 발생하게 되었다. 물가가 계속 오르자 황제는 **가격 통제 칙령**까지 내린다. 하지만 가격 통제로 가격이 잡힐 리 없었다. 콘스탄티누스 1세 황제는 수도를 로마에서 **콘스탄티노폴리스**$^{이스탄불}$로 옮긴다$^{330년}$. 제국의 중심지가 로마에서 튀르키예 지역으로 가면서 로마의 위상도 약해졌다. 거대한 로마제국은 테오도시우스 1세 황제의 사망 이후 동로마제국$^{395~1453년}$과 서로마제국$^{395~476년}$으로 분열했다. 황제가 로마제국을 두 아들에게 나눠주면서다. 동로마제국은 지금의 그리스, 터키 부근이다. 비잔티움(비잔틴)제국으로도 불린다. 서로마제국은 이탈리아를 포함한 서쪽 유럽 나라들이다. 게르만족의 잇따른 침입으로 약화된 서로마는 결국 멸망하게 되었다$^{476년}$. 서로마제국과 달리 동로마제국은 1,000년 가까이 유지되었다.

# 1-6

# 카이사르와 클레오파트라, 나일강의 범람

### 주사위는 던져졌다

**가이우스 율리우스 카이사르**기원전 100~44년는 로마제국 전성기 정치가다. 보통은 율리우스 카이사르로 부른다. 가이우스가 개인 이름, 율리우스는 씨족명, 카이사르가 가문명이다. 로마 귀족들은 이름에 신분을 나타냈기에 이름만 3~4개다. **7월 July**는 율리우스Julius에서 나왔다. 율리우스 카이사르가 7월에 태어났다고 해서다. 황제를 뜻하는 영어 시저Caesar, 독일어 카이저Kaiser, 러시아어 차르Czar 모두 카이사르다. **카이사르는 폼페이우스, 크라수스와 로마제국의 제1차 삼두정치를 열었다. 삼두정치**란 세 사람이 로마를 분할 통치하는 것이다. 서로 간 동맹을 위해 카이사르는 자신의 딸16세, 율리아을 30세나 많은 폼페이우스에게 시집을 보냈다. 이후 카이사르는 8년 간기원전 58~51년 **갈리아 정복**을 통해 로마 영토를 넓혀가고 인기를 얻는다. 갈리아는 북부 이탈리아, 프랑스, 벨기에, 스위스 서부, 라인강 서쪽 독일 등이다. 카이사르의 딸이 출산 도중 사망기원전 54년을 했다. 그러자 카이사르와 사위인 폼페이우스간 사이가 소원해졌다. 1년 후에는 삼두정치 인물 중 한 명인 크라수스가 전쟁 중 사망했다. 원로원 귀족들은 인기가 높아진 카이사르 대신에 폼페이우스 편을 들었다. 원로원은 폼페이우스에게 무제한 권한을 주는 법안을 발의했다. 반면, 갈리아에 있던 카이사르에겐 무장해제하고 단신으로 로마에 귀국하라는 명령을 내린다. 카이사르는 '**주사위는 던져졌다**'라는 말을 하고 군대와 함께 **루비콘강을 건넌다**. 군대를 이끌고 루비콘강을 건넌다는 건 쿠데타였다. 갈리아에서 8년간 잘 훈련된 카이사르의 군대는 로마를 점령했다. 폼페이우스는 이집트로 도망갔으나, 이집트 파라오프톨레마이오스 13세에게 살해당했다.

## 브루투스 너마저

경쟁자를 모두 물리친 카이사르는 **집정관에** 그의 오른팔인 **안토니우스**를 앉히고 자신은 평생 임기가 보장된 **종신 독재관**이 되었다. 왕이나 다름없어진 1인 독재자에 대해 원로원은 제거 계획을 세운다. 카이사르를 제거해야 공화정으로 돌아가고 귀족이 힘을 얻는다는 것이다. 카이사르는 원로원 회의장 앞에서 반대파 귀족 세력의

**그림 15** 암살당하는 카이사르

칼에 찔려 죽고 만다. 아이러니하게도 정적이었던 폼페이우스 동상 앞에서 말이다. 암살자들 사이에서 카이사르는 그가 총애하던 2명의 브루투스를 본다. 카이사르 애인세르빌리아 아들인 브루투스마르쿠스 유니우스 브루투스와 갈리아 전쟁에서 활약하고 카이사르가 총애하던 또 다른 **브루투스**데시무스 브루투스다. 죽기 직전 카이사르는 '**브루투스 너마저**'라는 말을 남긴다. 카이사르 유언장에는 옥타비아누스카이사르의 양자(카이사르 누나의 외손자) 다음 2번째 후계자로 데시무스 브루투스를 지정했다. 아마 카이사르가 외친 브루투스는 데시무스 였을 것이다.

## 악티움 해전

귀족들은 카이사르가 죽으면 공화정이 다시 될 걸로 기대했지만, 카이사르 군대가 세력을 장악했다. 그 중심에는 카이사르의 오른팔이자 집정관이었던 **안토니우스**가 있다. 하지만, 카이사르 유언장에는 옥타비아누스카이사르의 양자(카이사르 누나의 외손자)를 첫 번째 후계자로 삼겠다는 내용이 있었다. 그리하여 **옥타비아누스, 안토니우스, 레피두스**카이사르 부하가 **제2차 삼두정치**를 연다. 옥타비아누스와 안토니우스는 브루투스 등 카이사르 암살 세력들을 몰살했다. 이후 **로마 동쪽은 안토니우스, 서쪽은 옥타비아누스가** 나눠 다스린다. 특히, 안토니우스는 동방 원정을 통해 막강한 힘을 가졌다. 하지만, **안토니우스는 이집트에서** 많은 시간을 보내는 악수를 둔다. 이집트 여왕 클레오파트라 7세와 결혼하고 자녀도 낳는다. 반면, 옥타비아누스는 로마에서 세력을 넓힌다. 로마 1인자를 놓고 결국 둘옥타비아누스, 안토니우스은 바다에서 결전을 치르게 되는데, 바로 **악티움 해전**기원전 31년이다. 전투에서 패한 안토니우스와 클레오파트라는 이집트로 돌아가 자결했다. 둘의 비극은 수많은 연극과 영화 소재로도 쓰이게 되었다. 옥타비아누스는 로마 초대 황제 자리에 올라선다기원전 27년. **존엄한 자**라는 의미의 **아우구스투스** 칭호도 받고 말이다.

**그림 16** 아우구스투스

## 클레오파트라

클레오파트라 7세는 원래 자신의 남동생프톨레마이오스 13세과 결혼했다. 이집트 왕국프톨레마이오스 왕국은 마케도니아 알렉산드로스 대왕 원정 이후 세워진 **그리스계 후손**이 지배 세력인 나라였다. 당시 이집트는 지중해에서 번영한 나라 중 하나였다. 수도 알렉산드리아에서 알 수 있듯 동서양 문화를 융합해 헬레니즘을 발전시켰다. 외래 지배자인 왕조는 순수 혈통을 지키기 위해 근친혼을 했다. 클레오파트라 아버지도 여동생과 결혼해 그녀를 낳았다. 카이사르 쿠데타에 밀린 폼페이우스(제1차 삼두정치 인물)는 이집트 알렉산드리아로 가 재기를 노렸다. 하지만 이집트 파라오이자 클레오파트라의 남동생프톨레마이오스 13세은 그를 죽인다. 전세가 카이사르 쪽으로 기운 걸 알고서다. 이집트로 건너온 카이사르는 폼페이우스가 살해되었다는 걸 알고 격노했다. 정적이었으나 옛 친구이자 사위였기 때문이다. 카이사르는 파라오프톨레마이오스 13세를 내쫓고 **클레오파트라 1인 독점 체제**를 만들어 줬다. 그리곤 둘은 사랑하게 되고 클레오파트라는 **카이사르와 사이에 아들**카이사리온을 낳는다. 클레오파트라는 자신의 아들이 로마를 다스리길 바랐으나 그리 되진 못했다.

카이사르가 죽고 이후 **안토니우스(제2차 삼두정치 인물)와** 다시 염문에 빠지고, **자식을 또 낳게 된다.** 블레즈 파스칼프랑스 사상가은 '그녀의 코가 조금만 낮았더라면 역사가 바뀌었을 것'이라고 말했다. 그녀의 미모가 조금 덜했더라면 다른 역사가 만들어졌을 거란 의미다. **과연 클레오파트라는 절세 미녀였을까?** 당시 동전들을 보면 클레오

그림 17 클레오파트라 동전

파트라는 미녀와는 좀 거리가 있다. 매부리코에 살이 찐 얼굴상이다. 대신에 그녀는 지적 수준과 말주변이 높았다. 여러 나라 언어를 구사하고 외교 수완도 뛰어났다. 로마 권력자와 스캔들이었지만 한편으론 권력 유지를 위한 정치적 결정이기도 했다.

## 나일강의 선물

4대 문명은 **나일강의 이집트 문명, 티그리스·유프라테스강의 메소포타미아 문명, 인더스강의 인더스 문명, 황하강 중류의 황하 문명**이다. 고대 4대 문명은 모두 강 주변에서 강물을 활용한 농업을 통해 성장했다. 물의 힘을 통해 중앙집권적인 전제국가를 건설했다. **헤로도토스**기원전 484~425년는 그리스 역사학자다. 그리스와 페르시아 간 전쟁을 겪으며 전쟁 지역 탐사를 10여 년간 했다. 그리곤 9권의 『**역사**』라는 책을 냈다. 오늘날 역사학의 아버지라 불리는 그가 이집트 여행을 하고, '**이집트는 나일강의 선물**'이라는 찬사를 보냈다. 헤로도토스가 이집트에 머무른 동안 그는 큰 홍수를 목격했다. **매년 6월 중순부터 10월 하순까지** 나일강 상류인 에티오피아고원에 비가 내렸고, 홍수로 **나일강을 범람**시켰다. 홍수가 끝나자 자연제방이 만들어지고, 제방 너머에는 농사를 지을 수 있는 저지대가 만들어졌다. 이집트인들은 나일강 범람 지역을 측정해 농지를 만들었다. 비료도 쓰지 않고 씨를 뿌려 농사를 지었다. 나일강 상류에서 쏠려온 검은 흙 케메트이 충분한 영양분을 보유한 덕분이다.

헤로도토스는 나일강 하구 삼각주를 **델타**라 이름 붙였다. 그리스 문자 델타(Δ)와 비슷했기 때문이다. 지금도 삼각주를 델타라 하는 이유다. 나일강 범람으로 이집트에선 밀이 재배되었고, 밀로 [1]빵이나 [2]막걸리같이 **걸쭉한 맥주**를 만들어 먹었다. 이집트인들은 나일강 주변 갈대인 파피루스 줄기를 오늘 날 종이와 비슷하게 만들었다. **파피루스**를 얇고 넓게 편 다음, 그물 모양으로 서로 엇갈리게 배열하면 종이처럼 글을 쓸 수 있었다.

## 기하학과 달력

나일강의 범람으로 인해 발달한 건 밀 외에도 [1]**기하학과** [2]**달력**이 있다. [1]삼각형, 사각형 등을 기하학적 문양이라 한다. 기하학은 선, 면, 도형 등을 활용한 수학의 한 분야다. 이집트 농지는 나일강 줄기를 따라 만들어졌는데, 매년 여름이면 홍수로 땅이 잠겼다. 홍수가 지나고 농지를 다시 재야 했다. 당시 세금은 농지의 크기에 따라 메겨졌다. 밧줄로 땅을 여러 개의 **삼각형으로 나누고** 넓이를 쟀다. 기하학을 Geometry라고 하는데, 땅$^{Geo}$과 측량$^{Metry}$이 합쳐진 말이다.

2)나일강은 매년 7월 정기적으로 범람했다. A)태양과 B)시리우스태양 다음으로 밝은 별가 지평선에 동시에 떠오르는 날이 1년 중 딱 하루가 있었는데, 그 무렵 **나일강이 범람**했다. 그래서 그 날을 기준으로 1년을 파악했다이집트 태양력. 카이사르는 이집트 태양력을 로마에 들여왔다. 1년을 365일, 12개월로 하고, 4년마다 하루씩2월 29일, 윤년 추가했다. 이를 **율리우스력**이라 했다. 이후 교황 그레고리오 13세는 지구 공전 주기와 좀 더 일치하게 **그레고리오력**을 만들었다1582년. 율리우스력에선 400년간 윤년이 100번이지만, 그레고리오력에선 97번으로 줄어들었다. 현재 쓰고 있는 달력도 그레고리오력이다.

### 나일강 범람

나일강은 아마존강과 함께 세계에서 가장 긴 강약 6,700km으로 **청나일**Blue Nile**과 백나일**White Nile로 나뉜다. 청나일은 에티오피아 고원지대에서부터 출발한다. 백나일은 빅토리아 호수 등에서 출발한다. 두 나일강은 수단의 수도 하르툼에서 합쳐지고 이집트를 지나 지중해 바다로 흘러간다. 이집트는 나일강 하류인 셈이다. 나일강은 파라오가 통제할 수 없는 홍수와 가뭄을 만들었다. 홍수로 **나일강이 충분히 범람**하면 이집트는 번영을 구가했다. 거대한 신전과 왕조의 문명을 꽃피운다. 반면, 가뭄으로 나일강이 바닥을 드러내면 굶주림과 반란, 왕조의 몰락을 가져왔다. 나일강 수위가 왕조의 운명을 결정지었다.

풍요로운 땅인 이집트는 지중해와 중동 지역에서 강력한 나라가 탄생할 때마다 침략 대상 1순위가 되었다. 아시리아, 페르시아, 마케도니아를 거쳐 로마제국이 이집트를 점령했다<sup>기원전 31년</sup>. 특히, 그리스와 로마제국은 산악지형이 많고 지중해성 기후라 농사가 쉽지 않았다. 지중해성 기후는 더운 여름에는 비가 잘 오지 않는다. 대신에 겨울이 조금 따뜻하고 비가 많이 내린다. 밀이나 벼농사 짓기에는 좋지 못한 환경이다. 식량을 어딘가에서 가져와야 했고, 이집트는 훌륭한 **식량 창고** 역할을 해줬다. 로마가 멸망한 뒤에도 이집트는 동로마제국, 이슬람제국, 영국 등의 지배를 받아오다 1922년 독립했다. 풍요를 누리던 나일강은 이제는 더 이상 범람하지 않는다. 인간의 이기심으로 인해 나일강에 경쟁적으로 만들어진 댐들로 인해서다.

### 쌀의 풍족함

벼는 물에 뿌리를 내리고 자라다 보니 잡초도 상대적으로 적고, 물속 수중생물 덕에 자연 질소도 만들어진다. 그런 영향으로 쌀은 밀, 옥수수, 보리 등에 비해 높은 수확량을 자랑한다. 열대성 기후에 1년에 다작도 가능하다. 토양과 기후가 좋은 태국은 2년에 5모작도 된다. 그 결과, 쌀을 주식으로 하는 중국과 인도 등 아시아가 유럽보다 **인구가 훨씬 많았다**. 중국은 4대 발명품이라 하는 **종이, 나침반, 화약, 활판 인쇄술**을 발명했다. 인도는 **사탕수수, 목화, 후추 등** 부자 작물 재배도 했다. 유럽이 부러워할 만한 성과다. 높은 곡물 수확량 덕분일까, 중국과 인도는 중세 유럽보다 절대왕정도 빨랐다. 반면, 낮은 농업 생산성으로 발전이 더뎠던 유럽은 농업 대신 상공업이 발달하게 되었다. 농산물이 부족하니 교역을 통해 물건들을 교환하게 된 것이다. 상공업 발달로 길드와 같은 상인 조합도 만들고, 왕의 간섭을 받지 않는 자치도시도 생겼다11세기. 먼바다로 물건을 찾아 떠나기도 했다. 상공업과 무역으로 부를 축적한 자본가가 만들어지기도 했다. 반면, 부족함이 없던 중국이나 인도는 높은 농업 생산력에 안주하며 살게 되었다. **풍족함**이 오히려 대외무역과 상공업 발전에 걸림돌이 되었다. 사농공상사(士, 학자), 농(農, 농민), 공(工, 장인), 상(商, 상인)과 카스트 계급브라만(사제), 크샤트리아(왕족, 무사), 바이샤(평민, 농, 공, 상인), 수드라(천민, 노예)에서 보듯 **상업과 제조업 천시**는 시간이 지날수록 문명 발전에서 밀리는 요인이 되었다.

# 1-7

# 팍스 로마나,
# 모든 길은 로마로 통한다

### 로마 포장도로

**모든 길은 로마로 통한다**All roads lead to Roma. 이 말은 라 퐁텐프랑스 작가의 우화에서 최초로 나온다. 로마의 번영은 정복지 구석구석까지 연결된 **포장도로** 덕분이란 것이다. 로마는 대제국 내 사람과 물자를 이동하기 위해 대도시를 만들었고 이를 포장도로로 연결했다. 정복지와 로마 간 포장도로 건설에는 공병부대를 이용했다. 가장 빠른 길을 만들기 위해 직선으로 길을 뚫었다. 산을 뚫기도 하고 다리를 만들기도 했다. 겹겹이 모래, 자갈, 돌들을 깔고 견고하게 만들었다. 로마는 점령지에 대규모 군대를 주둔시키지 않았다. 점령지와 마찰을 피하기 위함이었다. 대신에, 문제가 생기면 로마 근교 주둔 군대

그림 18 폼페이에 남은 로마의 도로

가 신속히 출동했다. 포장도로가 있기에 **군대의 신속한 출동**이 가능했다. 로마가 카르타고와 포에니 전쟁에서 승리한 데에도 포장도로가 한몫했다. 포장도로를 통해 끊임없이 병참과 군인이 공급되었기 때문이다. 로마 점령지의 폭동은 주로 경제적인 이유에서였다. 먹고 살 만하면 불만도 잦아들었다. 로마 점령지에 포장도로가 만들어진 이후 군대, 우편, 상인 등 인적, 물적 유통이 활발해졌다. 덕분에 식민지 경제도 안정되어 갔다. 경제적 안정에 점령지들도 로마에 점점 동화되어 갔다. 로마는 로마의 귀족과 군인들을 점령지 여인들과 결혼을 시켰다. 반대로, 점령지 귀족들은 자녀들을 로마로 유학 보냈다.

로마의 도로는 **셈프로니우스 도로법**기원전 120년경에 따라 건설되었다. 로마 도로는 차도와 인도로 구분했다. 차도 4m, 차도 좌우에 인도 3m씩 총 10m 너비였다. 도로 깊이도 4층으로 1m 이상 견고했다. 도로 길이는 간선도로375개 80,000km와 지선도로까지 합하면 총 150,000km였다. 1로마 마일1,450m, 1천 걸음마다 **표지석**을 설치했다. 로마제국 모든 도로의 기준점은 **골드 마일스톤**이다. 로마제국 초대 황제인 아우구스투스 때 세운 신전 표지석이다. 로마는 도로 중간마다 휴게소를 두었는데, 휴게소에는 말 교환소, 숙박시설도 있었다. 로마식 숙박시설을 **만시오네**mansiones라고 했는데, 오늘날 맨션mansion의 어원이다. 로마는 도로의 치안유지에도 힘썼다. 도적들이 우편물을 훼손하거나 강도짓을 하면 극형에 처했다. 로마 최초의 포장도로는 이탈리아 남부에서 로마까지 **아피아 가도**로마~브린디시 항구까지다. 로마는 공공시설 명칭을 공사 책임자 이름을 따서 만들었다. **아피우스 클라디우스** 이름을 따서 아피아 가도Via Appia, 아피아 수도로 지었다. 지금의 로마 도로는 고대 로마가도 위에 아스팔트 포장만 해서 거의 그대로 사용하고 있다.

## 로마 수도관

로마는 수도관을 건설해 도시와 농경지에 물을 공급했다. 안정적인 물 공급을 위해 인공적인 **아피아 수도**Aqua Appia를 건설했다기원전 312년. 오늘날 온천으로 쓰이는 **아쿠아**Aqua의 기원은 로마의 수도에서부터

**그림 19** 로마의 수도교

다. 수로 길이는 16,617km인데 지하갱도는 16,528km이고 지상은 89m뿐이다. 수로를 지하갱도로 한 이유는 전쟁 시 적의 파괴를 피하고 수온 상승과 물의 증발을 막기 위해서였다. 로마 수도는 로마 시내 트레비 분수 등에 공급 되어졌다. 또한 대규모 **공중목욕탕**이 발달하게 되었다. 로마 전역에 전염병이 적었던 이유도 공중목욕탕을 통한 청결 유지 때문이었다.

다만, 가톨릭이 커지면서 공중목욕탕 문화는 사라졌다. 당시 카톨릭이 남에게 알몸을 내어 보이는 걸 좋지 않게 여겼기 때문이다. 수도관은 로마제국 곳곳(남유럽, 독일, 북아프리카, 소아시아 등)에 운영되었다. 펌프가 없었기에 먼 곳까지 운반되기 위해선 **경사도 유지**가 필수였다.

치밀하게 치수를 제고 수로 다리<sup>수도교</sup>, 수로 동굴도 건설했다. 지금도 로마가 지배한 지역에는 그 당시 건설한 **수로 다리**<sup>퐁뒤가르 수로, 세고비아 수로 등</sup>가 남아있다. 수로 다리는 계곡 깊이에 따라 1~3층으로 설계되었다. 중력을 분산시키는 아치 구조로 건설해 무게를 지탱했다. 물은 맨 위층 수로를 따라 흘렀다. 완만한 경사를 이루도록 건설해 물이 잘 흐르도록 했다. 수로 다리의 1층과 2층은 사람이 지나다니는 통행로로 이용되었다.

## 코르부스

로마는 육지에서뿐만 아니라 바다에서도 주도권을 잡았다. 해양 문명은 농업 문명보다 발전 가능성이 높았다. 교역을 통해 보다 나은 가치를 창출할 수 있어서였다. 지중해 지역은 생산물이 지역마다 편중되어 있어 교역은 필수였다. 로마는 지중해 패권을 놓고 **카르타고와 포에니 전쟁**을 통해 지중해를 차지했다. 그리스 도시국가가 페르시아와 전쟁을 통해, 지중해 교역 주도권을 잡으며 번영을 했듯 말이다. 덕분에 지중해 교역과 식민지 확보를 통해 해양 제국으로 성장할 수 있었다. 테베레강변 작은 도시국가로 출발한 로마는 처음에 바다에 대해 취약했다. 카르타고와 벌인 **1차 포에니 전쟁** 이전까지 대형 전함이 한 척도 없었다. 이탈리아반도를 통일하는 동안 바다에 나갈 일이 없어서였다. 강에서 쓸 소형 전함 20~30척 정도였다. 그런 로마가 지중해 바다로 눈을 돌리며 **대형 전함 건설**에 힘을 쏟는다. 다행히 로마로 떠내려온 카르타고 5단 갤리선을 참고해 두 달 만에 갤리선 100척을 만들었다. 갤리선은 노와 돛으로 움직이는 폭이 좁고 길이가 긴 고대 대형 선박이었다. 돛이 있으나 주된 동력은 노 젓기였다. 로마군의 배 모양은 볼품 없었고 해전 경험도 없는 로마군은 첫 해전에서 카르타고에게 무참히 깨졌다. 카르타고 갤리선은 로마 갤리선의 노를 부러트린 뒤 옆구리를 들이받아 침몰시켰다. 하지만, 바다에서 밀리던 로마가 **코르부스**를 개발하며 전세를 뒤집었다. 코르부스는 끝에 송곳을 단 긴 나무판자다. 로마군은 카르타고 갤리선 갑판에 코르부스를 내리박아 로마 배와 고정시켰다. 이후 코르부스를 다리 삼아 넘어가 백병전을 벌였다. 해상 전투가 육지 전투로 바뀐 셈이다.

## 실크로드

중국은 로마를 **대진국**이라 불렀다. 진시황의 진나라를 본떠 '서쪽의 큰 진나라'라는 의미로 부른 이름이다. 중국을 말하는 China도 진 Chin에서 왔다. 진시황도 중국을 통일하고 재위 기간 5차례나 전국을 순행했다. 왕의 행차를 위해 도로가 만들어졌다. 중국이 유럽의 중심 로마제국으로 연결하는 길이 있었으니 1)**실크로드와** 2)**초원길**이다. 1)**실크로드**Silk Road는 사막길이라고도 했다. 한나라 수도 장안에서 출발해 사막을 따라가면 지중해까지 이른다. 사막의 오아시스 도시 간 교역이 긴 선으로 연결되었다. 상인들이 사막이나 초원을 낙

그림 20 실크로드, 초원길, 바닷길

타나 말을 타고 무역을 했다. 특히, 이란계 '소그드인'들이 실크로드 무역을 통해 부를 쌓았다. 실크로드라 불리운 건 비단이 많이 수출되어서였다. 비단은 중국에서만 나는 특산품이다. 기원전 3,000년부터 누에고치에서 뽑은 실로 비단을 만들었다. 중국은 오랫동안 생산 방법 등을 해외로 반출하는 걸 금했다. 로마의 귀족들이 이 비단에 매료되었다.

실크로드가 시작된 건 **중국 한 무제** 때부터다. 중국 북방 유목민족 흉노족과 대립하던 한나라는 월지가 흉노와 사이가 좋지 않다는 걸 알게 되었다. 월지는 흉노보다 더 서쪽에 있었다. 한 무제는 월지와 손잡고 흉노를 공격하기로 했다. 하지만, 월지 위치를 알지 못했다. 중국 서쪽은 티베트고원과 높은 산맥이 가로막고 있었다. 부하 **장건**이 월지로 떠났으나 흉노에게 붙잡혔다. 10여 년간 흉노에 잡혀 있다 탈출한 장건은 월지에 도착을 했다. 당시 월지는 중앙아시아 사마르칸트⁰ᵘᶻᵇᵉᵏⁱˢᵗᵃⁿ ᵈᵒˢⁱ일대에 위치해 있었다. 비옥한 땅에서 편안하게 살던 월지는 흉노와의 전쟁 제안을 거절했다. 빈손으로 돌아가던 장건은 흉노에 또 붙잡혔으나 탈출하고, 13년 만에 한나라 수도 장안에 돌아온다. **장안**은 한나라와 당나라 때 수도로 진시황릉ᵇⁱᵒᵐᵃᵉᵘᵍᵉⁿᵍ 발굴이 있는 지금의 시안이다. '장안의 화제' 할 때 그 장안이다. 한 무제는 장건의 말을 들은 뒤 흉노를 더 북으로 몰아내고 중앙아시아 길을 개척하게 된다. 한 무제는 중앙아시아 국가와 교역을 맺게 되는데, 시간이 흘러 이 교역로가 발전해 간다. 장안에서 서아시아를 지나 로마제국까지 이어졌다. 총길이 **6,400km의 실크로드**로 유라시아 동서를 잇는 교역로로 번창했다. 『**천일야화**』도 실크로드를 따라 이야기가 전개된다. 아라비안나이트로도 불리우는 『천일야화』는 300여 개의 작은 이야기가 담긴 액자식 소설이다. 1,001일 밤마다 페르시아 왕에게 셰헤라자데ᵖᵉʳˢⁱᵃ ʲᵃᵉˢᵃⁿᵍᵘⁱ ᵈᵃˡ가 들려준 이야기다. 왕의 폭정을 잠재우기 위함이기도 했다. 「신밧드의 모험」, 「알라딘」, 「알리바바와 40인의 도적」 같은 친숙한 이야기가 담겨있다. 중국에서 발명된 제지술도 실크로드를 통해 전해졌다. 이슬람 우마이야 왕조와 중국 당나라 간 중앙아시아 주도권을 놓고 전쟁이 벌어졌다⁸ˢᵉᵍⁱ, ᵗᵃˡˡᵃˢᵘ ʲᵉⁿᵗᵘ. 이 전투에서 당나라 제지 기술자들이 포로로 잡히면서 **제지술**이 중동에 전해지고 유럽에 전파되었다. 덕분에 유럽도 종이를 사용할 수 있게 되었다. 실크로드란 단어는 리히트호펜ᵈᵒᵏⁱˡ ʲⁱʳⁱʰᵃᵏʲᵃ이 그의 지리학 저서 『China』에서 처음 사용했다¹⁸⁷⁷ⁿᵉⁿ.

## 초원길과 바닷길

2)**초원길**은 중국 북쪽 초원에서 흑해 연안까지 길이다. 중앙아시아 초원에서 가축을 기르던 **유목민족**흉노, 선비, 돌궐, 몽골 등이 주로 이용했다. 칭기즈칸의 몽골제국 유럽 원정도 초원길을 통해서였다. 13세기에는 몽골제국이 유라시아 대륙 대부분을 차지했었다. 몽골제국의 영토 확장 결과 실크로드와 초원길을 통한 동서무역이 더 활발해졌다. 중국에서 발명된 **화약과 나침반**이 유럽에 전해졌다. 『동방견문록』의 저자 **마르코 폴로**가 실크로드를 지나 원나라에 도착한 것도 이 시기였다. 유럽이 대항해시대를 거쳐 동양문명을 앞서게 된 것도 중국의 발명품 덕분이다. 3)명나라 때 해금령으로 바닷길이 막혔지만, 한 때 **바닷길**은 유럽으로 가는 통로였다. 중국 남부에서 시작해 지중해, 아프리카 동부 연안까지 이어졌다. 특히, 대항해시대 이전에는 **아라비아 상인**들이 바닷길을 잘 활용했다. 인도와 동남아의 향신료가 바닷길을 통해 유럽에 비싸게 팔렸다. 동서 교역로는 교역품뿐만 아니라 종교도 전해졌다. 조로아스터교, 이슬람교가 길을 따라 전파되었다.

## 칭기즈칸 정복전쟁 이유

몽골족은 초원을 돌며 가축을 기르는 유목민족이다. 가축이 먹을 풀이 많은 곳을 찾아 유랑생활을 했다. 말이 먹을 풀이 많다면 굳이 이동할 이유가 없었다. 그런데 칭기즈칸이 정복 전쟁에 나설 즈음인

13~14세기 몽골 초원 지대에 이상 건조 기후가 나타났다. 가축을 먹일 **풀이 줄어든 것**이다. 칭기즈칸은 몽골 부족들을 통일한 뒤 풀을 찾아 정복 전쟁을 벌이게 되었다. 중국, 중동을 지나 동유럽 일부까지 차지했다. 칭기즈칸은 '**성을 쌓는 자 망하고, 길을 가는 자 흥하리라**'라는 유언을 남겼다고 한다. 몽골 대제국은 칭기즈칸 이후 황제 직할령인 원나라몽골 본토 및 중국와 4개의 칸국킵차크, 일, 차카타이, 오고타이 칸국으로 나뉜다. 칭기즈칸의 손자 쿠빌라이칸은 원나라 아래에 있던 남송을 멸망시키고1279년 중국을 통일했다. 훈족, 몽골족, 튀르크족은 기마민족이다. **기마민족**은 발 빠른 기동력으로 세계를 지배했다. 훈족은 게르만족을 밀어내 로마제국 멸망을 가져왔다. 몽골족은 유라시아에 대제국을 건설했다. 튀르크족은 오스만제국을 세워 유럽을 위협했다.

# 1-8

# 흉노가 몰고 온 게르만족 대이동 그리고 신성로마제국 탄생

### 흉노의 서진

**흉노**오랑캐 흉匈, 종 노奴는 중국 5호 16국오랑캐(5호) 13개국+한족 3개국=16개국 오랑캐 나라5호(오랑캐이름 호, 胡) 중 하나다. 기원전 4세기부터 기원후 5세기까지 존재했었다. 흉노족은 몽골고원 척박한 땅에 살던 유목민이다. 봄부터 가을까지는 살만했지만, 추운 겨울이 오면 몽골고원 아래로 내려와 약탈했다. 먹을 게 부족하니까 싸움꾼이 되었다. 지금이야 가을을 뜻하는 좋은 의미인 **천고마비**하늘은 높고 푸르고, 말은 살찐다가 '흉노가 남쪽으로 쳐들어올 때'라는 공포스런 의미였다. 오죽하면 진시황제가 흉노 침입을 막으려 중국 통일 후 **만리장성**을 쌓았을까. 한나라를 세운 유방도 흉노와의 전쟁에서 져, 조공을 바치기도 했다. 반면, 한나라 무제는 용감했다. 용맹한 싸움꾼 흉노족을 고비사막 북쪽으로 쫓아낸다. 이후 흉노는 한나라와 이해관계가 단절되고 이후 분열하게 되었다. 그리곤 살기 위해 서쪽인 **유럽으로 이동**하게 된다. 한편, 한 무제의 훈족 정벌은 **실크로드의 발견**으로 이어졌다. 한 무제는 훈족 포로에게 서역 이야기를 듣고 장건에게 서역까지 가게 했다. 이 과정에서 알려진 동서 이동로가 실크로드로 쓰이게 되었다. 흉노가 서쪽으로 가면서 그 지역 세력과 섞여 **훈족**Huns이 되었다. 흉노와 훈족은 유전적으로 같은 뿌리라는 연구 결과도 있다. 훈족Huns은 4~6세기 중앙아시아, 코카서스조지아 일대에서 살던 **튀르크 계열** 유목민족이다. 그런데 중앙아시아 목초지가 말라버려 **풀을 찾아 서쪽으로** 움직였다. 발칸반도 북쪽을 거쳐 중부 유럽까지 이동했다. 참고로 훈족 일원인 마자르족은 헝가리에 눌러앉았다. Hungary(헝가리) 나라 이름에 Hun이 쓰인 이유다. 중부 유럽은 원래 게르만족이 살던 터였다. 훈족은 용맹스럽고 잔인하게 싸우기로 유명했다. 훈족이 **게르만족을 몰아내고** 중부 유럽 땅을 차지하게 된다. 참고로 캐세이퍼시픽 항공의 **캐세이**는 거란요나라이다. 〈고려 거란 전쟁〉의 그 거란이다.

## 게르만족 대이동

훈족에 밀려난 게르만족도 제 살길을 찾아 서쪽으로 이동한다. 결국 **로마제국 영토 안으로** 도망쳐 와 정착했다. 4세기 말부터 6세기 말

**그림 21** 게르만족 대이동

까지 200여 년 동안 훈족에 밀려 게르만족이 이동한 과정을 **게르만족 대이동**이라 한다. 게르만족이 몰려오자 서로마제국은 이들을 **용병**으로 활용했다. 잘 구슬려 데리고 살아볼 심산이었다. 심지어 용병을 장군까지 시켜주는 믿음까지 보였다. 로마는 원래 강한 시민들이 직접 정복 전쟁에 나서 지중해를 제패한 강골들이다. 하지만, 로마 군대를 남게르만 용병에게 맡기면서 허약한 신세가 되고 만다. 결국, 용병의 힘이 세져, **게르만 용병대장**오도아케르에 의해 서로마제국은 멸망하고 만다476년. 서로마제국이 멸망하자 게르만족이 서로마 땅에 각각 자신들의 왕국을 건설했다. 종합하면, 1)한나라가 흉노를 서쪽으로 밀어내고, 2)훈족훙노 후손이 게르만족을 서쪽으로 밀어내고, 3)게르만족이 로마제국을 멸망하게 하고, 4)게르만족이 서로마제국 자리에 왕국을 건설했다. 흉노가 불러온 민족 간 연쇄 대이동이다. 1)게르만족 중 **프랑크족**은 갈리아프랑스 등를 정복하고 서고트족을 스페인으로 몰아냈다. 2)**서고트족**은 스페인에, 3)**동고트족**과 **롬바르드족**은 이탈리아에 정착했다. 4)**앵글로색슨족**은 바다 건너 브리튼 섬잉글랜드으로 갔다. 5)**반달족**은 유럽을 거쳐 북아프리카, 서부 지중해 섬들로 갔다. 반달족은 다른 게르만족보다 약탈과 파괴가 심했다. 문화 파괴라는 반달리즘도 반달족에서 나왔다. **반달리즘**Vandalism은 고의로 문화재, 예술 작품을 파괴하는 행위다. 반달족이 로마 점령 후 신전, 조각상을 파괴한 데서 유래했다455년. 프랑스대혁명 당시 한 주교가 군중들이 가톨릭 건축물과 예술품을 파괴한 걸 보고 로마를 침략한 반달족과 다름없다고 외친 뒤부터 쓰여졌다는 설이 있다. 셰익스피어 희곡『베니스의 상인』의 베니스는 **베네치아**의 영어식 발음이다. 베니스는 아드리아해 호수 안 118개 섬과 주변 연안으로 이루어져 있다. 구도심 전체가 다리와 수로로 연결되어 있을 뿐, 자동차 도로가 없다. 게르만족고트족, 롬바르드족의 북이탈리아 침략에 원래 살던 이들이 도망가, 해안가 척박한 곳에 집을 지었기 때문이다. 갯벌 점토층에 말뚝을 박고 나무와 벽돌을 쌓아 지반을 만들었다. 그 위에 건물을 세워 도시를 완성했다. 이런 척박한 환경 때문에 농사를 지을 수 없었고 상업과 교역 비즈니스가 발달하게 된 거다.

## 샤를마뉴

게르만족이 세운 국가 중 **프랑크 왕국**481~843이 가장 번성했다. 프랑스, 독일, 이탈리아, 베네룩스 3국네덜란드, 벨기에, 룩셈부르크을 포함한 거대 영토를 가졌다. 프랑크 왕 중 **샤를마뉴**는 나라마다 부르는 이름이 다르다. 샤를프랑스어, 카를독일어, 카를루스라틴어, 찰스영어로 불린다. 그만큼 유럽 전체 역사에 미치는 영향이 크다. 수많은 전투를 통해 프랑크 왕국의 영토를 2배나 늘렸다. 게르만족 전통에 따라 유력한 세력을 기사로 임명해 정복지를 나눠줬다. 기사는 전쟁이 나면 군사를 거느리고 왕과 함께 싸웠다. 이 제도는 중세 유럽의 **봉건제도**로 자리잡게 된다. 샤를마뉴는 교황레오 3세에게 **서로마 황제관**을 받았다 800년. 로마인에게 야만인으로 불린, 게르만족 왕이 사라진 서로마제

**그림 22** 황제관을 수여받는 샤를마뉴 대제

최고민수 경제사 특강 1　　　　　　　　　　　　　　**87**

국계르만인이 멸망시킨 **황제**가 된 거다. 이는 샤를마뉴와 교황 간 이해관계가 맞아서였다. 샤를마뉴는 가톨릭교회와 옛 로마제국 권위를 얻고 싶었다. 반면, 로마교회는 동로마제국 위협에서 **군사적 보호막**이 필요했다. 동로마제국비잔틴제국 황제레오 3세는 **성상**성인 聖人, 모양 像像**파괴령**Iconoclasm을 내렸다726년. 예수나 성인들의 그림이나 조각을 우상숭배라고 하면서 없애라 명한 것이다. 우상을 금지하는 이슬람 교리에 맞서 가톨릭 자체 정화 운동이었다. 로마 교황청은 성상파괴령에 적극 반대했다. 그림 없이는 포교가 안 돼서였다. 덕분에 동로마제국에게 미운털 박혀 어려움을 겪었다. 참고로 성상파괴령은 동서 교회의 증오와 분열을 가져왔다. 가톨릭은 동방 정교회동로마제국와 로마 가톨릭서유럽으로 갈라서게 되었다. 게르만족은 **분할 상속**이 원칙이다. 뒷날 프랑크 왕국은 왕루트비히 1세 경건왕이 사망한 후, 왕국을 아들 3명에게 3개 지역으로 분할해 주었다843년. 지금의 **독일**동프랑크, **프랑스**서프랑크, **이탈리아**중프랑크로 말이다.

## 신성로마제국

**신성로마제국**Holy Roman Empire, 962~1806년은 서로마제국이 일찍 망하다 보니 서로마제국의 대체재 느낌이다. 처음엔 독일, 오스트리아, 이탈리아 등의 느슨한 **다민족 국가연합** 정도였다. 17세기 이후에는 독일어를 쓰는 단일민족 정도로 줄어 들었다. **독일 왕=신성로마제국 황제** 정도다. 그래서일까 볼테르프랑스 계몽주의 철학자는 '신성하지도 않고, 로마에 있지도 않고, 제국도 아닌 것 정도'로 신성로마제국을 폄하했다1756년. 한때 오스트리아 **합스부르크 가문**이 신성로마제국을 지배하기도 했다. 신성로마제국 시작은 동프랑크 왕국독일 **오토 1세** 912~973년부터다. 마자르족 침입을 막아내고 교황으로부터 로마제국 황제로 인정받는다. 이후 독일 왕이 신성로마제국 황제를 겸하게 된다. 황제는 선거를 통해 정해졌다. 죽음을 앞둔 황제가 아들이나 혈족을 후계자로 지목하면, 제후들이 선거를 통해 황제로 인정하는 절차를 거쳤다. 이는 다수결을 통해 부족 지도자를 뽑았던 게르만족 전통에서 유래했다. 하지만, 황제와 교황 간 갈등이 생기면서 문제가 된다. 신성로마제국 황제들이 영토를 이탈리아까지 넓히길 원하면서부터다. 특히, 프리드리히 2세1194~1250년가 교황에게 파문당한 후 황제 권위가 바닥을 친다.

## 대공위시대

프리드리히 2세가 죽고 그의 아들 콘라드 4세도 황제로 인정받지 못하고 4년 만에 죽는다. 이후 황제가 없는 시기가 20년 가까이 지속된다. 이를 **대공위시대**큰 대大, 빌 공空, 자리 위位, Great Interregnum 1254~73년라고 한다. 해석하자면 황제 자리가 비어 있던 시대다. 제후들은 서로 황제 되기를 주저했다. 굳이 힘도 권위도 없는 황제를 할 필요가 없다 생각했기 때문이다. 황제가 없자 반란도 늘고, 도둑이 교회를 약탈하거나, 교황의 영지를 침략하는 일이 빈번해졌다. 이에 교황도 새로운 황제를 선출하길 원했고, 황제 선출이 안 된다면 교황이 지명하겠다고 통보한다. **황제**는 대주교와 공작 등으로 구성된 7명의 선제후 투표로 선출되었다. **선제후**가릴 선選, 임금 제帝, 제후 후侯는 신성로마제국 황제를 뽑는 권한을 가진 자다. 7명의 선제후는 마인츠, 트리어, 쾰른의 주교 3명, 팔츠, 작센, 브란덴부르크, 보헤미아 영주 4명이다. 교황의 통보에 황제를 뽑을 권한을 가진 선제후 7명이 선거 회의를 열었다. 그렇게 스위스 산악지역 작은 영주이던 **합스부르크 가문 출신 루돌프 1세**1218~1291년가 새로운 신성로마제국 황제로 선출된다. 이전에 열렸던 형식적인 선거와 달리 루돌프 1세는 실질적인 선거를 거쳐 된다. 루돌프 1세로 인해 합스부르크 가문은 600여 년간 유럽을 지배한 명문 가문이 된다.

신성로마제국은 나폴레옹에 의해 사라지고 만다1806년 라인동맹 결성. **라인동맹**은 '오스트리아, 프로이센, 브라운슈바이크, 헤센을 제외'한 독일 16개국의 동맹체로 나폴레옹의 꼭두각시였다. 하지만, 나폴레옹 몰락으로 연맹은 와해되었다. 참고로 제국은 2개 국가 이상의 연합이란 의미다.

# 1-9

# 용병의 반란과 대리인 비용

### 용병

**용병**품팔 용傭, 병사 병兵은 돈을 받고 전쟁에 나서는 군인을 말한다. 용병은 인류 역사와 함께 시작했을 정도로 오래된 직업이다. 함무라비 법전에도 용병에 대한 언급이 있다. 법전에는 용병 비용을 안 내면 고용주를 처벌한다고 되어있다. 고대 그리스 **크세노폰**은 『**아나바시스**Anabasis, 진군』이라는 책을 쓴다. 그가 이끈 1만 용병Ten Thousnad의 페르시아 퇴각 이야기다. '아케메네스 왕조 페르시아' 왕위를 놓고 형제간 싸움이 벌어졌다. 동생키루스이 형아르타크세르크세스 2세을 상대하려고 그리스 용병을 부른다. 전쟁 중 동생키루스이 죽고 크세노폰은 용병을 이끌고 9개월 만에 그리스로 돌아온다. 평야가 아닌 지형에서

적의 공격과 굶주림 등에 살아남은 영웅담을 담았다. 페르시아 심장부까지 가서 전멸하지 않고 돌아왔다는 사실은 그리스인들에게 민족적 자부심을 줬다. 이런 자부심은 알렉산드로스의 동방 원정으로 이어지게 된다. **프리랜서**Freelancer도 용병에서 어원을 찾는다. Lancer는 창을 든 기병말탄 병사으로 프리랜서는 '아직 계약하지 않은 기병'을 말했다. 기병의 필수품은 말과 갑옷이다. 중세 시대의 말과 갑옷은 값비싼 물품으로 부잣집 도련님이나 마련할 수 있었다. 현상 유지 비용도 많이 들었기에 용병은 기사의 유지 비용을 대는 중요한 원천이었다. 역사에 기억나는 용병으로는 1)**게르만 용병,** 2)**노르만 용병,** 3)**제노바 용병,** 4)**스위스 용병,** 5)**오스만제국 예니체리,** 6)**인도 세포이 용병** 등이 있다.

## 게르만 용병

서로마제국 말기 게르만족은 서로마제국을 침략해 약탈을 일삼았다. 서로마제국은 체격이 좋은 그들을 용병으로 고용해 국토를 지키도록 했다. 로마제국은 스스로 강한 시민이 직접 정복 전쟁에 나서 지중해를 제패했다. 하지만, 게르만 용병에게 나라를 맡길 정도로 전투력이 허약해졌다. 게르만 용병은 훌륭하게 임무를 수행했고, 서로마제국 장군까지 배출하게 되었다. 하지만, 서로마 황제를 지키던 **게르만 용병대장**오도아케르이 서로마 황제를 내쫓아 서로마제국은 멸망하고 만다. 서로마제국이 멸망하고 지방분권적인 중세 봉건제가 활성화되었다. 봉건제는 왕이 봉토토지를 영주 등에게 주고 충성 서약과 세금을 받았다. 영주는 자신의 토지를 지킬 기사와 계약(**주인과 대리인 관계**)을 맺었다. 프랑크 왕국이 셋으로 나누어지고동프랑크, 중프랑크, 서프랑크 서로 영토 확장을 하면서, 크고 작은 전쟁이 많아졌다. 신성로마제국독일은 명목상 제국이라고는 하나 각 공국과 선제후 영주국으로 나뉘어 있다. 최대 숙제는 이웃한 프랑스와 이탈리아 도시국가를 차지하는 것이었다. 프랑스도 신성로마제국, 스페인, 이탈리아 등을 차지하고 싶었다. 영주와 기사의 전쟁 참여 요구가 높아지게 되었다. 이때 전쟁에 나가는 대신에 화폐를 지급하는 **스쿠타지**Scutage, 병역 면제 제도가 만들어진다. 왕은 병역 회피 세금을 받고 용병을 고용했다. 용병은 전쟁에 나가 승리를 하면 큰 포상을 받았다. 16세기 들어 교황의 권력이 약해지고 절대왕정이 들어서면서 왕의 권한이 커졌다. 절대왕정이 농민군 중심의 **상비군을 육성**하면서 용병 수요는 줄어들게 된다.

## 노르만 용병

시칠리아는 지중해에서 가장 큰 섬이다. 이탈리아 장화 모양 반도의 발끝에 위치한 섬이다. 시칠리아 남쪽에는 여행지로 유명한 섬나라 몰타가 있다. 시칠리아는 화산 지형으로 비옥한 땅이라 농사가 잘 되었다. 로마제국이 카르타고와 전쟁포에니 전쟁을 한 원인도 비옥한 시칠리아를 차지하기 위함이다. 로마제국이 동서로 분할되고 동로마제국<sup>비잔틴제국</sup> 영토였던 시칠리아는 아랍인들 차지가 되었다<sup>965년</sup>. 11세기 들어 동로마제국은 시칠리아 복구 전투를 벌인다. 이때 노르망디 전사들이 스웨덴계 바이킹들과 함께 용병으로 나선다. 동로마제국 장군이 전쟁 중 사망하고 노르망디 용병들이 나머지 전쟁을 이끌며 시칠리아를 차지했다. 노르망디 용병은 시칠리아를 지배하게 되고, 교황에게 왕국으로까지 승격을 받는다. 이후 노르망디 용병 후손이 지배한 시칠리아 왕국은 '가리발디에 의한 이탈리아 통일<sup>1861년</sup>' 전까지 별도 왕국으로 존속하게 된다.

## 제노바 용병

제노바는 이탈리아 북부 해안 도시다. 제노바는 산악지역 특성상 농사짓기가 어려웠다. 무역과 용병 사업으로 먹고살았다. 르네상스 시기 이탈리아 북부 도시국가는 자신들의 부를 이용해 용병을 고용했다. 제노바 용병은 석궁<sup>기계식</sup> 활을 사용했다. 석궁은 고대 중국에서 발명<sup>기원전 550년경</sup>되고 유럽으로 전해졌다. 석궁은 활보다 멀리 나가고, 갑옷도 뚫었다. 석궁을 쏘고 파비스라는 큰 방패 뒤로 숨어 재장전을 하고 쏘곤 했다. 제노바 용병은 백년전쟁에 프랑스군으로 참전하기도 했다. 영국군은 석궁에 대비해 장궁을 들고 나왔다. 180cm가 넘는 길이의 장궁은 석궁보다 먼 거리에서 쏠 수 있었다. 석궁을 장착한 제노바 용병은 장궁을 든 영국 군대에 밀려나게 된다.

## 스위스 용병

스위스는 용병 산업이 발달했다. 국토 대부분이 산악지대라 농사, 무역, 상공업 등이 발달하기 어려웠다. 스위스는 주 단위로 나뉘었는데, 각 주는 민병대를 자체적으로 운영했다. 그 민병대가 합스부르크 가문과 전쟁을 치르며 유명세를 타게 되고, 프랑스가 관심을 갖게 되었다. 스위스 용병은 체격조건도 좋고, 규율을 엄격히 유지했다. 스위스 용병을 기억하는 건 **높은 충성심**이다. 스위스 근위대는 16세기 이후 교황율리오 2세이 스위스에 용병을 요구하면서부터 **교황청을 지키게** 되었다. 카를 5세스페인 왕가 신성로마제국의 황제가 되면서 독일, 이탈리아 남부 등을 차지하게 되었다. 이에 로마 교황청은 위기감을 느낀다. 메디치 가문 출신의 2번째 교황인 클레멘스 7세는 프랑스, 잉글랜드, 이탈리아 도시국가밀라노, 베네치아, 피렌체 등와 손을

**그림 23** 란츠크네히트

잡는다. 이에 카를 5세는 로마 공격을 명했다. 신성로마제국, 스페인 병사와 함께 독일계 용병 **란츠크네히트**를 포함해서다. 하지만, 란츠크네히트에게 봉급이 지불되지 않자 그들이 폭동을 일으킨다. **란츠크네히트의 로마 약탈 사건**이 발생한다. 란츠크네히트 다수는 신교도인 루터파로 부패한 교황 도시를 약탈한다는 명목도 있었다. 반면, 로마 침공 당시 스위스 근위대는 교황클레멘스 7세을 지키기 위해 목숨을 걸고 싸웠다. 다른 나라 용병들은 다 도망갔는데도 말이다. 그때부터 교황청은 스위스 용병만 고용했다. 스위스가 중립국이 되고19세기 용병 산업을 중단한 이후에도 교황청을 지키고 있다. 프랑스대혁명1792년 당시 튈르리궁을 지키던 스위스 용병들도 모두786명 전사했다. 당시 튈르리궁에는 베르사유궁에서 쫓겨난 루이 16세 가족들이 머물렀었다. 스위스 용병들이 충성심을 보인 건 **도망치면 후**

**그림 24** 빈사의 사자상

**손의 일자리가 없어진다**는 숙명 의식 때문이었다. **빈자의 사자상**스위스 루체른에 위치은 프랑스대혁명 당시, 죽은 스위스 용병을 추모하는 위령비다. 용병은 돈을 주는 편에 서서 싸우는 비즈니스적 존재다. 돈을 주는 주체가 바뀌면 오늘의 동지가 내일의 적이 되는 것이 다반사였다. 하지만 스위스 용병의 충성심만은 달랐다.

## 예니체리

오스만제국은 술탄의 근위대이자 상비군인 **예니체리**를 뒀다. 점령지의 가톨릭 어린이를 이슬람으로 개종을 시키고 체계적 교육을 시켰다. 열심히만 하면 높은 자리까지 올라갈 수 있었다. 초창기에는 높은 충성심과 전투력으로 제국의 영토를 넓히는 데 앞장섰다. 전역 전까지는 예니체리에게 결혼도 허용하지 않았지만, 시간이 흘러 결혼이 허용되었다. 자녀에게 예니체리 자리가 세습되면서 기강이 해이해졌다. 점차 이익집단으로 세력화하고 술탄 자리를 좌지우지할 만큼 권력이 커졌다. 예니체리의 부패와 반란으로 인해 오스만제국이 내부에서부터 무너지기 시작했다.

## 세포이 항쟁

인도 무굴제국이 쇠퇴하고 18세기 영국은 인도에 대한 영향력을 키워나간다. 영국은 총독이 관리하는 대신에 영국 동인도회사를 통한

간접통치를 택했다. 소수의 영국인이 드넓은 인도를 통치하기 위해 현지인 용병세포이을 고용하게 되었다. **세포이**는 페르시아어로 '군인'이라는 뜻이다. 19세기 중반에는 그 수가 20만 명 가까이 는다. 하지만, 영국인보다 처우나 진급에서 불리하다는 불만이 가득했다. 여기에 민족의식까지 고취되었다. 영국이 지급한 신형 머스킷 총 때문에 세포이 항쟁이 일어났다1857년. 총을 한발씩 장전할 때마다 기름먹인 종이를 이빨로 뜯어야 했는데, **기름종이**를 돼지기름과 소기름으로 만들었다. 힌두교나 이슬람교도가 많았던 세포이가 훈련을 거부했다. 훈련 거부자들을 처벌하자 세포이가 봉기하게 된다. 세포이 항쟁은 2년간이나 지속되었다. 세포이 항쟁 이후로는 영국 정부가 인도를 직접 통치하게 되었다.

## 주인과 대리인

**주인과 대리인 관계**는 계약으로 이뤄진다. 주인은 자신의 권한을 다른 사람에게 주는 사람이다. 대리인은 그 권한을 위임받아 행한다. 둘 간 계약으로 주인의 이익을 위해 대리인이 행동하는 것이다. 고용주와 노동자, 주주와 경영자, 국민과 국회의원, 소송 의뢰인과 변호사 등이 주인과 대리인 관계다. 용병도 주인에게 계약된 대리인이다. 주인-대리인 관계는 대리인이 자신의 **이익을 극대화**하려는 것이 문제다. 주인이 대리인의 속마음을 알 수 없다는 **정보 비대칭성**도 존재한다. 이 경우 대리인이 자신의 이익만을 위해 최선을 다할 수 있다. 대리인이 업무태만 등 도덕적 해이를 보일 수도 있다. 게르만 용병은 대리인이 주인의 뜻을 거슬렀다면, 스위스 용병은 주인의 뜻을 충실히 따랐다.

## 유인 설계

대리인의 속마음을 안다는 건 쉽지 않다. 대리인의 일탈을 막기 위해 **유인 설계**Incentive Design가 필요하다. 주인을 위해 일하는 것이 대리인 본인에게도 도움이 되도록 해야 한다. 충분한 **성과 보상**을 통해 대리인의 이익 욕구를 채워주는 거다. 역사적으로 전쟁 후 '3일간 약탈'을 허용하는 것도 일종의 성과 보상이다. 현대에 와서 전문경영인에게 부여하는 **스톡옵션**주식 매수 선택권이 유인 설계 그 예이다. 스톡옵션은 1)일정 기간 이후에 2)일정 수량 주식을 3)일정한 가격으로 살 수 있도록 하는 제도다. 전문경영인이 열심히 성과를 내 주가 상승으로 시세차익을 거둘 수 있도록 했다. 경영을 잘못해 실적이 나쁘면 주가 하락으로 자신의 이익도 훼손되니 열심히 경영을 하게 된다.

# 1-10

## 침략자 바이킹, 유럽 문명에 동화되어 가다

### 발할라

침략 전쟁 비즈니스의 원조는 유목민족 몽골인과 해양민족 바이킹이다. 척박한 땅에 살았기에 추워지면 침략을 통해 먹을 걸 해결했다. **바이킹**은 **침략자**란 의미다. 스칸디나비아반도<sup>덴마크, 노르웨이, 스웨덴</sup>에 살던 북게르만족이다. 추운 북방민족으로 보다 우월한 체격을 갖췄다. 살던 곳이 농사짓기에 척박한 땅으로 추위와 배고픔, 강인할 수밖에 없는 환경이었다. 바이킹에게 **결투**는 일상 분쟁의 해결법이었다. 결투에서 이기면 진 자의 재산을 빼앗을 수 있었다. 결투를 통해 죽는 경우도 많았고, 결투를 거부하면 겁쟁이로 살거나 추방당했다. 강한 자만이 살아남는 일상이니 전쟁도 잘할 수밖에 없었다. 바

그림 25 (왼쪽) 오딘 (가운데) 토르 (오른쪽) 로키

이킹의 북유럽 신화는 영화 〈어벤저스〉를 통해 우리와 친숙하다. **오딘**전쟁의 신, **토르**천둥의 신, **로키**불의 신 등이 바이킹 신화 속 그들이다. **오딘**은 동생 빌리, 베이와 함께 거인족 두목 이미르를 죽이고 신들의 제왕이 되었다. 이미르의 시체를 분해해 세상하늘, 땅, 바다, 산과 바위 등을 만들고, 통나무를 깎아 사람을 만들었다. 사람 형상에 오딘은 호흡을, 빌리는 지혜와 힘을, 베이는 언어와 지각을 줬다. 오딘은 하늘에 자신의 왕국인 **아스가르드**를 세우고 **발할라 궁전**을 만들었다. 전쟁의 신 오딘에게는 **2마리 늑대**탐욕과 굶주림이란 이름가 따라다녔다. 두 늑대는 전쟁터에서 죽은 이들을 먹었다. 죽은 이들의 영혼은 **발킬리 여신**반신(神)반인(人) 여전사의 인도로 **발할라**로 가게 되었다. 영혼은 발할라에서 오딘 전사로 부활했다. 낮에는 죽을 때까지 싸우고, 밤에는 되살아나 연회를 즐기는 생활을 반복했다. 전쟁터에서 용감히 싸우다 죽은 전사들만 오직 발할라에 갈 수 있었다. 발할라에 갈 수 있는

용사들은 오딘이 미리 점찍어 둔다고 했다. **선택받은 자**로서 전쟁터에서 죽으면 천국<sup>발할라</sup>에 갈 수 있다는 믿음이 더욱 그들을 용맹하게 만들었다. 발할라에서 죽지 않고 영원히 살 수 있다는 믿음 말이다.

## 롱십

바이킹이 침략자로 이름을 날린 건 8세기부터다. **롱십**Longship이라는 배를 타고 침략했다. 롱십은 험난한 바다를 헤쳐나가기 위해 앞과 뒤를 높이 세우고 날렵하게 만든 배다. 목재 등을 가열·분해해 점성 높은 검은색 액상 물질인 타르Tar를 만들어 방수 처리도 했다. 롱십은 수심이 얕은 강에서도 탈 수 있어 유럽 내륙까지 깊숙이 들어갈 수 있었다. 바이킹은 해양민족답게 항해술도 발달했다. 돌에 비친 햇빛의 굴절로 태양의 위치도 파악했다. 밤에는 매나 까마귀를 날려 보내 방향을 잡았다. 발트해, 북해, 지중해, 흑해는 물론 카스피해까지 바닷가라면 유럽 어디든 나아갔다. 영국, 프랑스, 이탈리아, 이베리아반도, 북아프리카 등 유럽 전역에 위력을 떨쳤다. 당시 유럽인들은 바이킹이 침략하면 자포자기하며, **신이 크게 노하신** 결과라고 받아들였다.

## 정복자

바이킹의 무자비한 약탈이 주로 이루어진 곳은 **수도원**이었다. 당시 가톨릭 영향으로 수도원이 세워졌고, 수도원에는 많은 기부금이 쌓여 있었다. 당시 잉글랜드는 수도원을 **바다 근처**에 지었다. 해안이 안전할 것이라 생각했는데 오히려, 배를 타고 접근하기 쉬웠다. 바이킹은 재물뿐만 아니라 사람도 납치해 노예시장에 내다 팔았다. 귀족들의 경우 높은 몸값을 받아내기도 했다. 9세기가 넘어서며 바이킹은 **정복자**로 변했다. 추위를 피해 아예 따뜻한 땅에 눌러앉게 되는데, 주된 목적지는 가까운 잉글랜드였다. 당시 잉글랜드는 앵글로색슨족의 7개 국가가 분열해 있었다. 바이킹은 잉글랜드 왕국을 침공하며 세력을 넓혀갔다. 잔인한 처형과 약탈을 해가면서 말이다. 이로 인해 잉글랜드인이 하나로 뭉치게 되었다. **웨섹스 왕국**앵글로색슨족 7개 국가 중 하나의 **알프레드 대왕**은 바이킹 공세를 막아낸다. 하지만, 100여 년간 바이킹은 잉글랜드에 머물게 되고, 바이킹 문화가 영국에 영향을 미친다. 이후 웨섹스 왕국은 바이킹을 몰아내고 통일된 **잉글랜드 왕국**을 건설한다 927년.

## 아메리카 발견

바이킹은 덴마크와 노르웨이 왕국을 건설했다. 또한 서쪽으로 진출해 아이슬란드와 그린란드도 발견했다. 9세기부터 바이킹은 아이슬란드를 발견하고 거류지 개척을 하고 있었다. [1]이때 노르웨이 야다르 지역에 살던 살인자 **토르발**은 추방을 당해 아이슬란드로 이주한다. 아이슬란드는 바다에 얼음이 떠다니다 보니 '얼음섬'으로 이름이 붙었다. 2)이후 토르발의 아들인 '**붉은 머리' 에리크**도 살인을 저질러 아이슬란드에서 3년 추방형을 선고받는다. 추방 기간 동안 에리크는 아이슬란드 서쪽 섬에 상륙해 탐험을 했다. 이후 아이슬란드로 돌아와 자신이 발견한 섬에 가 살자며 이주를 권유했다. 이름도 그럴듯하게 녹색의 땅 **그린란드**라 명하면서 말이다. 당시 그린란드 기후는 지금보다 훨씬 온화해서 여름에 농사도 가능했다. 3)붉은 머리 에리크의 아들 **레이프르**는 그린란드를 떠나 남서쪽으로 탐험을 떠났다. 유럽인 최초로 **아메리카 대륙에 발을 디뎠다**. 지금의 캐나다 동부 뉴펀들랜드섬 등 그 일대다. 이는 콜럼버스 신대륙 발견보다 500년 정도 앞선 결과다. 레이프르는 160명을 데리고 식민지를 건설했지만, 원주민인디언과 갈등 속에 아메리카에서 철수하고 만다.

## 루스족

바이킹은 동쪽으로 중동 일대까지 진출해 이슬람 일대를 약탈하기도 했다. **루스족**(Rus노 젓는 사람들)이라 불리던 스웨덴계 바이킹들은 폴란드 등 동유럽과 러시아에도 진출했다. **러시아**Russia의 이름도 루스족에서 나왔다. 바이킹들은 약탈을 일삼았지만 늘 약탈만 한 건 아니었다. 특히, 루스족은 약탈보다 **무역과 상업**에 더 관심을 가졌다. 키예프현재 우크라이나 수도를 무역 거점이자 상업 도시로 발전시켰다. 바이킹은 북대서양, 북해, 러시아 일대 무역에도 참여를 했는데 비단, 향신료 등을 구입했다. 반면, 모피, 상아, 호박, 꿀 등을 팔기도 했다. 무역에는 대형 배인 **크나르**를 이용했는데, 크나르에는 60~150명이 탈 수 있었다.

## 노르만 왕조

프랑스에 침략한 바이킹은 현지 땅노르망디을 프랑스 왕샤를 3세에게 하사받아 노르망디 공국을 건설했다911년. 프랑스 입장에선 침략이 잦은 바이킹에게 영지를 내어주고, 다른 바이킹 세력의 침략을 막는 게 더 좋겠다는 판단에서였다. [1]10세기 들어서는 바이킹 세력인 덴마크 왕국크누트 대왕이 짧게나마 영국을 점령했다. 덴마크 왕국은 노

**그림 26** 전쟁에서 승리한 윌리엄 1세

르웨이와 영국을 점령해 바이킹 대제국인 **북해제국**을 건설하기도 했다. 2) 바이킹의 후손이자 노르망디 공작인 정복왕 **윌리엄 1세**는 웨섹스 왕조헤럴드 2세를 물리치고헤이스팅스 전투, 1066년 영국 왕이 되었다. 9세기부터 영국 땅을 차지하기 위한 바이킹의 노력이 드디어 결실을 맺는 순간이었다. 윌리엄 1세는 바이킹 후손이 영국을 통치하는 **노르만 왕조**의 시작을 열었다.

## 바이킹의 뒤안길

11세기 들어서 바이킹의 약탈은 역사의 뒤안길로 사라지게 되었다. 바이킹이 유럽 문화에 동화되고, 가톨릭을 받아들이면서부터다. 바이킹은 유럽 문화를 받아들이는 데 거부감이 없었다. 자신의 북유럽 신들도 믿으면서 **가톨릭**도 받아들였다. 스칸디나비아 지역이 가톨릭 왕국이 되면서 바이킹의 해적질을 통제에 나선 점도 영향을 미쳤다. 신생 가톨릭 국가인 덴마크, 스웨덴, 노르웨이 왕국들은 유럽 가톨릭 질서에 편입되려 하였고, 프랑스, 잉글랜드가 요청한 바이킹 통제를 받아들이게 되었다. 유럽 각국이 성을 쌓는 등 해안 방비도 강화되고, 기사의 등장으로 보병 중심인 바이킹 전술이 먹혀들지 않기도 했다. 또한 프랑스 노르망디와 영국 등에 정착하면서 그들과 동화 과정을 거치기도 했다.

## 하랄 블로탄

바이킹 하면 뿔 달린 금속 투구를 쓴 걸로 기억하지만, 18세기 이후 후대에 만들어진 이미지다. 실제로는 **깃털 달린 가죽 투구**를 썼다. 바이킹의 흔적은 지금도 우리 일상에 남아있다. 바이킹은 평등 사회남녀 간, 신분 간였는데, 오늘날 북유럽의 수평적 문화 그 근간이 되었다. 바이킹이 음식을 널빤지에 펼쳐 놓고 먹던 방식이 **뷔페**다. **화요일**Tuesday, **수요일**Wednesday, **목요일**Thursday, **금요일**Friday 영어 표현도 티르Tyr, 전쟁의 신, 오딘Odin, 전쟁의 신, 토르Thor, 천둥의 신, 프레이야Friya, 사랑과 미의 여신 등에서 따왔다. 바이킹이 잉글랜드를 접수하면서 그들의 신화가 영어에 반영된 결과다. 10세기 덴마크와 노르웨이를 최초 통일한 바이킹 왕 **하랄 블로탄**크누트 대왕의 할아버지은 '푸른 이의 왕'으로 불렸다. 블루베리를 너무 좋아해 이가 파랬기 때문이다. 스웨덴 전자기기 회사가 무선연결 기술을 개발하고 이름을 '푸른 이', **블루투스**Bluetooth로 짓는다. 블루투스 로고는 바이킹 언어인 룬문자로 이루어져 있다. 하랄 블로탄의 H와 B를 따서 만들었다. 룬문자로 H는 ✱, B는 ᛒ인데 이 둘을 포개놓은 모습이다. 별다방이라 부르는 스타벅스Starbucks도 바이킹어 Stor갈대+bek개울이 어원이다. 참고로 Bucks는 미국 달러의 친근한 표현이다. Buckskin수사슴 가죽에서 유래했다. 원주민과 물물교환을 할 때 수사슴 가죽을 썼기 때문이다.

## 1-11

# 유대인이
# 고리대금업자가 된 이유

### 고리대금업

중세 가톨릭에서 가난함은 신성한 가치였다. 반대로, 부자가 하느님 나라에 들어가는 건 어렵다 했다. 구원을 받으려면 자선을 해야 했다. 교회에 헌금하는 등 좋은 일을 해야만 천국에 간다고 했다. 허니, 돈을 빌려주고 높은 이자를 버는 **고리대금업자들**비싼 이자 받는 대출업자은 환영받지 못했다. 고리대금업은 고대부터 금기시한 일이기도 했다. 아리스토텔레스그리스 철학자조차, 화폐란 교환 목적이지, 이자를 받기 위한 건 아니라고 했다. 가톨릭도 고리대금업을 엄격히 금했다. 라테라노 공의회1179년는 고리대금업자를 파문하기도 했다. 화폐를 빌려주는 건 '시간적 여유를 갖게 해준 것'일 뿐이다. 그런데 그 시간은 하느님만의 영역이다. 고리대금업자는 하느님의 재산인 시간을 훔친 **시간 도둑** 취급을 받았다. 살아서도 손가락질받았지만, 죽어서도 일반인들과 같은 지역에 매장되기도 어려웠다.

## 신곡

단테 알리기에리<sup>이탈리아 작가</sup>의 『신곡』<sup>1321년</sup>은 단테의 저승세계 여행기다. 역사적인 인물들을 만나 신앙 등에 대해 논한다. 『신곡』이란 제목은 일본에서 붙인 것이고, 원래 제목은 『단테 알리기에리 코메디아』다. 코메디아는 희극<sup>기쁠 희喜, 심할 극劇</sup>이다. 신곡은 지옥, 연옥<sup>천국과 지옥 사이</sup>, 천국 3부로 총 100편으로 구성되어 있다. 등장인물만

**그림 27** 『신곡』을 발표하는 단테

1,000여 명이나 된다. 밤에 길을 잃은 단테에게 베르길리우스고대 로마 시인이 나타난다. 그는 천국으로 함께 순례하길 권한다. 천국에 가기 위해선 지옥과 연옥을 지나야 한다.

지옥은 총 9층으로 되어 있는데 층수가 내려갈수록 죄질이 불량하다. 이 중 고리대금업자는 살인자와 함께 7층폭력에 위치해 있다. 하느님을 괴롭힌 죄질이 좋지 못하다는 거다. 재미있는 건 식탐도 지옥 3층에 위치했다. 먹을 것 좋아하는 나도 중죄인이다. 아이고! 재미있는 건 지옥 1층을 림보Limbo라 하는데, 고대 그리스 철학자들인 소크라테스, 아리스토텔레스도 림보에 계신다. 가톨릭을 믿을 기회가 없었던 의로운 사람들을 위한 공간이다. 연옥은 천국으로 가기 위해 죄를 씻고 잠시 머무는 공간이다. 연옥에서도 벌을 받는다. 다만, 지옥은 영원히 벌을 받아야 하지만, 연옥은 일시적으로 벌을 받는다. 단테는 천국에 도착하고 참된 구원의 길에 도달한다.

## 유대인 고리대금업

성경에 금기시했지만, 꼭 필요한 게 대부업 아니던가. 교황도 넘쳐나는 종교 헌금을 왕들에게 빌려줘야 했다. 헌금 부자 성직자는 예금자이고, 전쟁광이자 사치광인 왕과 귀족은 마이너스통장 대출자였다. 교황과 왕의 대출 연계 비즈니스를 도울 연결고리, 고리대금업자를 정해야 했다. 교황니콜라스 5세은 **유대인의 고리대금업**을 허용했다. 구약성경 구절을 인용했다. '이방인에게는 이자를 받을 수 있

**그림 28** 환전상과 그의 아내

되, 형제에게는 이자를 받으면 안 된다'라는 구절이 그 근거였다. 가톨릭이 기피한 고리대금업을 유대인이 할 수 있게 되었다. 예수님을 팔아먹고 처형한 유대인, 어차피 지옥 갈 테니까 고리대금업을 해도 괜찮다는 논리였다.

나라를 잃고 떠도는 유대인에게 선택할 직업은 많지 않았다. 유대인이 길드나 장원에 들어갈 수도 없었고, 유대인에겐 토지 소유도 금지되었다. 가톨릭 사람들에게 금지된 업종이 최선의 선택지였다. 모두에게 손가락질받는 고리대금업, 세금 징수원 등의 직업 말이다. 그 결과, 유대인은 화폐만 아는 악덕 업자 이미지가 쌓이게 된다. [1] 『베니스의 상인』의 샤일록, [2] 『크리스마스 캐럴』의 스크루지란 악덕 고리대금업자가 유대인이다. 유대인 율법에도 고리대금업은 금지 업종이다. 살인자 취급을 받는 업종이었으나 그 길 외에는 선택지가 없었다. 하지만, 고리대금업을 통해 자본과 금융에 대해 해박해졌다. 덕분에 중세 가톨릭 국가의 왕실과 귀족의 화폐 관리 담당을 유대인이 하게 되었다. 근세 최고 부자 가문 중 하나인 로스차일드 가문도 유대인 출신이다.

**디아스포라**Diaspora는 기존 나라를 떠나 다른 지역에 무리 지어 사는 집단을 말한다. 보통은 유대인 공동체를 디아스포라라 했다. 게토Ghetto는 유대인 강제 거주 구역으로 좁은 지역에 많은 이들을 가두어 놨다. 유대인은 로마제국에 지고 가나안팔레스타인에서 쫓겨나, 유럽 전역에 흩어져 살게 되었다. 로마제국과 싸우며 사제 계급 대부분이 사망해, 평신도인 랍비종교 지도자가 유대인 종교를 이끈다. 그러다 보니 모두가 글공부를 하게 되었다. 랍비는 흩어진 지역 간에 서신을 통해 의문점을 해결했다. 처음엔 탈무드 교리 해석 등에 대해 질의를 했다. 시간이 지나며, 무역 거래 정보, 상품 정보, 외환시세 등 경제 정보를 담게 되었다. 덕분에 유대인들이 글로벌 금융가 역할로 발전하게 되었다.

## 이자 허용

중세 **스콜라 철학**9~16세기은 가톨릭 신학 중심 철학 사상이다. 기승전결 철학=신앙이다. 가톨릭교회나 수도원에서 가르치던 학문이기도 하다. 그런데 스콜라철학이 고리대금업을 정당화하기 시작했다. 1)빌려준 돈은 힘들게 번 것노동 대가이고, 2)더 좋은 기회를 포기한 것기회비용이며, 3)위험을 감수하는 건 힘든 일이라는 점에서다. 스콜라 철학자 **토머스 아퀴나스**1225~74년도 '합당한 정도의 부에 대한 욕망'을 인정했다. 당시 중세 유럽 각국은 연 33.5%가 최대 허용치 이자였다. 토머스 아퀴나스는 대금업을 받아들이되, 이자를 과하게 받

그림 29 토머스 아퀴나스

진 말라고 했다. 한발 더 나아가, 은행을 운영한 메디치 집안 출신이자 면벌부를 판매한 교황 레오 10세는 **이자 수취를 합법화**했다. 이자 상한선도 5%로 제한했다[1517년]. 라테라노 공의회[1517년]에서는 **대부업 금지조항을 폐지**하기에 이른다. 역시 메디치 가문 출신답다. 한편, 로마 교황청에 반기를 들고 성공회를 세운 잉글랜드 헨리 8세는 이자 상한선을 10%까지 올리기도 했다[1545년]. 앤 여왕 때 다시 5%로 돌아오긴 했지만 말이다[1713년]. 신교도 종교 개혁자 칼뱅은 한술 더 떠 왜 이자를 5%로 제한하느냐 반문했다. 대금업에 대해 구약성경을 재해석했다. 대금업으로 해석할 수 있는 네섹Neshek, 물어뜯기과 타빗Tarbit, 증가을 통해서다. 1)10원을 빌리는데 9원만 받으면 네섹이다먼저 1원 뜯김. 2)9원을 빌리고 10원을 갚으면 타빗이다1원 증가. 칼뱅은 성경이 금하는 건 네섹일 뿐, 타빗처럼 이자를 받는 건 괜찮다고 해석했다. 종교 개혁의 지지자인 신흥 자본가들에게 칼뱅이 주는 멋진 선물이었다.

상업에 호의적인 **이슬람 율법**샤리아, Shariah도 이자를 금지하고 있다.

정당한 노동을 통해서만 대가를 얻어야 했다. 그래서, 이슬람에선 편법 대금업이라 할 수 있는 **수쿠크**Sukuk가 발달했다. 예를 들면, 1) 보유 건물을 이슬람 투자자에게 매각하고, 2)건물 월세를 지불한다. 3)매각한 건물을 같은 값으로 이슬람 투자자로부터 되산다. 그동안 지불한 건물 월세가 이자와 같은 개념이다. 지금도 수쿠크는 이슬람에서 통용되고 있다.

## 은행의 기원

Bank 어원은 라틴어 Banca(Banco)에서부터다. 십자군 전쟁으로 지중해 교역망이 성장하고, 중세 이탈리아는 유럽 교역 중심지가 된다. 여러 나라 다양한 화폐들이 이탈리아로 모이게 되었다. 화폐가 달라 환전을 하는 환전상이 필요했다. 환전상은 탁자 위에서 환전을 해줬다. 그 탁자가 Banca다. 파산Bancarotta(Bankrupt)도 부서진 탁자란 의미다. Bancarotta(파산)은 Banca(탁자)+Rotta(부러졌다)가 합쳐졌다. 환전상이 영업 불능을 선언하면서 탁자를 부쉈다고 해서 붙여졌다. 영국에선 17세기 **금세공업자**가 은행업 역할을 했다. 금세공업자에게 금을 맡기고 금 보관증을 받았다. 당시 금세공업자는 튼튼한 금고를 가지고 있었다.

중국에서 항(行)이라 불리는 이들은 상인길드였다. 중국에서 은이 기축통화 역할을 했고, 항(行)이란 상인길드가 교역 시 금융 관련 업무까지 맡으면서 **은항**銀行이 굳어졌다. 중국이 금이나 구리를 기축통화로 했다면 은행 대신 금행이나 동행이 되었을 거다. 원나라는 지폐 초과 발행으로 초인플레이션을 겪는다. 원나라 뒤를 이은 명나라1368~1644년는 지폐와 금속 화폐간 저울질 끝에 은 중심 체제로 경제를 이끌어 간다. 명나라의 조세제도는 **일조편법**一條鞭法으로 세금을 은으로 징수했다. 16세기 중국에서 금과 은의 교환 비율은 1:6이었다. 금 1단위로 은 6단위를 교환할 수 있다는 의미다. 반면, 같은 시기 유럽은 금과 은 1:12였다. 금 1단위로 은 12단위를 교환할 수 있다. 세금을 은으로 징수하는 중국에서 은의 가치가 유럽보다 2배 높았다.

# 1-12

# 카노사의 굴욕과 보름스 협약

### 카노사의 굴욕

카노사Canossa는 이탈리아 북부 성 안펜니토산맥 험준한 요새이다. 우리에 겐 **카노사의 굴욕**1077년으로 알려진 곳이다. 내용인즉슨 신성로마제국독일 황제의 굴욕이다. 이탈리아인은 카노사의 굴욕, 독일인은 카노사의 길이라 표현한다. 독일인 입장에서는 굴욕까지는 아니란 것이다. 단지, 독일 황제가

**그림 30** 카노사의 굴욕

교황에게 해명하러 간 정도다. 카노사의 굴욕은 **성직자 서임권을 두고 교황과 신성로마제국 황제 간 알력 다툼** 결과물이다. 서임권은 원래 '벼슬자리 임명권'이다. 성직자를 교황이 임명할 거냐, 아니면 황제가 임명할 거냐로 싸운 것이다. 신성로마제국독일 황제하인리히 4세, 1050~1106년가 궁전의 신부님을 대주교에 임명했다. 이에 교황그레고리우스 7세이 자신과 임명권을 협상하라고 통보한다. 황제는 신성로마제국 황제의 힘도 신이 내린 것이라며 거절했다. 더 나아가 독일 주교회의를 열어 교황을 폐위해 버린다. 교황이 '마틸다카노사성 성주와 불륜이다'라면서 말이다. 황제가 교황에게 대들었으니 교황 권위에 금이 갔다. 하인리히 4세도 나름 대들만 했다. 전임자하인리히 3세 때에는 4명의 교황을 황제가 임면하는 등 황제 마음대로 했었기 때문이다.

## 서임권

클뤼니 수도원은 교회 개혁을 추구했다. 본래의 가톨릭으로 돌아가며 성직자의 비행, 성직자의 결혼, 성직매매를 막으려 했다. 당시에는 대주교 등 성직자가 되기 위해 뒷돈을 댔다. 황제가 측근이나 친인척을 성직자로 임명하기도 했다. 유력 가문 간에 성직자리를 차지하기 위해 권력투쟁도 했다. 무자격자가 성직자가 되니 교회가 혼탁해졌다. 클뤼니 수도원 출신인 당시 교황그레고리우스 7세, 이탈리아 태생도 성직매매를 금지하고, 성직 **서임권은 교황이** 갖는다고 발표했다. 그전에는 황제나 왕이 대주교 서임권을 가지고 있었다. 이탈리아 태생 교황이 독일 황제의 이권 사업을 빼앗아 갔다. 신성로마제국 황제의 교황 폐위 결정에 교황이 반격을 가했다. 교황도 황제와 독일 주교를 **파문**<sup>깨뜨릴 파破, 문 문門</sup>했다. 여기에 더해 황제를 폐위까지 시킨다. 파문은 가톨릭 종교에서 추방하는 것이다. 파문당하면 지옥 가는 건 기본이고, 다른 가톨릭 사람들과 말도 섞을 수 없다. 파문자와 말한 사람들도 지옥 가야 해서다. 교황도 대차게 대응했지만 속으론 황제가 무서웠다. 군사력으로는 교황이 밀려서다. 교황은 카노사성<sup>마틸다가 성주</sup>으로 숨어 들어간다. 카노사 요새에 숨어서 혹시 모를 황제 침략에 대비하고자 했다.

## 교황의 승리

파문이 무섭긴 무서웠나 보다. 독일 주교들 교황에게 머리를 숙여 버린다. 새로운 황제 선출까지 논의했다. 황제가 교황에게 잘못 대든 게 되고 만다. 자리보전이 위태로워진 황제는 교황이 있는 카노사까지 황제비, 왕자, 몇몇 신하만 이끌고 간다. 눈발을 헤치며 알프스를 넘어서 말이다. 그리곤 3일간 성문 앞에서 맨발에 무릎을 꿇

**그림 31** 카노사성 앞의 하인리히 황제

고 눈물로 호소한다. 파문을 철회해 주십사하고. 말이다. 물론, 역사가들이 약간의 양념을 쳐서 불쌍함을 강조했을 수도 있다. 중세 유럽은 봉건제도와 가톨릭교회로 압축할 수 있다. 당시에는 가톨릭교회의 정점인 교황이 봉건제도의 정점인 **서유럽 왕(황제)를 임명**했다. 모든 권력의 정점에 교황이 있는 셈이다. 교황 말씀을 어기면 천국에 못 간다는 믿음이 지배했으니 가능했던 일이다. 카노사 성주마틸다와 클뤼니 수도원장이 교황과 황제 간 말씀 전달자 역할을 했다. 그렇게 불쌍함을 보인 끝에 **황제는 겨우 파문을 면했다**.

## 황제의 승리

3년 후1080년 교황은 황제를 다시 파문하고 폐위했다. 독일 제후들이 루돌프슈바벤 공작를 새로운 독일 황제로 선출하고 반란을 일으켰기 때문이다. 교황은 루돌프 편에 섰다만 루돌프가 전투 중 사망한다. 그 결과 카노사의 굴욕을 겪은 하인리히 4세가 다시 권력을 잡는다. 황제는 대립교황클레멘스 3세을 옹립하고 기존 교황그레고리우스 7세을 다시 한번 폐위시킨다. 대립교황은 비합법적으로 교황권을 행사해 합법적 교황과 대립한 사람을 말한다. 황제는 카노사 성주 마틸다도 패퇴시킨다. 그리곤 로마를 공격해 함락시킨다. 다급했던 교황그레고리우스 7세은 공작 기리카스이탈리아 남부를 통치하는 공작에게 도움을 요청했다. 그런데 공작은 교황을 구하면서 로마를 약탈했다. 로마 민심을 잃은 교황은 이탈리아 남부로 도망가고 거기서 사망하고 만다.

교황이 먼저 승리했지만, **최종 승자는** 신성로마제국 황제 **하인리히 4세**였다.

## 보름스 협약

성직자 임명권 관련해 신성로마제국 황제(하인리히 5세(하인리히 4세 아들)와 교황(칼리투스 2세)간 **보름스 협약**을 맺는다(1122년). **성직자 임명권은 교황**이 갖는 걸로 결론을 냈다. 교황의 금 간 자존심을 어느 정도 회복시켜 줬다. 물론, 교황이 황제에게도 일부 양보한 것도 있지만 말이다. 요약하면, 독일 내 주교, 수도원장 임명은 성직자가 한다. 즉, 종교적인 임명권은 교황이 갖는다. 그로 인해 무자격자가 성직자가 되는 악습이 개선된다. 반면, 선출된 성직자는 황제에게 충성을 맹세하고, 세속적인 권력(봉신)으로 토지 등을 받는다. 또한 성직자 후보가 여러 명일 경우 황제가 선택할 수 있게 했다. 마음에 들지 않는 주교를 황제가 거부할 수도 있다. 다만, 신성로마제국 황제는 성직자 서임권을 빼앗기며, 더 이상 **신의 대리인이 아니게 되었다**. 황제의 권력이 약화되는 결과를 초래했다. 10세기 초 신성로마제국(독일)은 귀족들이 투표를 통해 황제를 선출했다. 귀족들의 눈치를 봐야 하니, 황제 권력이 약했는데 성직자 서임권까지 뺏겼으니 황제 꼴이 말이 아니다. 그 결과 독일은 다른 나라보다 지방 권력이 강했고, 19세기까지 중앙집권적 **통일국가를 형성하지 못하게** 되었다.

# 1-13

# 경제적 이유로 떠난 십자군 원정

### 교황의 선동

달이 차면 기우는 법, 동로마제국 말기 동로마제국 황제알렉시오스 1세가 이슬람셀주크튀르크 세력에게 싸움에서 밀린다. 이에, 다급히 서쪽 유럽에 군 파병을 요청했다. 정예 용병 정도 보내달라 했는데 서쪽 유럽은 과하게 해석했다. 대규모 원정단을 원하는 줄 알고 말이다. 그 결과 다국적 연합군 참 많이도 도우러 간다. 여기에는 당시 **로마 교황**우르바누스 2세**의 선동적 연설**클레르몽 공의회에서도 한몫했다. '튀르크족이슬람이 하느님의 교회를 파괴하고 있단다. 순례자에게 몹쓸 짓도 하고 말이다. 이참에 이슬람 세력에게 본때를 보여줘서 **예루살렘 성지를 되찾자!**'라고 말이다. 여기에 **신이 바라신다**고도 했다. 당시 왕

**그림 32** 클레르몽 공의회의 교황 연설

들보다 힘센 로마 교황이 그리 말씀하시는데 누가 안 가겠는가! 그렇게 **십자군 원정**1095~1291년은 이슬람이 점령한 예루살렘 **성지 회복 운동**이 되었다. 예루살렘은 유대교, 가톨릭, 이슬람교 모두의 발생지다. 유대인들은 이집트에서 벗어나 다윗이 시온이란 언덕에 예루살렘을 세웠다. 이슬람 창시자 마호메트는 이 도시에서 하늘로 올라갔다. 기독교에선 예수가 십자가에 못 박혀 돌아가신 곳이다. 서로 내 것이다!라고 주장할 만하니 늘 분쟁의 씨앗이 되었다. 당시 예루살렘은 이슬람이 지배했지만638년 이래, 로마 교황 연설과 달리 **가톨릭 순례자에게 관대**했다. 참고로 십자군이란 명칭은 십자로 그려진 군대 휘장에서 유래했다.

## 십자군 원정 이유

로마 교황은 왜 현실과 다른 말을 했을까? 첫째, **가톨릭 전체를 통합**하고픈 욕심 때문이었다. 도우는 척하고 동방정교그리스정교를 믿는 동로마까지 로마 교황 지배하에 두고 싶었다. 지배지가 늘면 받는 헌금도 늘어나니까 말이다. 둘째, 농사지을 경작지가 필요했다. 그동안 유럽의 농업 생산성이 높아졌다. 농기구를 개량하고 삼포농법을 한 덕분이다. **삼포농법**은 경작지를 3개로 나누고, 3년에 한 번씩 경작지 중 1/3의 농사를 쉬면서 토지 질을 높인다. 이로 인해 농사지을 토지가 더 필요했다. 셋째, 유럽에서 가장 난폭한 이들인 기사를 외지로 보내려는 목적이었다. 같은 편끼리 한 동네에서 싸우지 말고, 이방인과 싸우라는 것이다. 이슬람에게 칼을 휘두르는 게 순교라는 주장이 통했다. 반면, **기사들은** 구원을 받으려는 **종교적 이유**가 컸다. 당시 기사들은 폭력과 성적 쾌락을 즐기다 보니 천국 가기가 어려웠다. 수도원에 가거나, 성지순례로 죄를 씻어야 했다. 그런데 원래 기사 집안 출신인 로마 교황 우르바누스 2세이 이 점을 잘 활용했다. 기사들의 십자군 참여를 순례로 인정해 준 것이다. 죄 사면을 위해 기사들의 십자군 참여는 필수였다. 시간이 지나면서 이러한 순수성은 사라졌지만 말이다.

## 1차 원정과 살라딘

200여 년간 8차례나 진행된 **십자군 원정**, **제1차 원정**[1099년] 때는 예루살렘을 점령하기도 했다. '예루살렘 왕국'을 세우고 재물 약탈과 학살을 일삼았다. 성스럽지 못한 성전이 되었다. 이후 이슬람 영웅 **살라딘**이 다시 예루살렘을 빼앗았다[1188년]. 살라딘은 예루살렘 정복 후 기독교인들을 털끝 하나 건드리지 않았다. 후대에 관대한 군주로 기억되는 이유다. 치열하게 살육 전쟁을 했지만, 원하는 자들은 몸값을 내면 재산을 모두 가지고 예루살렘을 떠날 수 있게 했다. 단테의 『신곡』에서도 소크라테스와 동격으로 볼 정도였다. 살라딘의 예루살렘 정복 이야기는 영화 〈킹덤 오브 헤븐Kingdom of Heaven〉에서 확인할 수 있다.

## 템플기사단

십자군의 예루살렘 탈환 후 순례자 보호를 위해 **템플기사단**성전기사단이 만들어졌다[1119년]. 프랑스 귀족 출신의 '9인 기사단'이 그 시작이다. 기사단은 순례자가 예금을 맡기면, 이를 **프랑스 왕에게 빌려주기도** 했다. 이 비즈니스 무언가 잘못되었다. 왕한테 돈을 빌려줬다는 게 뒤탈 나기 딱 좋다. 프랑스 왕필리프 4세은 빌려 간 돈을 떼어먹으려 기사단 전부를 화형시켜 버린다. 악마 숭배 등의 죄명으로 말이다. 서양인들은 '13일의 금요일'을 불길하게 여긴다. 여러 설 중 템플기사단 처형일이 그날이어서라는 설도 있다. 참고로 예수님이 십자가에 못 박히셔서 돌아가신 날도 13일의 금요일이다.

## 4차 십자군 원정

전쟁이 거듭되며 순수한 신앙심은 어디 가고 재물 욕심만 남았다. **4차 십자군 원정**1202~04년은 전대미문 탐욕의 끝판왕이다. 십자군이 예루살렘 땅이 아닌, 같은 가톨릭 지역인 **동로마를 공격**했기 때문이다. 이유는 이렇다. 여러 나라가 모여 이집트를 공격하길 원한 교황의 의도와 달리, 4차 원정은 프랑스 북부 기사들만 참여했다. 미리 베네치아 공화국에 배를 예약했지만, 1/3 병력만 모였다. 프랑스 기사들이 돈 낼 여력이 부족해지자, 베네치아가 묘한 제안을 했다. 베네치아가 헝가리에 빼앗긴 땅자라을 십자군이 찾아주면 빚을 탕감해 주기로 했다. 돈에 눈이 먼 십자군, 그 땅을 빼앗아 줬다. 문제는 로마 교황 의도와 달랐다는 것이다. 헝가리 왕은 로마 교황 휘하 군주인데, 공격을 당했다. 로마 교황은 가차 없이 **십자군 전체를 파문**하고, 십자군이 궁지에 몰렸다.

당시 동로마제국 황태자알렉시우스 4세는 쿠데타로 쫓겨나 망명 중이었다. 그가 파문당한 십자군에게 솔깃한 제안을 했다. 자기를 동로마 황제로 만들어주면 1)이집트 정복 비용을 대주고, 2)베네치아에 진 빚도 갚아주고, 3)동방정교를 로마교회에 넘겨주겠다는 것이다. 동방정교를 로마 교황에게 바치면 파문이 취소될 거란 희망이 생겼다. 십자군은 동로마제국 수도인 **콘스탄티노플**이스탄불**을 공격**했다. 자신들 욕심 때문에 가톨릭이 가톨릭을 공격한 것이다. 결국, 콘스탄티노플은 십자군에 함락되고 만다.

**그림 33** 콘스탄티노플을 함락시키는 십자군

## 6차 십자군 원정

6차 십자군은 전쟁 없이 타협으로 예루살렘을 차지했다. 십자군 측인 신성로마제국 황제프리드리히 2세(1194~1250년)는 이집트 술탄알 카밀과 협상을 벌였다. 그 결과 십자군과 이슬람 측은 10년 동안 예루살렘과 그 인근을 십자군에게 양도하는 조약에 서명했다. 하지만, 로마 교황은 황제를 파문해 버린다. 이교도와 타협했다는 걸 견딜 수 없어 했다. 성스러운 땅을 피를 흘려 되찾아야 한다고 생각했기 때문이었다. 이후 예루살렘은 강화조약이 끝나고 다시 이슬람의 것이 되었다.

## 십자군 원정 결과

십자군 원정으로 1)봉건영주가 몰락하게 된다. 전쟁에서 죽거나, 막대한 참여비용을 대느라 빚에 허덕이기도 했다. 또한 2)수차례 원정에도 거듭 실패만 하다 보니 **로마 교황 권위가 실추**되었다. 로마 교황청의 면벌부 사업면벌부(면죄부)를 사면 십자군 원정 제외을 좋게 볼 리 만무했다. 종교 개혁이 싹튼다.

한편, 십자군 전쟁은 유럽과 이슬람 간 교류 확대를 불러왔다. 이슬람 서적은 유럽 학문 발달에 도움을 줬다. 인도에서 유래한 아라비아 숫자가 전해지기도 했고, 연금술, 점성술도 들어왔다. 십자군은 배를 타고 이동했는데, 지중해 해상운송과 교역을 활성화했다. 로마제국 몰락 이후 쇠퇴한 지중해 부활이다. 이탈리아 도시국가들은 십자군 전쟁에 적극 참여했다. 이유는 돈 때문이었다. 해상운송 중심지 역할을 했고, 덕분에 상공업이 발달하게 된다. 이슬람이 막은 교역로를 뚫고, 중개무역후추, 중국 비단, 인도 면직물 등을 통해 돈을 벌게 되자 그 동력은 르네상스로 이어지게 된다.

## 기사

봉건제봉할 봉封, 세울 건建는 영주가 가신신하에게 땅봉토을 주고 군사적 충성을 약속받는 형태다. 왕-귀족-기사 순으로 먹이사슬이 이뤄졌다. 지금은 기사가 명예직 정도이지만, 정확히 하자면 기마말을 탐로 싸우는 전사다. 전쟁에 나가다 보니 전투적 약탈과 과시적인 소비, 향락적인 문화가 일상이었다. 특히, 부잣집 도련님이 아니고선 기사 노릇을 못했다. 일단, 기사의 말과 갑옷은 비쌌다. 말은 황소 5~10마리, 갑옷은 황소 20~100마리 가격이었다. 기사 1명당 말은 기본적으로 3마리<sup>행군마, 전투마, 짐말</sup>가 필요했다. 창검술 과외도 받아야 했다. 모든 게 다 돈이었다. 기사 갑옷 등은 전쟁 때 늘 훔쳐 갈 1순위 물건이었다.

## 돈키호테

기사 이야기에 『돈키호테』를 빼놓을 수 없다. 『돈키호테』는 스페인 소설가 세르반테스<sup>미겔 데 세르반테스</sup>가 쓴 소설이다. 2편으로 출간되었다. 1편은 기발한 **이달고**<sup>세습 귀족</sup> 돈키호테 데 라만차<sup>1605년</sup>, 2편은 기발한 **기사** 돈키호테 데 라만차<sup>1615년</sup>다. 라만차는 소설의 배경인 마을 이름이다. 라만차 마을 세습 귀족 돈키호테 이야기다.

주인공 **알론조 키하나**는 가난한 귀족으로 기사 이야기책을 즐겨 읽었다. 그러다 쉰이 다 된 나이에 자신이 기사

**그림 34** 돈키호테

가 되어 정의를 지키고자 한다. 자신을 돈키호테 데 라만차라 이름 짓는다. 증조부에게 물려받은 낡은 창 등으로 중무장한다. 늙어빠진 말에게 로시난테란 이름도 붙여주고, 소작농 산초를 하인 삼아 모험을 떠난다. 산초에게는 섬을 정복한 다음 영주 자리를 주겠다고 약속한다.

소설이 쓰여질 당시 기사는 과거 유물로 취급받던 시절이었다. 그 시대 기사가 되겠다는 건 시대에 맞지 않는 발상인 셈이다. 돈키호테는 포도주 통을 상대로 결투를 신청하기도 하고, 풍차를 거인이라 생각해 결전을 벌이기도 한다. 바람 부는 풍차에 달려든 돈키호테는 창이 박살 나고 들판에 던져진다. 사람들은 그런 돈키호테를 미친 사람 취급한다. 보다 못한 친구카라스코는 기사로 변장해 결투를 신청한다. 결투에서 돈키호테가 지면 집에 돌아가 1년간 나오지 말라는 조건이었다. 결과는 돈키호테의 패배다. 돈키호테는 고향으로 돌아와 시름시름 앓다 죽기 직전 제정신을 찾는다. 과거 자신의 행동을 부끄러워하며 용서를 빌고 눈을 감는다. 무모하지만 가난한 자, 힘없는 여성, 부모 잃은 아이를 그냥 지나치지 않는 따뜻한 감동을 주는 돈키호테다.

작가 **세르반테스**는 20대 때 오스만제국과 전쟁인 레판토 해전에 참전해 왼팔에 총상을 입고 왼손 불구가 된다. 전쟁 후 귀국하다 해적에 붙잡혀 알제리에서 포로 생활도 한다[5년간]. 이후 여러 사업에 실패하고 돈을 벌기 위해『돈키호테』를 쓰게 된다. 58세에 1편을 68세에 2편을 낸다. 2편 발표 1년 후 사망한다. 사망일이 영국 대문호 셰익스피어와 동일한 날짜다1616년 4월 23일. 노벨연구소가 세계 유명 작가 100인에게 '문학사'상 가장 중요한 작품 100편을 선정해 달라고 했는데『돈키호테』가 1등을 했다2002년. 문학사적으로『돈키호테』는 서양 최초 근대소설이다. 600여 명에 달하는 다양한 인물이 등장하고, 대화체를 처음 도입한 소설이기 때문이다.

## 1-14

# 페스트가 가져온
# 부자 농부 탄생

### 데카메론

조반니 보카치오 1313~1375년, 이탈리아 작가의 **『데카메론』**은 페스트가 시대적 배경이다. 페스트를 피해 피렌체 교외 별장으로 온 10명의 귀족 남녀남 3명, 여 7명가 주인공이다. 페스트로 가족을 잃은 7명의 여인이 슬픔을 달래려 피렌체 대성당 미사에 참석한다. 그중 한 명이 전염병을 피해 교외로 나가자 하고, 청년 3명이 더해진다. 그들은 무료함을 달래려 10명이 '10일간 하루 10개씩' 이야기를 나눈다. 즉, 『데카메론』은 100개의 이야기 모음집이다. 야한 내용도 잔뜩이고 다양한 인간 욕망들을 담고 있다. 중세의 수도자적 기품과는 결이 다르다. 신이 아닌 인간 자체를 풍자적으로 다룬다. 비슷한 시기에

그림 35 데카메론

쓰여진 단테의 신(神)곡에 견줘 인(人)곡이라고 하는 이유다. 페스트를 피해 달아날 수 있는 건 출신 성분 좋은 귀족들이었다. 대부분의 하층민들은 사는 곳을 떠날 수 없었다. 페스트가 잠잠해지면 귀족들은 하녀를 먼저 보내, 하녀가 살았는지 확인하고 고향으로 돌아갔다.

페스트가 없어진 것이 그리 오래전 일이 아니다. **알베르 카뮈**노벨문학상 수상자의 소설 『**페스트**』는 1940년대 알제리 도시오랑에서의 페스트 창궐 이야기다. 페스트 사태가 커지자 외부와 격리되고 모두가 죽음을 기다리는 처지가 된다. 페스트에 맞서 싸우려는 자, 신이 내린 형벌이라 인정하는 자 등 공포 속에 인간 대응을 다룬다. 몇 달이 지나자 사람들은 죽음의 공포에 당당히 맞서기로 한다. 많은 이들의 노력 끝에 페스트가 종식되고 도시엔 평화가 찾아온다.

## 페스트

**페스트**는 흑사병 Black Death이라고 하는데, 몸이 검게 변해서다. 전염성이 강해 발병하면 빠르게 죽었다. 검은 쥐에 기생하는 쥐벼룩이 매개체다. 오래전부터 있어 왔던 병이 중국 지역에서 본격적으로 발병했다. 몽골이 유라시아 대륙을 침략하면서 급속도로 퍼졌다. 몽골 몰락 원인 중 하나도 페스트다. **몽골(킵차크 칸국) 군대**가 카파 성 함락을 못 하자 투석기로 페스트 사망자를 성안에 던지고 갔다는 설도 있다. 일종의 생화학 무기인 셈이다. 14세기 중반 페스트가 유럽을 강타했다. 향신료 무역을 하던 무역 루트를 따라 중앙아시아에서 유럽으로 전해졌다. 먼저, 중앙아시아에서 동로마제국으로 전파된다. 이후 제노바, 베네치아 등 이탈리아 도시국가를 거쳐 북유럽까지 퍼져나갔다.

당시 이탈리아 도시국가는 동로마제국과 무역을 중시했다. 동로마제국은 유럽과 아시아를 잇는 위치에 있었다. 가장 중요한 교역품은 동양의 후추 등 향신료였다. 지리적으로 동로마제국과 가깝고, 해군력이 강했던 이탈리아 도시국가들이 후추 무역을 장악했다. 후추 무역 경로를 따라 페스트가 유럽에 퍼지게 된 이유다. 당시 유럽은 인구도 늘고 교역도 활발해졌지만, 위생 상태가 엉망이었다. 중세 유럽 길거리엔 하수도가 따로 있지도 않았다. 여기에 고양이가 페스트를 옮긴다는 잘못된 상식 때문에 고양이를 죄다 죽였다. 천적인 고양이가 없어졌으니 쥐가 더 번식할 수밖에.

### 페스트 치료

처음에는 페스트를 **신의 분노**로 여겼다. 감염자들은 신이 벌한 죄인이니 방치해 죽게 했다. 나중에 페스트가 더 유행하자 **치료 의사**가 생겼다. 근데, 의사의 모습이 기괴하다. **뾰족한 새 부리**가 달린 **가면**을 쓰고, 가면 안에 **방향제**를 넣고 다녔다. 나쁜 공기로부터 의사 본인을 보호하려는 이유에서였다. 기다란 **나무 지팡이**도 들고 다녔는데, 환자를 만지지 않고 진찰하기 위함이었다. 돌팔이 의사도 많았고 현대적 의학과는 거리가 먼 치료법도 많았다. 가톨릭 지도자들은 기도로 치유가 가능하다 설파하기도 했다. 감염자가 발생하면 집에 가두고, 아침마다 머리를 내밀게 해 살았는지 확인도 했다. 공포감이 크면 종교도 이상해졌

**그림 36** 흑사병을 치료하는 의사

다. 종말론이 흥했고, 자기 몸을 때리고 학대하는 종교단체도 늘었다. 한편, **유대인, 마녀** 등 사회적 약자를 향한 분노도 터졌다. 유대인이 우물에 독을 풀었다는 낭설로 유대인을 몰살하기도 하고, 죄 없는 사람들을 악마와 내통하는 마녀로 몰아 화형도 시켰다. 현대 의학적인 치료법은 한참 뒤인 1800년대 후반에 **파스퇴르**가 발견했다.

## 농민 임금 폭등

페스트를 겪으며 많이들 죽었다. 페스트가 마블 코믹스의 타노스 핑거스냅이 되었다. 손가락만 튕기면 사람이 사라지듯 유럽 인구의 1/3이 사라졌다. 무려 2,500만 명이다. 페스트 감염에는 신분 구분이 없었다. 봉건귀족이든, 기사든, 성직자든 상관없이 죽었다. 100년 전쟁 등으로 봉건귀족과 성직자가 줄었는데, 페스트 때문에 더 줄었다. 그 과정에서 죽은 자들의 재산을 받아 부자가 된 자들도 있었다. 농민 인구 감소로 봉건영주들 토지 지배력 유지가 어려워졌다. 노동력 부족에 **농민 임금도 폭등**했다. 살아남아 귀한 존재가 된 농민들은 풍족한 삶을 살게 되었다. 좋은 조건을 찾아 거주지를 옮기기도 했다. 페스트로 인해 농민 황금시대가 열리게 된다. 당시 농업기술은 혁신적인 발전이 없었다. 인구가 늘면 그만큼 수확량을 늘릴 수 없었다. 사람이 넘치면 배고픈 시련이 닥쳤다. **노동의 한계생산 체감** 수확체감 때문이다. 한계Marginal는 **보탠다**는 의미다. 한계는 독립변수 추가된 단위에 종속변수 변화 정도다. 노동력이 늘어난 만큼 수확량이 따라주지 않는 것이다. 오히려 수확량 증가율<sup>한계생산</sup>이 줄어들었다<sup>체감</sup>.

 반면, 인구가 줄면 남은 자들에게 축복이다. 일반 농민들도 배불리 먹을 수 있고, 노동자 인건비도 올랐다. 덕분에 엥겔지수<sup>생계비 중 식료품비 비중</sup>는 낮아지고 사치성 소비는 는다. 아이러니하게도 페스트 사망 때문에 농민의 지위가 향상되었다만, 이후 인구가 늘자 농민 임금이 줄고 살기가 팍팍해졌다. 사람이 죽어야만 여유가 생기는 경제구조였다. 한편, 성직자도 하느님에게 구원받지 못하니 종교 권위가 떨어졌다. 종교 대신에 사람 중심으로 세상을 보기 시작했다. 이탈리아 도시국가 중심으로 **르네상스** 시대가 도래하고 신보다 인간에 보다 집중하게 되었다.

# 1-15

# 백년전쟁이 만든 모직물 수출 국가 잉글랜드

### 노르망디

**백년전쟁**은 잉글랜드와 프랑스 간 벌인 전쟁이다. 116년간<sup>1337~1453년</sup> 싸우다 쉬다를 반복했다. 재미있는 점은 첫째, 전쟁이 지금의 **프랑스 땅**에서 벌어진 것이다. 당시 프랑스 땅 일부는 잉글랜드가 차지했었기 때문이다. 전성기 때는 잉글랜드가 지금 프랑스의 절반도 넘는 땅을 차지하기도 했다. 하지만, 잉글랜드 **존왕**<sup>재위 1199~1216년</sup>이 대부분의 땅을 프랑스에 빼앗겼다. 존왕은 리처드 1세 동생이다. 리처드 1세는 살라딘<sup>이슬람 지도자</sup>과 싸운 십자군 원정의 용장 사자심왕<sup>사자 심장을 가진 왕</sup>이다. 그에 비해 존왕은 폭군이자 무능한 왕이다. 프랑스 혈통 노르만 왕조 선대로부터 물려받은 프랑스 내 영지를 프랑스

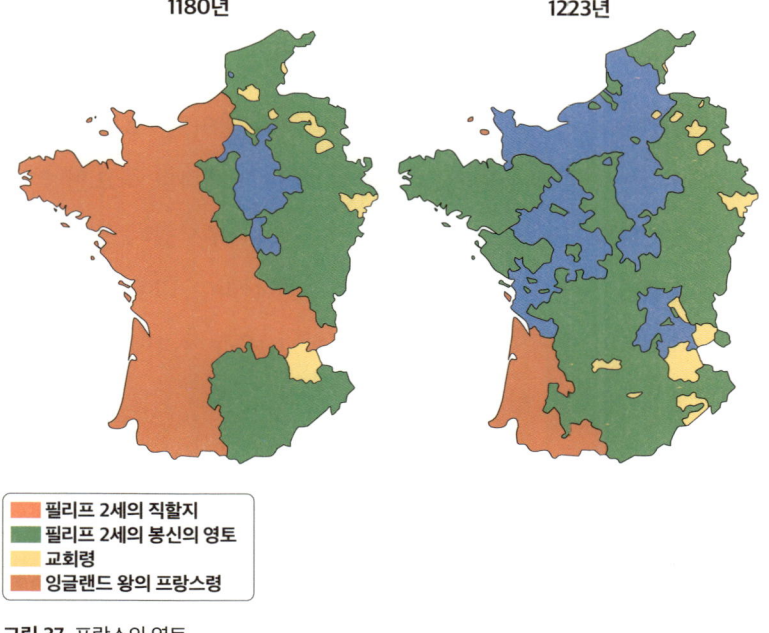

그림 37 프랑스의 영토

왕 필리프 2세에게 빼앗겼다. 결국에 존왕은 와인 산지 기옌(보르도 지역)프랑스 서남부 정도만 겨우 유지했다. 존왕은 땅을 하도 잃어 별명이 실지왕잃을 실失, 땅 지地이다. 참고로 존왕 이후 잉글랜드 왕 중 존이란 이름이 없다. 그래서 존 1세가 아닌 존왕으로 불린다. 열받은 잉글랜드 귀족들은 존왕의 왕권을 제한해 버린다. **마그나카르타(대헌장)**왕권 제한 문서을 들이밀어 서명을 받는다. 백년전쟁 이후 잉글랜드는 와인 산지인 **기옌 지역마저 잃고** 만다. 그때부터 영국은 육지와는 이별한 섬나라와 다름없게 된다.

최고민수 경제사 특강 1                    **141**

둘째, 당시 잉글랜드 왕은 **프랑스 후손**이라는 점이다. 프랑스 노르망디 출신 **정복왕 윌리엄의 자손**들이다. 당시 왕실에선 프랑스어를 주로 썼다. **노르망디**Normandie는 노르만인의 땅이다. 노르만Norman은 북에서 온 사람, Northman이다. 바이킹은 전쟁하다 죽으면 천국 간다고 믿었다. 그래서 죽을 각오로 싸워대니 무서웠다. 프랑스는 바이킹이 하도 공격해 대니, 아예 북쪽 땅을 살라고 내어줬다 911년, 생클레르쉬르엡트 조약. 동네 이름은 노르망디이고, 우두머리 롤롱는 가톨릭 세례도 받고 프랑스 왕의 신하인 노르망디 공작이 되었다. 바이킹 후손들은 가톨릭도 잘 흡수하고 적응도 잘했다.

## 정복왕 윌리엄

그림 38 정복왕 윌리엄

유럽 왕가는 서로 다 친척이다. 고귀한 혈통을 유지한답시고 서로 결혼해서다. 문제는, 왕이 후손 없이 죽으면 후계자 문제가 생긴다. 잉글랜드 고해왕 에드워드도 후손 없이 죽었다. 후보군은 3명이다. 1)할아버지가 잉글랜드 왕이었던 자노르웨이 왕 해럴드 하르드라다, 2)고해왕의 처남 웨섹스 백작 해럴드, 3)고해왕의 사촌 형제 아들인 윌리엄프랑스식 이름은 기욤, 노르망디 공작이다. 먼저, 웨섹스 백작이 왕위를 선수 친다. 이에 노르웨이 왕이 웨섹스 백작에게 쳐들어간다. 둘이 싸워 웨섹스 백작이 이긴다. 먼저 싸워 힘 빠져줘서 고맙다. 윌리엄의 노르망디군은 지친 웨섹스 백작군을 쉽게 섬멸했다 1066년. 프랑스인 윌리엄이 침략해 왕이 되니 '**정복왕**' 타이틀도 단다. 노르망디 공작윌리엄은 바이킹의 후예다. 노르망디는 프랑스 땅이니 노르망디 공작은 프랑스 왕의 신하다. **잉글랜드 왕이자 프랑스 신하**인 이상한 족보가 완성된다.

윌리엄 덕분에 노르만인이 잉글랜드 지배계급으로 거듭난다. 먼저, 윌리엄은 기존 귀족들의 재산을 빼앗아 노르만인들에게 줬다. 주요 요직도 노르만인들 차지였다. 프랑스식 이름윌리엄, 로버트, 리차드 등을 가진 자들이 잉글랜드 주류층이 되었다. 영어에 프랑스어 계통 단어들이 들어와 쓰이기도 했다. 특히, 고급진 단어는 프랑스어가 쓰였다. 예를 들면, 암소는 Cow앵글로색슨어, 고급진 요리는 Beef프랑스어 boeuf에서 유래가 쓰였다. 윌리엄은 왕이 된 이후 세금도 철저히 걷었다. 이를 위해선 토지 및 재산 상황 조사는 필수였다. 귀족들을 시켜 전국을 돌며 조사토록 했다. 그 결과 나온 자료가 **둠즈데이 북** Domesday Book이다. 둠즈데이는 가톨릭 성경상 최후의 심판 날이다. 철저히 조사했기에 최후의 심판처럼 속임수가 없다는 것이다.

## 백년전쟁

윌리엄은 프랑스인이 잉글랜드 왕이 된 경우라면 반대로, 그 후대에 잉글랜드인이 프랑스 왕이 되고자 한 일이 발생했다. 프랑스 왕 샤를 4세가 남자 후계자 없이 사망했다1328년. 프랑스는 **살리카법**프랑크 부족 법전을 도입해1316년 여성의 왕위 계승이 금지된 상황이었다. 여성을 제외하니 샤를 4세의 사촌 형제필리프 6세가 왕위에 오른다. 반면, 잉글랜드는 살리카법에 관대했다. 여성도 왕이 될 수 있다는 것이다. 그래서 잉글랜드는 다수의 여왕이 탄생했다. 당시 잉글랜드 왕 에드워드 3세에게 프랑스 왕(샤를 4세)은 외삼촌이었다. 왕과 4촌인 필리프 6세보다 에드워드 3세가 3촌이니 촌수로는 더 가까웠다. 외가 쪽인 나도 프랑스 왕이 될 상이다!라며 문제를 삼는다. 한술 더 떠 양모 가공지 플랑드르프랑스북부, 벨기에, 네덜란드 남부 등로 가는 **양털공급 중단을 선언**했다. 프랑스도 프랑스 내 잉글랜드 영토인 포도주 산지 **기옌 몰수를 선언**했다. **백년전쟁은 그렇게 시작**되었다.

왕위 쟁탈전이 표면적 이유였으나, 내심은 경제적 요인이다. 잉글랜드는 양모생산지 플랑드르를, 프랑스는 포도주 산지 기옌을 가지고 싶었다. 특히, 기옌의 연간 세수가 잉글랜드 전체 세수보다 많았다고 하니 프랑스가 탐날 만했다. 초반 판세는 장궁긴 활 덕에 잉글랜드가 잘 싸웠다. 프랑스 왕장 2세을 포로로 잡고 석방 보상금몸값 300만 크라운을 요구했다. 더불어 프랑스 노르망디와 함께 와인 산지 기옌도 되찾았다. 당시, 전쟁은 왕을 포로로 잡아 몸값을 요구하는 게 남는 장사였다. 하지만, 프랑스 왕장 2세은 석방 보조금이 없어, 잉글랜드로 돌아갔고 그곳에서 숨을 거둔다.

## 잔 다르크

백년전쟁의 히어로는 단연코 민중의 딸 **잔 다르크**다. 16살 소작농의 딸인 그녀는 천사의 계시를 들었다. 샤를 왕세자훗날 샤를 7세를 도와 프랑스를 구하라는 음성이었다. 당시, 잉글랜드 왕헨리 6세의 잉글랜드군은 프랑스 왕샤를 7세의 거점인 오를레앙을 포위했었다. 이때 잔 다르크는 적은 수의 프랑스 병사로 잉글랜드군을 격파한다. 전통적으로 프랑스 왕은 랭스에서 즉위식을 거행했다. 잉글랜드에 밀려 후퇴한 샤를은 랭스에서 즉위식을 올리지 못하고 있었다. 잔 다르크의 진군으로 랭스를 탈환하고 샤를은 대관식을 올려 프랑스 왕 정통성을 인정받게 된다. 이후 프랑스는 진격을 거듭해 지금의 프랑스 땅 대부분을 차지했다. 잉글랜드는 초라하게 프랑스 북부 **칼레** 정도만 차지하고 만다. 잉글랜드가 섬나라로 쪼그라든 셈이다. 116년간의 전쟁은 **봉건귀족과 기사의 몰락**을 불

그림 39 개선하는 잔 다르크

러왔다. 죽기도 많이 죽었다. 반면, 긴 전쟁 통에 왕이 상비군을 강화하게 되어 귀족 세력을 누르고 **중앙집권제**를 추진하게 되었다.

### 모직물 업자 이동

잉글랜드 땅은 척박하고 날씨는 우중충해서 농사가 힘들었다. 대신에 양을 키웠다. 백년전쟁 이전 잉글랜드는 양모양털로 만든 실를 가공할 능력이 부족했다. 대신에, 바다 건너 플랑드르가 잉글랜드산 양모를 들여와 고급 모직물로 재탄생시켰다. 재주는 잉글랜드가 부리고 돈은 플랑드르가 차지하는 구조였다. 그런데 백년전쟁 덕분에 잉글랜드가 모직물 생산기지가 되었다. 전쟁터가 된 플랑드르에서 모직물 업자들이 떠난 것이다. 어디로? 양털이 나오는 원료 공급지 잉글랜드로다. 잉글랜드가 100년 넘게 전쟁에 참여했지만, 잉글랜드 본토는 멀쩡했으니까. 싸움은 지금의 프랑스와 그 주변에서 일어났다. 모직물 업자 입장에선 양털 운송 비용도 절감할 겸, 전쟁 위험도 없으니 일석이조였다. 잉글랜드는 양털이나 팔던 농업 국가 수준에서 벗어나, 기술력 있는 공업 국가로 변신했다. 나중에 산업혁명의 밑밥을 깔아둔 셈이다. 산업혁명은 면직물을 대량으로 추출하는 방적기 개발부터니까.

# 1-16

# 오스만 튀르크 정복 역사 그리고 전통시장 그랜드 바자르

### 셀주크 튀르크

**튀르크족**은 튀르키예튀르크인들의 땅이란 의미의 조상으로 여기는 민족이다. 중국에서는 **돌궐**로 불렸다. 갑작스럽다는 돌突, 갑자기 돌, 오랑캐의 궐厥, 돌궐 궐을 합쳤다. '날뛰는 오랑캐' 정도 되겠다. 고구려가 수나라에 대항해 동맹을 맺었던 그 돌궐이다. 튀르키예가 우리에게 형제의 나라가 된 건 돌궐 후예이기 때문이다. 돌궐은 원래 몽골 초원에서 유목 생활을 했다. 6세기 지도자 부민Bumin이 몽골의 지배에서 벗어나 돌궐 최초의 나라를 세웠다. 부민이 죽고 돌궐은 동부아들 무칸와 서부동생 이스테미로 나뉜다. 유목민족은 부모가 죽으면 자식과 친척들이 재산을 나눠 가졌기 때문이다. 프랑크 왕국이 셋동프랑크(독일),

중프랑크(이탈리아), 서프랑크(프랑스)으로 나눠진 이유이기도 하다. 동부는 유목민족 전통을 유지하며 몽골원나라 지배를 받는 불교국가가 되었다. 반면, 서부는 아바스 왕조750~1258년, 아라비아반도, 서아시아, 중앙아시아, 북아프리카를 차지 지배하에 이슬람을 믿었다. 아바스 왕조 친위대나 다른 이슬람 국가의 맘루크백인 노예 용병로 활동하며 세력을 키웠다. 그중 일부가 서쪽으로 계속 이동해 오늘날 튀르키예 땅에 **셀주크 튀르크** 1040~1307년를 건설했다.

셀주크 튀르크는 나라를 세운 셀주크 이름에서 만들어졌다. 파미르고원에서 지중해까지 영토를 보유했다. 비단길 교차로에 놓여, 동서 중계무역의 중심지였던 사마르칸트 부근부터 페르시아이란, 시리아, 예루살렘, 아나톨리아 일대튀르키예까지 드넓었다. 특히, 셀주크 튀르크는 소아시아 지역으로 세력을 넓히면서 동로마제국비잔티움제국(비잔틴제국)과 충돌했다. **만지케르트 전투**1071년, 아르메니아 지역에서 동로마제국을 크게 이기고, 예루살렘을 포함한 아나톨리아 반도 대부분을 차지했다. 아나톨리아를 통해 지중해와 흑해 바다를 지배했다. 이슬람과 가톨릭, 동양과 서양을 연결하는 중계무역으로도 번성했다. 페르시아 문화와 튀르크 문화가 융화되어 새로운 문학과 예술을 만들었다. 하지만, 가톨릭 성지인 예루살렘을 빼앗긴 유럽 가톨릭 국가들은 **십자군 전쟁**을 일으키게 되었다. 십자군과 맞서 싸운 이슬람 국가가 바로 셀주크 튀르크다. 십자군 전쟁을 막아낸 셀주크는 그러나, 또 다른 유목민족인 칭기즈칸이 세운 **몽골제국에 의해 멸망**

하고 만다. 몽골제국은 아바스 왕조와 셀주크 튀르크를 무너트리고 몽골 칸이 다스리는 일 칸국1259~1336년을 세운다. 이후 각지의 튀르크족은 크고 작은 나라를 세웠는데 이 중 하나가 오스만이 세운 **오스만 튀르크**1299~1922년다.

## 콘스탄티노플

**오스만 튀르크**는 오스만제국으로도 불린다. 셀주크 튀르크가 망한 이후 탄생한 튀르크족 이슬람 국가다. 당시 유럽은 십자군 전쟁 이후 교황의 권위가 약해져 국가 간 전쟁이 많았다. 또한 흑사병페스트이 유행하다 보니 오스만제국의 확장을 막을 수가 없었다. 오스만제국은 튀르크족 전사답게 세력을 확장한 결과 지중해를 차지하고 동방무역을 독점하게 되었다. 이슬람 국가, 오스만제국이 떡하니 교역길에 들어서니 서쪽 먼 유럽 국가 포르투갈과 스페인이 신항로 개척에 나선다. 그렇게 대항해시대가 열리게 되었다. 오스만제국은 동로마제국을 멸망시키고, 3개 대륙아시아, 아프리카, 유럽에 걸쳐 대제국을 건설했다. 특히, 메흐메트 2세1432~81년는 동로마제국비잔틴제국 수도인 **콘스탄티노플**비잔티움, 이스탄불을 함락했다1453년. 그는 오스만제국의 수도를 콘스탄티노플로 옮기고 이름을 이스탄불로 바꿨다. 동방무역 이익을 독점한 오스만제국에게 콘스탄티노플 점령은 중요했다. 동로마제국 대부분이 오스만제국에 점령당해 비록 성채도시만 남았지만, 지중해와 유럽을 잇는 교역로 확보를 위해서 콘스탄티노플이

그림 40 콘스탄티노플로 입성하는 메흐메트 2세

필요했다. 또한, 이슬람 창시자 무함마드가 콘스탄티노플 점령을 당부한 하디스무함마드 언행록 가르침을 수행해야 했다. 이전에도 오스만 제국이 7차례나 점령 시도를 한 이유다. 콘스탄티노플은 육상 실크로드의 종착지이자, 지중해 베네치아, 제노바로 가는 해상 실크로드의 연결 지점이다. 보스포루스 해협을 사이로 아시아와 유럽 두 대륙에 걸친 세계 유일의 도시다. **콘스탄티노플, 비잔티움, 이스탄불** 모두 같은 도시의 다른 이름이다. 참고로 터키의 행정수도는 이스탄불이 아닌 앙카라다. 질 좋은 모피를 말하는 앙고라는 앙카라에서 수출한 염소 털에서 유래했다.

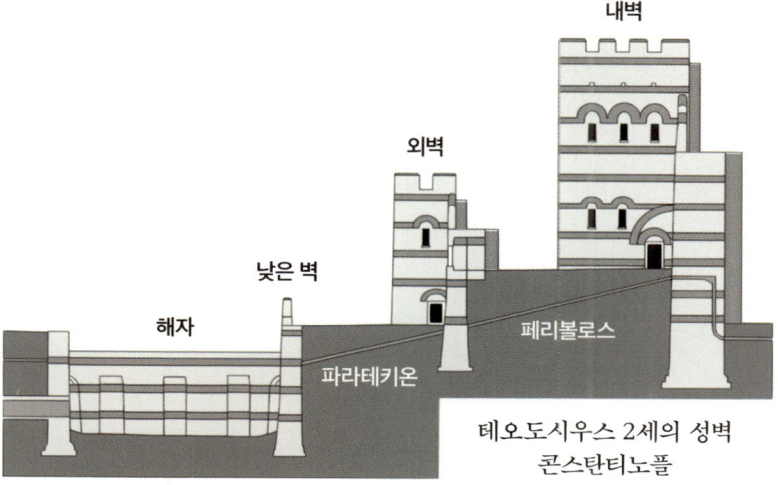

**그림 41** 테오도시우스 성벽

    콘스탄티노플 점령을 위해 오스만제국은 해군으로 포위한 다음, 육군으로 성벽을 깨고 진입한다는 전략을 세웠다. 콘스탄티노플의 **테오도시우스 성벽**은 3중 구도로 된 난공불락이었다. 1)바닷물이 흐르는 구덩이인 해자, 그리고 해자 뒤에는 2)외성벽과 3)내성벽두께 3~5m, 높이 20m이 자리 잡고 있었다. 오스만제국은 육지에선 대포로 기선 제압을 했다. 헝가리 기술자우르나누스가 개발한 청동제 **우르반 대포**를 앞세웠다. 해상에선 **보스포루스**유럽과 아시아를 잇는 길고 좁은 해협를 따라 물살과 바람이 약한 **골든혼**금각만 진입을 시도했다. 콘스탄티노플은 골든혼 입구에 쇠사슬을 쳐놔 배의 진입을 막았다. 이에 오스만제국은 밤사이 70여 척의 **전함을 육지로 이동**시키는 우회 전술을 펼쳤다. 배 밑에 기름을 친 둥근 목재를 깔고 언덕을 넘어간 것이다. 이후 최정예 부대인 예니체리를 투입해 콘스탄티노플을 함락했다. 100년 동안 십자군 4차 전쟁 외에 열리지 않았던 도시를 열었다. 오스만제국 메흐메트2세는 **성 소피아 성당**을 모스크로 바꾸면서, 건축물을 파괴하지 않았다. 내부 벽에 석회를 덧칠하여 크리스트교 성화 모자이크화를 가렸다. 덕분에 비잔티움 시대의 모자이크화를 현시대에도 볼 수 있게 되었다. 성 소피아 성당은 지붕이 돔 양식으로 되어 있다. 종교 건축에서 **돔은 천국**을 상징했다.

### 오스만제국 성공 요인

오스만제국이 강했던 이유로는 1)**첫째, 밀레트 융화 정책**이다. 이질적 종교와 다양한 민족에 대해 고유성을 인정해 준 것이다. **밀레트** 민족(Milla)에서 유래는 오스만제국 내 자치 공동체 피지배 민족다. 밀레트 내에서는 독자적인 종교와 관습이 허용되었다. 비(非)이슬람 교도를 강제 개종시키지 않았다. 개종하는 대신에 특별세금만 잘 내면 사는 데 문제가 없게 했다. 이런 포용 정책 덕분에 갈등 없이 국가를 유지할 수 있었다. 출신이나 계급에 상관없이 능력이 뛰어나거나 전공을 세우면 출세가 가능했다.

2)**둘째, 예니체리**의 용맹함도 있다. 예니체리 새로운 군대란 뜻는 가톨릭 남자아이를 뽑아 정예군대로 양성하는 제도다. 예니체리는 이슬람

으로 개종하고 교육도 받았다. 공을 세우면 출셋길이 열리니 열심히 싸웠다. 다만, 싱글로 살아야 했다. 튀르크족은 유목민족인데, 1)공성전을 둘러싼 싸움에 약하고, 2)화기를 다루는데도 서툴렀다. 3)유목민 특성상 정규군화도 어려웠다. 이런 부족함을 예니체리가 메워줬다. 예니체리 부대에는 세계 최초의 군악대인 **메흐테르**도 있었다. 적들에게 두려움을 주기 위해 천둥소리 나는 악기들을 연주했다. 낙타 가죽으로 만든 드럼과 고음의 심벌즈 같은 악기들이다. 예니체리는 오스만제국 초창기엔 전쟁의 핵심이었다. 다만, 시간이 흘러 예니체리에게 결혼도 허용되면서 세습제로 바뀌고, 그 숫자도 많아졌다. 오스만제국 말기에는 권력투쟁을 하는 등 암적인 존재가 되었다.

3)**셋째, 술탄의 형제 살해 폐습**이 있다. 오스만제국은 왕이 죽으면 자식들 간 전쟁으로 술탄을 정했다. 강자 생존 원칙! 왕이 결정되면 다른 형제들은 모두 살해되었다. 한참 뒤 이 잔인한 방식은 장자 승계 원칙으로 바뀌었다. 왕이 되지 않은 형제들을 살려줬다. 다만, 왕의 자식이나 형제 등은 **카페스**새장이란 뜻에 갇혀 세상과 담을 쌓고 살아야 했다. 세상 물정 모르다가 왕이 되는 상황도 벌어졌다. 오스만제국은 형제 살해 제도가 없어지고 나선 경쟁력도 쇠락해 갔다. 바다에선 **레판토 해전**, 육지에선 **빈 전투**에서 지면서, 유럽으로 전진은 어려워졌다. 이후 거대한 영토를 점점 잃어가고 1차 대전에서 독일과 동맹을 맺으며 패전국으로 남는다. 그로 인해 또 남은 영토를 잃는다. 지금의 튀르키예는 국토의 97%가 아시아이고, 3%만 유럽이

다. 본인들은 유럽인이라 생각하지만, 유럽인들은 유럽인으로 보지 않는 경우도 많다. 그래서일까 튀르키예는 아직 EU 가입국이 아니다. 여기에는 오스만제국 시절부터 빈 전투 등으로 오래된 앙숙인 오스트리아의 반대도 한몫했다.

## 칼리프이자 술탄

알라를 유일신으로 믿는 이슬람은 무함마드가 창시했다. 무함마드 사망 후 그를 대신할 정치, 군사, 종교 지도자로 칼리프<sup>무함마드 대리인</sup>를 정했다. 4대 칼리프 이후 **우마이야 왕조**661~750년가 칼리프를 세습했다. 이후 **아바스 왕조**750~1258년가 칼리프를 하게 되었다. 셀주크 튀르크 지도자 토그릴 베그는 아바스 왕조<sup>수도인 바그다드</sup>에 입성했다 1055년. 당시 아바스 왕조에 내정간섭을 하던 부와이 왕조를 물리치고 **칼리프로부터 술탄**Sultan **칭호를 얻는다**. 칼리프로부터 이슬람 세계를 다스릴 권위를 나눠 받게 된 것이다. 원래 술탄은 코란<sup>이슬람 경전</sup>에 도덕적 책임과 권위를 수행하는 통치자 역할을 뜻했다. 이때부터 칼리프는 종교적 권위만 가진 지배자이고, **술탄이 정치적, 군사적 권위를 갖는 지배자**가 되었다.

몽골에 의해 아바스 왕조가 무너진 이후 칼리프는 이집트 **맘루크 왕조**에서 이어간다. 마지막 칼리프의 숙부<sup>아부</sup> 아비스를 칼리프로 추대하고 250여 년간 지속된다. 이후 셀주크 튀르크의 뒤를 이어 오스만 튀르크가 세워졌다. 16세기 초 오스만 튀르크 술탄<sup>셀림 1세</sup>이 세력을 넓히며 맘루크 왕조를 멸망시킨다. 맘루크 왕조에서 명맥을 이어오던 칼리프도 오스만 튀르크 술탄에게 넘어간다. 그 결과 오스만제국 술탄들은 **칼리프이자 술탄**으로 정치, 군사, 종교를 아우르는 지도자가 되었다.

### 그랜드 바자르

**바자르**는 아랍의 전통시장을 말한다. 어원은 중세 페르시아어 바자<sub>식량을 파는 곳</sub>에서 나왔다. '바자회' 할 때 그 바자다. 바자르는 소금, 향신료, 직물과 무슬림 의례 용품 등의 교역 장소였다. 이스탄불의 **그랜드 바자르**The Grand Bazaar가 대표적인 바자르다. 오스만제국 메흐메트 2세가 기존 상업 지대를 하나로 재편하려고 그랜드 바자르를 처음 건설했다<sup>1461년</sup>. 동서양을 이어주는 상업 중심지가 되고자 흩어진 시장을 하나로 묶었다. 그랜드 바자르는 동로마 시대에는 마구간으로 사용하던 곳이었다. 처음엔 실크로드 무역상들이 낙타와 함께 쉬던 장소다. 동서양 무역 중계가 늘고 카라반이 많아지며 묵을 숙소, 사원, 목욕탕, 낙타 우리 등이 생기기 시작했다. 카라반Caravan은 사막, 초원 등에서 낙타 등을 타고 교역하던 상인 무리다.

그랜드 바자르는 세계에서 가장 크고 가장 오래된 시장으로 평가받는다. 서유럽 상인들은 필요한 물품을 얻기 위해 그랜드 바자르를 찾았다. 오스만제국 전성기 때에는 세계 각국의 선박과 상인들이 모여들어 무역 중심지 역할을 했다. 그랜드 바자르를 터키인들은 **카파**

르 차르시Kapar Carsi라고 했다. '지붕이 있는 시장'이라는 뜻이다. 시장 전체가 석조 형태 아치형 돔으로 덮여 있다. 시장은 파는 상품에 따라 구역보석, 카펫, 가죽, 의류, 유리 등들이 나뉘어져 있다. 출입문만 20여 개가 넘고 20만$m^2$에 5,000여 개의 상점이 미로처럼 입주해 있다. 시장에서 가장 많은 점포는 **보석 상점**이다. 술탄은 귀금속을 선호했고, 지금도 터키에선 돈을 벌면 금을 사서 그 재력을 과시한다. 시장에서 두 번째로 많은 점포는 **카펫** 가게다. 카펫 하면 페르시아를 떠올리지만, 과거 이스탄불의 카펫 시장 규모는 거대했다.

# 1-17

# 독과점 카르텔, 한자동맹과 길드

## 한자동맹

**한자**Hansa(Hanse, 한제)는 중세 독일 도시의 상인 조합이다. **한자동맹** Hanseatic League은 독일 북부 상업 도시뤼벡, 함부르크, 브레멘, 쾰른 등 중심으로 주변 여러스웨덴, 덴마크, 러시아 등 **도시 간 무역공동체**였다13~17세기. 한자동맹은 **플랑드르**프랑스 북부, 벨기에, 네덜란드 남부 등**에 대한 대항**으로 성립되었다. 플랑드르는 영국산 양털양모를 가져와 가공하는 모직물 공업이 발달했었다. 신성로마제국은 황제의 중앙 지배력이 약했다. 제국 내 제후국과 도시국가 간 정치적 결속력도 강하지 않았다. 대신에 도시 간 상업적인 네트워크만은 강했다. 한자동맹은 뤼벡 지역 인근에 상인 집단 거주지를 만들고 각종 특권을 부여한 게 시작이

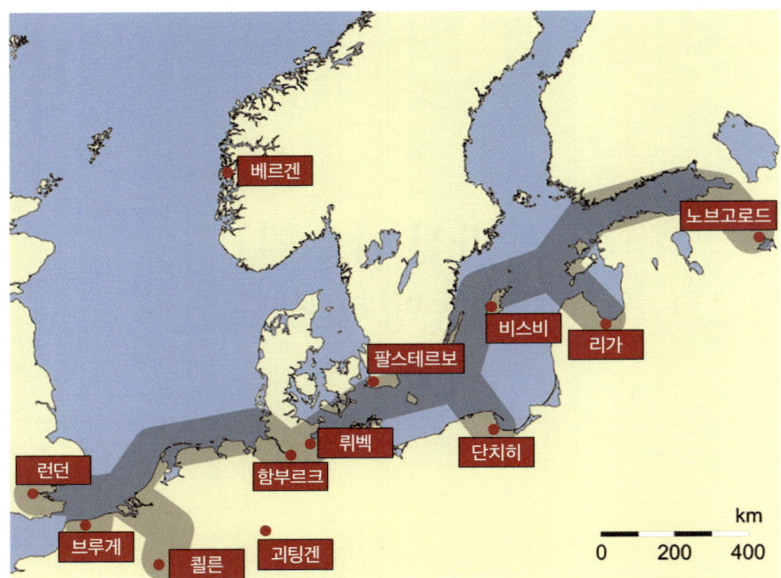

**그림 42** 한자동맹 무역로

다 12세기. 그 특권 중 하나는 자치권<sup>자유를 보장</sup>이다. 자유를 통해 내부의 일을 독립적으로 처리할 수 있었다. 자치권 부여는 지역 통치자들이 한자동맹을 그 지역에 유치하기 위함이었다. 한자동맹에는 자유도시가 많았다. **자유도시**는 황제로부터 자치권(황제 직할령)을 얻은 상공업 도시다. 13세기 상업이 발달하면서 봉건제도에 변화가 생긴다. 봉건제도는 영주 토지에서 소작농들이 농사를 짓고 소작료를 내는 구조다. 그런데 상인들은 토지에 얽매일 이유가 없었다. 1)자유도시를 만들고, 2)영주로부터 독립해 3)황제 직할령으로 자치권을 누렸다. 한자동맹은 자체 해군 등 군대를 보유해 북유럽 교역로를 독점했다. 서쪽으로는 영국과 북해영국 동쪽 바다, 동쪽으로는 발트해독일 위 바다까지 영향을 미쳤다. 유럽 주요국영국, 벨기에, 스웨덴, 러시아 등에 상관을 설치하기도 했다. 대항해시대 이전 한자동맹이 무역 중심지 역할을 했다. 한자동맹의 주 수입원 중 하나는 **청어잡이**였다. 유럽 전체가 가톨릭을 믿던 시절, 청어는 사순절육류 금지이나 겨울철 육류 공급 어려움 단백질원이었다. 군의 비상식량으로서도 좋았다. 청어를 잡고 무역하기 위해 조선산업, 염장용 소금업, 청어 운반용 목재 산업까지 함께 성장했다. 특히, 북유럽은 흐린 날씨가 많아 염장을 해야 했다. 덕분에 염장을 위한 소금 교역발틱해 연안 암염 광산도 번성했다. 한자동맹은 청어를 팔아 양모영국, 모직물플랑드르, 목재스웨덴, 러시아 등를 사서 다른 지역에 팔기도 했다. 참고로 루프트한자 항공의 '한자Hansa'가 한자동맹에서 유래했다.

## 길드

중세 자유도시에선 같은 직업의 수공업자들 간 **길드**라는 동업 조합이 만들어졌다. 도시 발전과 자치권 획득에 중요 역할을 했다. 중세 영주 권력에 대항하면서 도시의 정치, 경제 실권을 쥐었다. 길드는 통치자영주, 군주 등의 특허장사업 허가을 받아 조직되었다. 조합원 등록, 도제와 생산도구 관리, 품질기준에 대해 자치권을 부여받았다. 그로 인해 길드마다 와인, 유리 등 특산품이 생겨났다. 길드 수공업자는 **장인**마이스터, Meister, **직인, 도제**로 구분했다. 길드는 장인이 결성한 조

**그림 43** 한자동맹의 상인

합이다. 장인이 직인과 도제를 고용해 자신들만의 물품을 생산했다. 숙련공인 장인은 최고의 기술자이고 그 밑에 직인과 도제를 뒀다. 이들은 스승과 제자 지간이기도 했다. 장인 밑에서 직인과 도제는 오랜 시간을 배워야 했다.[1:1 도제식 교육] 도제→직인→장인으로 심사를 통해 올라가는 **단계식 승급제도**였다. 도제가 시험을 통과해 직인이 되면 자격증을 부여했다. 직인은 프리랜서가 되거나 다른 지역에서 자리를 잡기도 했다. 나중에는 직인이 되면 3년간의 **직공 여행**을 떠나, 다른 곳의 장인에게서 기술을 배워왔다. 직인을 Journeyman 하루를 뜻하는 프랑스어 Jour 등에서 유래이라고 불렀는데, 일급매일 급여을 받는 직인을 뜻했다. 오늘날 여러 팀을 옮겨 다니는 스포츠 선수를 저니

맨Journeyman이라고도 한다. 길드는 화폐경제의 발전과 도시화를 촉진시켰고, **부르주아**(Bourgeois)수공업 시설을 가진 부유한 상인를 탄생시켰다. 부르주아는 **성안의 사람들**이다. 프랑스어로 부흐Bourg가 성벽을 뜻한다. 주로 성안에 거주하고 성 밖에선 수공업장을 운용했다.

### 카르텔과 노동조합

길드는 물건 가격과 수량을 담합하는 **독과점 카르텔**담합이다. 사업권 면허를 통해 해당 지역 생산권이나 상권을 독점했다. 하지만, 길드만의 배타적 독과점은 자유로운 경쟁을 방해했다. 길드 내에 동일 업종의 경쟁자는 금지되었다. 길드 회원이 아니면 상공업을 할 수 없게 했다. 정치 권력과 유착한 대상인이 독점권을 쥐고 경쟁자의 탄생을 방해했다. 길드 유지의 근간인 특허장은 특허와 저작권으로 발전했다. 길드는 Seal로 품질보증을 했는데 상표의 출발점이다. 한편, 길드는 노동자의 권익을 보호하는 **노동조합**이기도 했다. 직인들이 노동시간 등을 장인과 단체 협상했기 때문이다.

**그림 44** 길드의 제화공

### 한자동맹의 쇠퇴

한자동맹은 회원제 조직일 뿐, 연방제 등 정치 조직으로 발전하지는 못했다. 그 결과 1)독일 내 군주국가프로이센, 브란덴부르크, 2)해상 강국 영국, 네덜란드 등에 밀려났다. 금융산업이 발전한 네덜란드 등은 낮은 금리로 선박 제조 자금 조달이 가능했다. 대형 상선대를 조직할 수 있었고, 대형 상선대를 통한 대서양 해양 무역이 활발해지자 한자동맹이 쇠퇴하게 된다. 2)종교 개혁으로 한자동맹 도시 간 분열이 일어났다. 독일 전역이 30년 종교 전쟁1618~48년이 벌어지고, 종교 갈등으로 서로 갈라서게 되었다. 3)무엇보다 **청어 산란장소**가 발트해독일 앞바다에서 북해네덜란드 앞바다로 이동했다. 청어가 옮겨간 네덜란드는 막대한 부를 얻게 된다. 결국 한자동맹은 17세기 이후 급격한 쇠퇴를 맞는다. 길드도 근대산업 발달과 함께 힘을 잃었다.

# 1-18

# 샴페인의 본고장, 상파뉴 정기시 시장 거래

### 아비뇽유수와 와인

서로마제국이 멸망하고 그 땅에 게르만족의 후손 **프랑크 왕국**이 세워진다. 프랑크 왕국은 가톨릭을 국교로 정했다. 왕국 곳곳에 교회와 수도원이 자리 잡는데, 당시 수도원은 자급자족 원칙이었다. 미사 등에 사용할 와인을 위해 포도나무 재배, 와인 양조까지 수도사들이 담당했다. **수도원** 살림을 위해 남는 **와인을 판매**도 했다. 중세 시대 와인 산업은 수도원 수도사들이 주도하게 된다. 프랑크 왕국은 이후 서프랑크프랑스, 중프랑크이탈리아, 동프랑크독일로 나뉘었다. 이 중 **프랑스**가 와인 종주국이 되는데, 그 이유는 **아비뇽유수** 때문이다. 유수는 '잡아 가둔다'라는 의미다. 십자군 전쟁에서 이슬람에게 밀린 로마 교황청의 힘이 쇠락했다. 교황의 권위가 추락하고 종교적 속박이 더 이상 먹히지 않았다. 반대로, 왕권은 강화되고 독립적인 국가체제가 시작되었다. 절대왕권 국가가 된 프랑스 왕필리프 4세은 교황을 프랑스 땅 아비뇽으로 강제 이주아비뇽유수시킨다. 아비뇽유수 이후 70년간 교황은 아비뇽에서 거주했다. 교황과 사제단이 아비뇽에서 거주하다 보니, **미사에 쓸 와인도 프랑스에서 얻어야 했다.**

## 샴페인

교황청은 지금껏 맛보지 못한 최상의 맛을 1)프랑스 **부르고뉴** 땅에서 찾게 되었다. 품질 좋은 포도가 자랄 최적의 햇빛과 땅 조건을 갖췄기 때문이다. 지금도 부르고뉴산 '**로마네 콩티**' 브랜드는 세계에서 비싼 와인으로 손꼽힌다. 2)**보르도**기옌(프랑스 서남부)지역 와인도 프랑스 대표 와인 중 하나다. 보르도는 **아키텐 공국**의 영토12세기였는데, 아키텐 공주 **엘레오노르**는 프랑스 왕루이 7세과 결혼했다. 그런데 이혼하고 영국 왕헨리 2세과 재혼을 했다. 그 결과 아키텐 공국은 영국 땅이 되었다. 당시 보르도 와인 수입 세금이 영국 본토 전체 세금보다도 많았다고 하니, 프랑스 왕 입장에선 이혼 대가가 컸다. 이후 프랑스는 잔 다르크 덕택에 백년전쟁을 승리하면서 보르도를 되찾아 온다. 3)프랑스 최북단 **상파뉴**도 대표적 와인 산지 중 하나다. 추운 지방이기에 포도를 늦게 재배해 와인을 만들었다. 겨울철 숙성되지 않다가 봄이 되면 발효가 시작되니 탄산가스가 발생했다. 봄이

**그림 45** 프랑스 지도

면 탄산 압력으로 와인병이 깨지기 일쑤였다. 당시 와인 담당 수도사 **돔 페리뇽**이 탄산가스 압력을 버틸 수 있는 **코르크 마개**를 발명했다. 그 덕분에 스파클링와인은 상파뉴의 이색 상품이 되었다. 이런 상파뉴의 스파클링와인을 **샴페인**이라 부른다. 샴페인 스펠링은 Champagne으로 프랑스어로는 상파뉴로 읽는다.

## 상파뉴 정기시

중세 12~13세기는 가톨릭이 지배하는 봉건사회였다. 모든 생산 활동은 영주의 땅에서 나온 소작농들의 농산물 중심이다. 그런데 프랑스 땅에도 상업이 번창한 곳이 있으니 샴페인의 땅 **상파뉴 정기시** Chamagne Fair다. 원래 **정기시**Fair란 1년에 한 번 열리는 시장이다. 오늘날의 국제박람회다. 11세기 상파뉴 지역 백작이 정기시를 만들었다. **플랑드르**프랑스 북부, 벨기에, 네덜란드 남부 등 **모직물과 베네치아 향신료**가 주로 거래되었다. 플랑드르는 영국산 양모 원단을 가져와 가공해 모직물로 만들었다. 이탈리아 북부 도시국가베네치아 등는 십자군 원정 이후 향신료 등 중개무역으로 부를 쌓았다. 상파뉴가 둘플랑드르와 이탈리아의 중간이라는 지리적 이점을 활용했다. 육지로는 영주들 통행세, 도적 이슈와 함께 시간도 많이 들었다. 당시 기술로는 험난한 대서양을 항해하기가 어려웠다. 처음엔 매년마다 2개월 정도 정기적으로 열렸다. 이후 무역량이 늘어나며 인근에 시장을 추가로 개설했다 총 **6개 시장**이 개설되면서, 두 달마다 돌아가며 1년 내내 열리게 되었다. 여러 지역에서 오다 보니 환전 업무도 필요해 **금융서비스**가 활발해졌다. 운송의 위험을 줄이고자 환어음도 적극 활용했다. 교황청도 자금을 보낼 때 상파뉴 환어음을 이용했다. 환어음Bill of Exchange은 1)일정 기일에 2)일정 금액을 3)일정 장소에서 4)제3자화폐 지급인에게 지급받을 수 있는 5)유가증권재산권 표시 증서이다. 상파뉴 정기시는 200년 정도 서유럽의 중요한 시장 기능을 했다. 잉글랜드, 스칸디나비아, 이베리아반도, 한자동맹 등 여타 지역 상인들까지 모여들었다. 모직물, 향신료 외에도 동방의 비단, 롬바르디아산 말, 북방의 꿀과 목재 등이 거래되었다.

## 중세 도시발전

이탈리아 북부, 프랑스 북부 해안 그리고 플랑드르는 중세 유럽 도시가 발달한 지역이다. 이 지역에서 상공업, 금융업 등이 가장 발달했기 때문이다. 당시 **이탈리아 북부**는 신성로마제국하에 있었으나 황제가 독일에 있다 보니 관리가 되지 않았다. 그 덕분에 독립적인 존재로 발전하게 되었다. 이탈리아 중부에 교황청이 있다 보니, 교황이 황제를 견제하기 위해 북부 도시들을 부추긴 측면도 있다. 신성로마제국 황제의 침략을 방어하기 위한 보호벽 도시였다. 이탈리아 북부는 주변 농촌들과 도시들을 합쳐가면서 큰 규모의 도시14세기 30여 개로 발전하게 되었다. 당시 **피렌체, 베네치아, 밀라노, 제노바** 등은 인구가 10만 명대로 유럽에서 가장 큰 도시였다파리 10만 명, 런던 5만 명, 쾰른 4만 명. 알프스 이북이 봉건체제봉건영주 지배가 유지된 반면, 이탈리아 북부알프스 이남는 귀족이 다스리는 **도시국가**로 만들어졌다. 도시들이 독립 국가와 마찬가지 성격을 가지게 되었다. **모직물 산업**이 발달한 상업지역 **플랑드르의 헨트**13세기 중반 8만 명**나 브뤼헤**4만 명도 비교적 큰 편이었다. 반면, 그 외 다른 지역들은 대부분 상업, 금융업 등이 발전하지 못했다. 행정, 종교, 군사적인 도시로 발전한 곳이 대부분이다. 상업이나 수공업이 발전했다 해도 도시와 그 주변수요 정도를 공급해주는 정도였다. 중세 도시 내 상업이나 수공업은 길드라는 독과점 기구에 묶여 있었다. 길드에 속하지 않는 사람은 물건을 만들거나 팔 수가 없었다. 작업 시간, 작업 종류, 상품의 질 등을 세세하게 규정했다. 예외가 있다면 **이탈리아와 플랑드르를 서로 연결해주는 북프랑스 샹파뉴 정기시** 도시였다.

## 샹파뉴 몰락

14세기에 접어들며 샹파뉴 정기시는 내리막을 걷는다. 1)항해술의 발달로 13세기 후반부터 이탈리아 상인들이 직접 플랑드르로 가는 **직항로를 개설**했다. 샹파뉴 정기시를 이용하지 않더라도 직거래가 가능해졌다. 2)플랑드르는 영국과 양모거래를 하다 보니 프랑스와 껄끄럽던 '영국과 동맹'을 맺게 되었다. 대신에 그동안 모셔왔던 프랑스에 대한 봉신봉토를 받은 신하을 파기했다. 이에 발끈한 프랑스 왕 필리프 4세이 **플랑드르에 전쟁**을 벌인다. 여기에 더해 프랑스 왕은 플랑드르와 동맹 중인 영국과도 전쟁을 했다. 프랑스는 영국이 소유한 프랑스 내 와인산지 보르도기엔(프랑스 서남부)를 빼앗는다. 프랑스의 전쟁 상대인 플랑드르 상인들이 프랑스 땅 샹파뉴에서 거래하기 어려워졌다. 3)프랑스 왕이 샹파뉴 상속녀와 결혼을 하면서 샹파뉴가 왕령지왕의 직속 관할 땅가 되었다. 그로 인해 왕령지에 전쟁 비용을 과도하게 물리게 되었고, 샹파뉴 상인들이 다른 지역으로 떠나게 되었다.

## 필리프 4세

프랑스 왕 **필리프 4세**1268~1314년는 십자군 전쟁 이후 즉위했다. 덕분에 교황의 권위가 많이 떨어져 **절대왕정**으로 가는 첫발을 내디딜 수 있었다. 도시 대표, 성직자, 귀족으로 이루어진 **삼부회**를 창설해 왕권 강화에 보탬이 되도록 했다. 특히, 도시 대표를 넣은 것은 십자군 이후 봉건세력 약화, 도시 세력의 성장을 의미했다. 삼부회는 교황과 프랑스 왕이 대립할 때 프랑스 왕 편에 서서 지지를 보내줬다. 필리프 4세는 지식인들을 대거 기용해 중앙집권적 관료체계를 정비했다. 그들은 로마법에 기반왕의 권위에 정통성 부여해 왕이 신의 대리자라는 **왕권신수설**을 발전시킨다. 왕의 권위는 신(神)으로부터 유래했기에, 왕의 행동에 대해 책임을 묻지 않는다는 논리다. 교황의 힘이 강했을 때에는 신神이 1)정신적 권위를 로마 교황에게, 2)지상의 권위를 왕에게 부여했다고 생각했었다. 하지만, 왕의 힘이 강해진 절대왕정에서는 **교회와 국가 모두의 권위를 왕이 차지**한다고 생각했다. 신에 의해 명을 받았기에 로마 교황은 개입할 수 없다고 주장했다. 덕분에 아비뇽유수, 템플기사단 해체 등을 통해 종교보다 왕의 권위가 더 위에 있음을 보여줬다. 물론, 경제적 실익도 함께 챙겼다. 필리프 4세 이후 프랑스 등 서유럽 국가들은 봉건적 장원제도가 붕괴되고 **도시가 발전**하게 되었다. 더 나아가 절대왕권의 중앙집권적 통일국가로 나아가게 되었다. 사유재산 개념이 잘 반영된 로마법으로 인해 절대왕정 시기 국가 경제 규모도 더 발전하게 되었다.

# 1-19

## 레오 10세 교황을 배출한 르네상스 주역 메디치 가문

### 메디치 효과

르네상스는 **인간 중시** 문화 혁신 운동이다. 중세까지 1,000여 년간 지배해 온 **가톨릭 종교를 탈피**하고자 했다. **르네상스**re 다시+naissance 탄생의 의미가 재생, 부활로 **고대 그리스, 로마의 인본주의**Humanism **복원**을 추구했다. 즉, '그리스·로마 문화 부흥 운동'이다. 신이 아닌 '인간을 중심'에 두고 문화 예술을 논하는 변화다. 예술뿐만 아니라 사상, 인문학, 과학, 건축학 등 다양한 학문이 꽃을 피운다. 대표적인 예술가로는 **미켈란젤로, 레오나르도 다빈치, 라파엘로, 보티첼리** 등을 들 수 있다. 지동설을 주장한 **갈릴레오 갈릴레이**, 『군주론』을 메디치 가문에 바친 **마키아벨리**도 르네상스 주요 인물이다. 르네상스는

그림 46 메디치 가문 사람들

14~16세기 이탈리아에서 시작해 서유럽 지역에 전파되었다. **이탈리아**는 오랫동안 이슬람과 서유럽을 연결하는 통로였다. 십자군 전쟁 이동 경로가 되며 교역이 활발해졌고 도시가 발달하게 된다. 부를 쌓은 상인 중심으로 신을 벗어나 인간 문화에 대한 갈망이 커졌다. 르네상스를 전폭적으로 지원한 건 이탈리아 **피렌체 출신 메디치 가문**이다. 과학 아카데미, 미술 아카데미, 플라톤 아카데미 등을 통해 예술과 학문 연구를 지원했다. 특히, 플라톤 아카데미를 통해 그리스·로마 시대 학문, 문학을 연구토록 했다. 로렌초 도서관라우렌치아나 도서관을 만들고, 모든 시민에게 개방해 그리스·로마 고전을 대중

이 접근할 수 있게 했다. 그 결과 예술가, 철학자, 과학자 등이 서로 재능을 융합하며 큰 시너지를 내게 되었다.

서로 다른 분야가 합해져서 더 큰 효과를 내는 경우를 **메디치 효과**라고 한다. 즉, 1+1〉2인 경우를 말한다. 사실, 메디치 가문이 그림을 통치 수단으로 활용한 측면도 있다. 평민 출신이었기에 예술을 활용해 가문 홍보 효과도 노렸다. 그럼에도 예술 문화 발전에 끼친 영향은 지대하다. 메디치 가문은 성당, 수도원 등에 후원을 하고 공공시설 지원도 많이 했다. 당시 은행업자는 고리대금업자 취급을 받았다. 이자를 받는 건 성경에 어긋나는 신에게 죄를 짓는 일이었다. 죽기 전에 이자와 이익을 원주인에게 돌려주거나, 돌려주지 못하면 교회에 기부토록 가톨릭은 설파했다. 메디치 가문은 **천국에 가기 위해** 피렌체에 많은 사회 공헌을 한 셈이다.

### 발레와 오페라

메디치 가문의 딸 중 2명은 프랑스 왕비가 되었다. 그중 앙리 2세와 결혼한 카트린 데 메디치1519~89년가 발레를 사랑한 덕분에 **발레**가 전 유럽에 퍼졌다. 발레ballet는 '춤을 추다'라는 이탈리아어 Ballare에서 유래했다. 원래 르네상스 시대 이탈리아 궁정 연회에서 추던 춤이다. 카트린은 **포크**를 사용하는 음식 예절도 프랑스에 전했다. 또한 **마카롱**을 프랑스로 전했다는 설도 있다. 앙리 4세와 결혼한 마리아 데 메디치1573~1642년는 **오페라**를 전파했다. 피렌체에서 열린 그녀의 결혼 축하공연이 프랑스 등에 전파되며 오페라로 발전하게 되었다. 메디치 가문 덕에 **현대식 피아노, 온도계** 등도 발명되었다.

## 교황 전담 은행

1) 메디치 가문의 시작은 14세기 중반 **조반니** 데 메디치가 은행업에 진출하면서부터다. 조반니는 로마에서 은행업을 배운 뒤 피렌체에 메디치 은행을 세웠다. 메디치 은행을 피렌체 최고 은행으로 키우기 위해 **교황청 전담 은행**이 되고자 했다. 당시 교황청은 서유럽 각국에서 몰려드는 헌금을 관리해야 했다. 교황청과의 커넥션은 은행의 빠른 성장을 위한 필수 전략이었다. 당시는 성직자 직위를 돈으로 사고팔던 시대다. 조반니는 교황이 되고자 한 '발다사레 코사'라는 교회법 박사에게 선거자금을 빌려줬다. 그가 **요한 23세**로 교황에 오르게 되고 메디치 은행은 교황청 전담 은행이 되었다. 요한 23세가 교황을 할 당시 가톨릭 교회의 권위는 땅에 떨어졌었다. 프랑스 왕 필리프 4세가 교황청을 로마에서 프랑스 아비뇽으로 옮겨버렸다. 교황들이 아비뇽에서 70년간을 머문 **아비뇽유수** 사

**그림 47** 조반니 데 메디치

건1309~77년이다. 교황권이 쇠퇴하고 황제 권위가 강화됨을 보여준 대표적인 사례다. 아비뇽유수 기간 교황은 프랑스인들이 했다. 다시 로마 교황청으로 교황이 돌아갔지만1377년 서유럽 가톨릭은 분열했다. 아비뇽과 로마 각각 교황을 선출해 버린 것이다. 이 문제 해결을 위해 피사 공의회도 새로운 교황을 선출하면서 동시에 3명의 교황(로마, 아비뇽, 피사)이 존재하게 되었다. 요한 23세는 피사의 교황이었다. 피사는 피렌체가 있는 토스카나 지역에 위치하고 있다. 하지만, 요한 23세는 이단 등 갖은 죄목으로 교황 자리에서 쫓겨나고 만다. 감옥에 갇히고 벌금까지 물게 되었다. 조반니는 쫓겨난 교황 요한 23세 대신에 벌금까지 내주며 그를 돌봐줬다. 다른 교황들도 잘 못되더라도 '**메디치 가문이 챙겨줄 거야**'라는 신뢰를 보여줬다. 그 덕분에 새로운 교황마르티누스 5세도 메디치 은행을 교황청 전담 은행으로 선택했다. 요한 23세 때는 1/3짜리 피사 지역 교황이라면 새로운 교황마르티누스 5세은 온전히 1명만 있는 교황이었다. 전담 은행 운영 규모도 최소 3배 이상 커진 셈이다.

## 메디치 문장

2)조반니의 장남 **코시모** 데 메디치도 교황청과 좋은 관계를 유지했다. 은행 외에도 양모, 비단 등 직물업 무역, 백반 광산 등 다양한 분야에 진출했다. 특히, 유럽 주요지역에 자회사(지점)을 설치해 **유럽 내 비즈니스 네트워크**를 구축했다. 메디치 가문은 평민 출신에다 천

**그림 48** 메디치가의 문장

대받던 직업인 은행업 가문이다. 신분 세탁 겸 가문의 명예를 높이기 위해 **가문의 문장**을 만들었다. 영웅 신화를 가미해 **노란색 방패에 5개의 붉은 원**을 그려 넣었다. 코시모는 막대한 자금을 바탕으로 피렌체 권력까지 장악하게 되었다. 당시 이탈리아는 밀라노, 베네치아, 피렌체, 나폴리, 교황령 5개의 나라로 분리되어 있었다. 3)코시모 아들은 일찍 죽고, 그의 손자인 **로렌초** 데 메디치 시기에 르네상스가 절정에 이른다. 로렌초는 예술가들에 대한 투자를 마음껏 했다. 다만, 정치적 반대파파치 가문에 의해 암살 위험에 처했다. 성당 미사 도중 습격으로 동생줄리아노 데 메디치이 죽고 로렌초는 가까스로 목숨을 구했다. 로렌초는 암살에 가담한 사람들을 숙청하는데, 여기에는 교황식스투스 4세 측근까지 포함되어 있었다. 자신의 측근이 숙청당했다는 이유로 교황은 피렌체를 파문했다. 이어 교황은 나폴리 왕과 협공해 피렌체를 침공했다. 로렌초는 위기에 빠진 피렌체를 구하기 위해 나폴리 왕을 찾아가 평화조약을 맺고 온다. 교황에게도 사과를 해 파문이 철회된다. 그로 인해 로렌초는 피렌체의 국민적 영웅으로 거듭나게 된다.

## 교황 배출

4) 교황의 전담 은행으로 컸다만, 교황식스투스 4세에게 된통 당한 메디치 가문은 전략을 바꾼다. 로렌초는 아예 자식을 **교황으로 키워버린다**. 그의 둘째 아들 **조반니** 데 메디치는 교황 **레오 10세**가 되었다. 성 베드로 대성당을 건축하면서 **면벌부**<sup>면죄부</sup>를 발급해 루터의 종교 개혁 빌미가 된 교황이다. 메디치 가문은 교황을 4명이나 배출하면서 교황 커넥션을 유지했다. 이후 메디치 가문은 공작으로 신분 상승을 한 후, 피렌체뿐만 아니라 토스카나 지역 전체를 다스리게 되었다. 다만, 후대에 이르러 가문은 서서히 무너져 가고 대가 끊긴다. 메디치의 미술품 등은 모두 국가에 기증되어 현재 피렌체의 우피치 미술관 등에 남아 있다.

## 1-20

# 복식부기 회계 처리와 재무제표에 대해

### 복식부기

이탈리아 수학자 **루카 파치올리**는 회계학의 아버지로 불린다. 레오나르도 다빈치의 스승이기도 했던 파치올리는 그의 저서 『산술·기하·비율 및 비례 총람』에서 **복식부기**Double Entry Bookkeeping(겹옷 복複, 법 식式, 문서 부簿, 기록할 기記)를 소개한다1494년. 파치올리가 당시 상인들의 복식부기 사용법을 정리해 체계화했다. 파치올리가 활동했던 **베네치아**는 해상교역이 발달했다. 사업 현황을 한눈에 파악하기 위해선 회계적 처리가 필요했다. 모든 거래를 장부에 일일이 적어두고, 뒤이어 합리적으로 분류하는 방법이 발전했다. 그 방법이 복식부기다. 부기는 '문서에 기록한다'라는 의미다. 복식은 '2번 기재한다'라는 뜻이다. 장부의 **왼쪽을 차변**빌릴 차借, 가 변邊, **오른쪽을 대변**빌릴 대貸, 가 변邊이라 하는데, 복식부기는 왼쪽과 오른쪽 2번을 적는다. 즉, 모든 거래가 발생할 때마다 왼쪽과 오른쪽에 같은 금액을 계상기록한다. 일기 형식처럼 1번만 기재하는 **단식부기**와 다른 점이다. 오늘날에도 당시 복식부기 원리가 그대로 적용되고 있다. 예를 들어 1월 1일 500원을 주고 생선을 살 경우 회계처리는 아래와 같다.

**단식부기**

| 일자 | 입금 | 출금 | 잔액 |
|---|---|---|---|
| 1월 1일 | 0원 | 500원 | 9,500원 |

**복식부기**

| 차변 | 대변 |
|---|---|
| 생선 구매 500원 | 현금 감소 500원 |

* 단식부기는 출금 항목에 1번만 기록되지만, 복식부기는 차변(생선 구매)과 대변(현금 감소)에 각각 1번씩 기재된다.

 루카 파치올리의 방법은 3가지 순서로 장부 정리를 한다. 1)먼저 모든 거래를 그때그때 적어둔다. 2)그리곤 그 내용을 분개장에 정리하고 3)최종적으로 원장에 복식부기 방식으로 분류해 기입한다. **분개장**나눌 분分, 낄 개介, 장막 장帳은 **최종장부인 원장**으뜸 원元, 장막 장帳에 기록하기 전에 거래를 미리 차변(왼쪽)과 대변(오른쪽)으로 나누어 기재해 놓는 곳이다. 4)회계장부는 매년 규칙적으로 결산을 해 마감한다. **결산**결단할 결決, 셈 산算은 일정 기간 수입과 지출을 마감하는 행위다. 종이 한 장에 왼쪽은 차변총액, 오른쪽은 대변총액을 각각 기록한다. 차변합과 대변합이 일치하면 회계 처리는 완벽하다. 만약, 차변합과 대변합 수치가 불일치하면 계산 실수, 누락, 회계 부정이 있다는 의미다. 오늘날 모든 법인은 1년 단위로 결산일(장부 마감일)을 갖는다. 가령, **12월 말 결산법인**은 매년 1월 1일부터 12월 31일까지 1년을 회계장부 기록 기간으로 정한다. 그리곤 12월 마지막 날(결산일) 회계장부를 마감한다. 다음 해 1월 1일부터 12월 31일까지 1년간 새로운 회계장부를 작성하게 된다. 복식부기는 주로 이탈리아에서 많이 사용되었으며, 북유럽은 훨씬 늦게 도입한다. **개성상인**이 파치올리보다 200년 앞서 복식부기법을 사용했다는 주장도 있다. 12세기 고려 말엽부터 개성상인이 **송도부기**송도사개치부법를 사용했다고 전해진다.

## 분식회계

중세 이탈리아 상인들은 재산을 정직하게 적어둔다는 의미에서 장부 앞부분에 '십자가' 표시를 하기도 했다. 반면, **분식회계**粉飾會計는 회계장부 조작이다. 분식가루 粉, 꾸밀 식 飾은 '좋게 보이도록 거짓으로 꾸미는 걸' 말한다. 분식회계도 실적이 좋아 보이게 회계장부를 조작한다. 판매량을 늘려놓거나, 비용을 적게 하거나 누락시키는 등의 방법을 쓴다. 고의로 수치를 왜곡해 좋은 기업처럼 보인다.

## 재무제표

**재무제표**財務諸表, Financial Statement는 재무에 관한 모든 것(諸 모든 제)을 다룬 표다. 재무제표는 재무상태표, 손익계산서, 자본변동표, 현금흐름표, 주석 5개로 구성된다. **재무상태표**는 자산 상태를 나타낸다. 재산과 빚은 얼마인지를 알 수 있다. 재무상태표에선 **자산=부채+자본**이라는 등식이 중요하다. **손익계산서**는 영업실적 결과를 확인할 수 있다. 얼마를 팔아 얼마를 남겼는지를 알 수 있다. 판매 금액에서 각종 비용과 세금을 빼면 이익이 나온다. 즉, 손익계산서에서는 **수익-비용=이익** 공식이 나온다.

### 재무상태표와 손익계산서

| 확인 사항 | 주요 내용 | 재무제표 |
| --- | --- | --- |
| 재산 상태 | 재산과 빚이 얼마인가? | 재무상태표 |
| 영업 실적 | 얼마를 팔아 얼마를 남겼는가? | 손익계산서 |

### 재무상태표

내 돈 2억 원에 은행에서 빌린 돈 1억 원으로 3억 원의 치킨 가게를 차렸다고 가정할 경우 재무상태표는
**자산 3억 원=부채 1억 원+자본 2억 원**

| 차변 | 대변 |
| --- | --- |
| 자산<br>3억 원 치킨 가게 | 부채<br>은행 빚 1억 원<br>자본(순자산)<br>내 돈 2억 원 |

### 손익계산서

1만 원 돈을 들여 햄버거를 만들어서 2만 원에 팔 경우
**수익 2만 원-비용 1만 원=이익 1만 원**

| 수익(번 돈) | 2만 원 |
| --- | --- |
| 비용(쓴 돈) | 1만 원 |
| 이익 | 1만 원 |

## 재무제표 요소와 특징

| 구분 | 특징 | 구성요소 |
|---|---|---|
| 재무상태표 | 재산 상태 내역표 | 자산=부채+자본 |
| 손익계산서 | 영업 실적 내역표 | 수익-비용=이익 |
| 자본변동표 | 자본 항목 변동표 | 자본금, 자본잉여금, 이익잉여금 등 |
| 현금흐름표 | 현금 조달과 사용 내역표 | 영업활동, 투자활동, 재무활동 현금흐름 |
| 주석 | 재무제표 상세 기술서 | - |

* 주석은 숫자로 되어있는 표들에 대한 상세한 설명서다. 숫자의 변동이나 의미가 궁금할 경우, 해당 항목에 대해 '상세하게 내용이 기술'된 주석을 찾아서 보면 된다.

## 복식부기 기록방법

### 재무상태표

| 차변 | 대변 |
|---|---|
| 자산 | 부채<br>자본 |

### 손익계산서

| 차변 | 대변 |
|---|---|
| 비용 | 수익 |

### 복식부기 기록내용

| 구분 | 차변 | 대변 |
|---|---|---|
| 자산 | 자산 증가 | 자산 감소 |
| 부채 | 부채 감소 | 부채 증가 |
| 자본 | 자본 감소 | 자본 증가 |
| 비용/수익 | 비용 발생 | 수익 발생 |

재무상태표는 자산=부채+자본 등식에 따라 왼쪽(차변)에는 자산 증가, 오른쪽(대변)에는 부채 증가와 자본 증가를 기록한다. 반대로 자산이 감소하면 오른쪽(대변), 부채 감소와 자본 감소는 왼쪽(차변)에 적어 놓는다. 손익계산서 왼쪽(차변)은 비용 발생, 오른쪽(대변)은 수익 발생을 적어둔다.

앞선 예에서 1월 1일 500원을 주고 생선을 살 경우 회계처리는 아래와 같다.

왼쪽(차변)은 생선이란 자산의 증가, 오른쪽(대변)은 현금이라는 자산의 감소를 각각 기재해 준다. 이런 방식이 복식부기 표현이다. 한 가지 거래 행위를 왼쪽(차변)과 오른쪽(대변) 2번 분개장에 기재를 하는 것이다.

| (차변) 자산 증가 | (대변) 자산 감소 |
|---|---|
| 생선 500원 증가 | 현금 500원 감소 |

## 1-21

# 면벌부 판매와 종교 개혁, 자본가 탄생

### 면벌부

독일 신부 **마틴 루터**, 종교 개혁1517년을 시작한 선구자다. 마틴 루터는 가톨릭교회의 불합리함을 조목조목 따졌다. 파문될지도 모르는데 말이다. 왜 루터는 항명했을까? 답은 **면벌부**(또는 면죄부) 때문이다. 면벌부는 교회에 돈재물을 바치면 죄를 면해주는 증서다. 실컷 죄 짓고 돈만 내면 그만이다. 이런 편한 자본주의도 없다. 당시 **교황 레오 10세**1475~1521년는 메디치 가문 사람이다. 메디치 가문, 돈 냄새라면 기막히게 맡는 당시 최고 재벌가 아니던가. 교황이 되는 데도 돈을 댔으니, 이젠 수금할 차례다. 성 베드로 대성당 보수공사 비용을 마련하겠다며 면벌부를 팔았다. 면벌부는 원래 천국 가기 애매한 이들에게 가점을 주는 취지였다. 돈벌이보다는 종교적 구원 의미가 더 컸다. 허나, 십자군 전쟁11세기 말~13세기 말을 치르며, 돈이 필요한 교황이 면벌부를 '전쟁 참가 면제권'으로 팔았다. 면벌부의 원래 의미가 퇴색되기 시작했다. 면벌부가 가톨릭 최고의 돈벌이 수단이 되었다. 계급에 따라 면벌 가격이 달랐는데, 높은 계급일수록 돈을 더 많이 내야 했다. 마케팅도 기막히게 했는데, 독일 신부는 화폐 통에 '땡그랑' 소리가 들리면, 죽은 자의 영혼이 지옥 불에서 튀어나온다며 선동했다. 당시 성직자는 이권 사업 맨 위의 포식자였다. 헌금의 최종 종착지이자, 왕 권력을 움직이는 파워까지 가졌었다. 당연히, 돈으로 성직자 자리를 꿰차는 경우가 많았다. 투자금 회수를 위해 부정부패도 많았고, 사치도 심했다. 교황 레오 10세는 65가지 코스요리를 즐겼을 정도였다. 당시 유럽에는 인쇄술이 발달하지 않았다. 그로 인해 성경 내용을 일반인들이 잘 몰랐다. 수도원이나 교회 소수의 성직자들만이 성경을 접하다 보니, 성직자 마음대로 말해도 몰랐다. 그러다 보니 사기성 멘트도 많았다. 마틴 루터는 라틴어 성경을 독일어로 번역했다. 독일인이 성경의 본뜻을 알 수 있게 노력했다.

### 마틴 루터

마틴 루터 신부는 교회독일 비텐베르크 교회 문에 **95개 조 반박문**을 붙였다. 성직자인 루터가 봐도 너무하다며 내부고발을 한 거다. 재벌인 교황은 교황청의 돈으로 성당을 지을 것이지 왜, 가난한 자의 코 묻

그림 49 마틴 루터

은 돈을 빼앗는가! 진실로 회개하면 면벌부 없이도 죄에서 해방된다고 주장했다. 두려운 일에 먼저 도전하는 자, 종교 개혁자 루터는 **퍼스트 펭귄** 같은 존재였다. 남극 펭귄도 한 마리가 바다에 뛰어들면 무리 지어 뛰어내린다. 처음 뛰어내리는 펭귄이 퍼스트 펭귄이다. 루터가 대차게 나서니, 속으로 부글부글하던 독일 농민, 신성로마제국에 반감 있는 제후들도 들고 일어났다. 이후 루터를 지지하는 신교파와 로마 교황청을 등에 업은 구교파 간 전쟁까지 하게 된다. 독일 전역이 동요하자, 신성로마제국 황제카를 5세는 제국회의아우크스부르크 화의, 1555년를 연다. 그리곤 루터파에게 **종교적 자유**를 허용해 줬다. 완벽하진 않지만, 제후 신앙에 따라 제후가 통치하는 지역의 신앙이 결정되도록 했다개인은 제후 선택에 따라 결정됨.

## 30년 종교전쟁

잘 지내면 좋겠다만, 구교 가만있지 않았다. 신성로마제국은 신교도프로테스탄트 도시를 구교 통치 지역으로 편입시켰다. 여기에 더해 페르디난트 2세보헤미아(체코) 왕이자 신성로마제국 황제는 신교의 종교 자유를 보장한 칙령아우크스부르크 화의을 취소해 버렸다. 보헤미아체코 의회는 신교의 자유를 빼앗은 페르디난트 2세의 왕위를 빼앗았다. 대신에 신교도인 팔츠 선제후프리드리히 5세를 왕으로 세웠다. 선제후는 신성로마제국 황제를 뽑는 권한을 가진 자다. 그렇게 **30년 종교전쟁** 1618~48년은 독일에서 시작되었다. 독일에서의 전쟁이나 주변 신교 나라덴마크, 네덜란드, 노르웨이, 스웨덴, 구교 나라에스파냐, 오스트리아가 참전했다. 구교 나라 프랑스는 에스파냐(스페인), 오스트리아와 사이가 좋지 않다며 신교 편을 들었다. 독일 땅에서 벌어진 30년 전쟁으로 독일 인구의 1/3이 죽었다. 결국 신교의 승리로 끝났다. **베스트팔렌 조약**1648년을 맺으며 신교도는 종교적 자유를 얻는다. 네덜란드는 스페인으로부터 독립도 했다. 독립 이후 네덜란드는 급격히 성장하게 되었다. 반대로 신성로마제국 황제와 교황의 힘은 약해지고, 가톨릭 강국 스페인도 쇠락했다. 교황 간섭에서 벗어난 군주는 근대적인 국가와 절대왕정을 발전시키게 되었다.

## 사치금지법

가톨릭에선 부를 자랑하는 것을 금기시하고, 부자가 되는 걸 부정적으로 봤다. 또한, 상공업에 일하는 것도 별로라고 했다. **사치금지법**을 통해 금욕과 절제를 강요했다. 식사량과 그릇 수, 초대 인원수, 옷 재료와 색깔 수, 집안 크기 등까지 모두 규제했다. 중세 성직자들은 사치 금지 대상을 업데이트하느라 바빴다. 모든 사람이 먹고살기 빠듯하니, 생산성 향상을 기대하기 어려웠다. 중세 유럽 성장이 멈추고 가난할 수밖에 없었다. 반면, 신교에서는 사유재산을 인정하고, 열심히 일해 부자 되는 걸 신의 축복이라 봤다. 당연히, 부자가 된 상공업자(자본가)들이 탄생하게 되고 자본가의 자본주의가 대세가 되었다. 종교 개혁 덕에 자본주의도 발전하게 되었다.

### 낭트칙령

**프로테스탄트**항의자라는 뜻는 종교 개혁 아래 가톨릭과 갈라선 신교도들을 말한다. 대표적으로 루터파도 있고 프랑스 출신 종교 개혁 사상가인 칼뱅1509~64년을 추종하는 칼뱅파도 있다. 프랑스 칼뱅파를 **위그노**라 불렀다. 프랑스에서도 신·구교 간 갈등으로 **위그노 전쟁**1562~98년이 발생했다. 시기적으로 보면 독일 30년 종교전쟁보다 먼저다. 프랑스 종교전쟁은 결국 앙리 4세가 **낭트칙령**1598년을 발표하며 마무리된다. 본래 신교도였던 앙리 4세는 가톨릭으로 개종함과 동시에 신교도에게 종교적 자유, 정치적 권리를 부여했다. 허나, 나

그림 50 칼뱅

중에 루이 14세앙리 4세 손자가 이 낭트칙령을 폐기해 버렸다1685년. 루이 14세가 가톨릭 외에는 인정하지 않으니 **위그노들은 프랑스를 떠나게 된다**. 위그노는 상공업과 금융 등에 종사한 신흥 자본가였다. 젊은 지식인들로 제철, 염료, 화학 분야 첨단기술 보유자였다. 덕분에, 네덜란드, 독일, 영국, 스위스 등 위그노가 이주한 지역은 상공업이 발전하게 되고, 프랑스는 산업혁명 후진국으로 쇠락의 길을 가게 된다. 잉글랜드의 칼뱅파를 **청교도**라 불렀다. 청교도는 장로파와 독립파급진파(올리버 크롬웰 등, 왕권 폐지 주장)로 나뉘었다. 제임스 1세가 청교도를 탄압하자 장로파 일부는 **메이플라워호**를 타고 당시 잉글랜드 식민지인 미국으로 넘어갔다.

## 앙리 4세

앙리 4세1553~1610년는 프랑스 **부르봉 왕가**를 연 왕이다. 부르봉 가문은 프랑스 왕 필리프 3세가 아들 로베르에게 부르봉 영지프랑스 중부 지역를 주면서 시작했다. 앙리 4세로 시작한 부르봉 왕가는 루이 13세앙리 4세 아들를 거쳐 손자인 **루이 14세**앙리 4세 손자로 이어졌다. 원래 앙리 4세는 프랑스와 스

그림 51 앙리 4세

페인 사이 소국이자 신교 국가 '나바라'의 왕이었다. 외할머니가 프랑스 공주여서 프랑스 왕위 계승권도 있었다. 그는 첫 번째 결혼을 프랑스 공주 **마르그리트**1553~1615년와, 두 번째 결혼을 메디치 가문 딸 **마리**1573~1642년와 했다. 마리는 엄청난 지참금을 가지고 와 프랑스 부채 문제를 해결해 주기도 했다. 마리와 낳은 아들이 루이 13세다. 앙리 4세의 장모마르그리트 어머니 역시 메디치 가문의 **카드린 드 메디치** 1519~89년다. 카드린은 앙리 2세와 결혼하고 10명의 자녀를 낳았다. 큰딸은 스페인 펠리페 2세 왕비가 되었다. 그 결혼 축하연 마상창시합에서 카드린 남편인 앙리 2세가 죽고 만다. 시합 상대의 창날이 부러져 투구 틈새로 파고드는 사고 때문이었다. 앙리 2세가 죽고 아들 3명이 프랑스 왕이 되지만 모두 단명했다. 프랑수아 2세1544~60년, 샤를 9세1550~74년, 앙리 3세1551~89년다. 카드린이 나이 어린 왕들을 대신해 30여 년간 섭정을 했다.

당시 프랑스는 **구교도**가톨릭**와 신교도 간 대립**이 심했다. 그 대립을 종결하고자 카드린이 딸의 결혼을 주선했다. 신교도(나바라 왕자 앙리)와 구교도(프랑스 공주 마르그리트)간 결혼이었다둘은 6촌 사이. 당시 공주에겐 기즈공작 앙리란 애인이 있었다. 하지만, 세도가 기즈 가문 대신 신교도 집안을 택했다. 결혼식은 노트르담 대성당노트르담은 '성모 마리아'를 뜻함에서 거행되었다. 하지만, 결혼식은 '피의 결혼식'으로 기록되어진다. 결혼식 이후 '성 바르톨로메오 축일'이 시작되었는데, 신교도 학살이 일어난다. 이른바 **성 바르톨로메오 축일의 학살**

그림 52 성 바르톨로메오 축일의 학살

이다. 결혼식에 참석하기 위해 파리에 온 신교도 지도자콜리니 제독가 암살되고 전국적으로 신교도 학살이 벌어졌다. 카드린이 아들샤를 9세 권력 강화를 위해 벌인 일이었다. 새신랑 앙리 4세신교도도 프랑스 궁정 볼모로 3년 넘게 잡혀 있었다. 앙리 4세의 결혼식은 〈여왕 마고〉 영화를 통해 만나볼 수 있다.

결혼식이 전화위복이었을까? 샤를 9세 뒤를 이은 앙리 3세1551~89년가 후사 없이 사망하고 '발루아 왕조'가 끝나버린다. 덕분에 그의 매형 앙리 4세가 **프랑스 왕위**를 차지한다. 구교도 국가에 신교도 왕이

들어선 거다. 하지만, 구교도 반대에 앙리 4세는 파리로 들어갈 수 없었다. 그는 **가톨릭으로 개종**하고 파리에 입성한다. 대신에 **낭트칙령**을 발표해 신교도들에게 신앙의 자유를 보장했다. 프랑스 칼뱅파 신교도인 **위그노**들은 대부분 상공업에 종사했는데, 종교적 불안에서 벗어나 본업에 집중할 수 있었고 상공업 발전도 이루어진다. 앙리 4세는 농민의 세 부담을 낮추고 귀족의 세 부담을 늘리기도 했다. '신이 허락한다면 국민이 일요일마다 닭고기를 먹게 하겠다'라고 선언하기도 했다. 프랑스인 삶을 높이고자 하는 진심이 담겨 있었다. 이후 **수탉**은 프랑스 민중의 상징으로 자리 잡게 된다. 프랑스 축구팀 상징도 수탉이다. 앙리 4세는 종교 간 화합을 이뤘으나, 종교 간 화해 정책에 불만이 있던 구교도에 의해 암살당하고 만다.

# 합스부르크 가문 결혼 동맹과 후원자 푸거 가문

### 결혼 동맹

**합스부르크 가문**은 스위스 북부 작은 영주였다. **루돌프 1세**가 독일 왕에 선출되면서 1273년 합스부르크 가문이 소위 뜬다. 알프스 촌뜨기 영주가 독일 왕이 된 것은 독일 유력 제후들이 힘없는 자를 올려 놓고 흔들기 위해서였다. 루돌프는 허수아비인 독일 왕이 되고 나서 전쟁으로 보헤미아체코 왕에게서 오스트리아를 빼앗는다. 이후 **오스트리아 대공**으로 명맥을 유지할 수 있게 되었다. 합스부르크 가문에서 신성로마제국 황제를 배출한 건 **프리드리히 3세** 1452년 때다. 신성로마제국은 선제후가릴 선選, 임금 제帝, 제후 후侯 7명에 의해 선출되다 보니 황제의 권위는 무력했다. 지방 세력들의 입김이 더 강했다. 합스부르크 가문은 신성로마제국 황제가 된 이후 **결혼 동맹**을 통해 세력을 넓혀 갔다. 1)프리드리히 3세 아들인 **막시밀리안**막시밀리안 1세은 부르고뉴프랑스 동부 지역 공작의 딸 마리와 결혼을 해서 부르고뉴 소유 땅들을 가져갔다. 2-1)막시밀리안은 아들 **펠리페**펠리페 1세를 스페인 공주이사벨 여왕의 딸 '후아나'와, 2-2)딸 마르가레트를 스페인 황태자 '후안'과 이중결혼시킨다. 어느 한 가문의 후손이 단절되면 다른 가문이 상속을 받는 조건이었다. 이로 인해 합스부르크는 스페인을 차지하게 되었다. 그 결혼은 모두 **푸거 가문의 재정적 뒷받침**이 동반되었다. 합스부르크 가문은 이후에도 결혼 동맹을 통해 가문을 번영시켰다. 유럽 왕가에 합스부르크 가문의 피가 섞이지 않은 곳이 없을 정도였다. 루이 16세의 왕비인 **마리 앙투와네트**도 합스부르크 가문 사람이다. 합스부르크 가문의 특징 중 하나는 **주걱턱**이다. 일명 '합스부르크 주걱턱'. 순수혈통과 권력 독점을 위해 근친혼이 거듭된 결과다. 스페인 합스부르크 왕조의 마지막 왕인 **카를로스 2세**는 주걱턱이 심해 입을 다물지 못했다. 음식을 잘 먹지도 못하고 수많은 질환을 앓다가 후사 없이 죽는다. 그로 인해 스페인에선 합스부르크 왕조 대가 끊긴다. 카를로스 2세 죽음 이후 **스페인 왕위 계승 전쟁**도 일어나게 된다.

### 카를 5세

펠리페 1세와 후아나의 아들인 **카를 5세**1500~58년는 신성로마제국 황제, 스페인 왕 등 20여 가지 타이틀독일 왕, 이탈리아 왕, 오스트리아 대공, 네덜란드 영주 등을 달았다. 멕시코, 페루, 필리핀 지배자이기도 했다. 합스부르크 왕가 전성기를 구가했다. 외할아버지, 외할머니로부터 스페인을, 할아버지로부터 오스트리아를, 할머니로부터 부르고뉴 땅을 받았다. 신성로마제국에선 카를 5세, 스페인에선 카를로스 1세다. 스페인 왕이었던 그는 신성로마제국 황제인 할아버지 막시밀리안 1세가 사망하고 1519년 황제 자리를 어렵게 얻었다. 1438년 이후 합스부르크 가문이 황제를 이어갔으나, 원래 **신성로마제국 황제**는 대주교와 공작 등으로 구성된 7명의 선제후 투표로 선출된다. 선제후 입장에선 뇌물 등 후한 조건을 제시한 쪽에 투표를 했다. 돈이 많아야 이기는 선거였다. **프랑스 왕**프랑스와 1세, **영국 왕**헨리 8세, **작센 공작**프리드리히도 경선에 뛰어 들었다. 영국 왕, 작센 공작은 일찍 포기했으나, 프랑스 왕은 끝까지 참여했다. 프랑스 왕은 왜 독일인만 황제가 되어야만 하는지 불만이었다. 당시 스페인은 신대륙에서 금은을 가져왔지만, 그 금은을 선거에 쓸 수 없었다. 귀족회의에서 반출하지 않기로 약속했기 때문이다. 결국 카를 5세는 독일 아우크스부르크 지역 부자 **푸거**Fugger가에 손을 내민다. 푸거 가문은 오랫동안 합스부르크

그림 53 카를 5세

가문과 함께 성장했다. 푸거 가문은 선거자금을 지원해 주는 대가로 합스부르크 가문 사업의 독점을 요구했다. 결국 푸거 가문의 지원을 받은 카를 5세는 선제후 만장일치로 신성로마제국 황제로 선출되었다. 이에 푸거 가문의 독점사업도 번창하게 된다. 카를 5세는 스페인 왕은 아들 **펠리페 2세**에게, 신성로마제국은 동생 **페르디난트 1세**에게 물려줬다. 그 결과 합스부르크 가문이 스페인 가문과 오스트리아 가문으로 나뉘게 되었다.

## 스페인 국가부도

카를 5세의 아들이자 스페인 왕인 **펠리페 2세**1527~98년는 영국 여왕 메리 1세의 남편이다. 필리핀 나라 이름은 펠리페 2세 이름을 따서 만들어졌다. 펠리페 2세는 국가부도를 4번이나 경험했다. [1]첫 번째 부도는 아버지 카를 5세에게 나라를 물려받고 이듬해 선언했다 1557년. 아버지가 물려준 전쟁 비용 대출을 갚을 수 없어서였다. [2]이후 본인도 가톨릭 수호를 위해 전쟁에 뛰어들며 부도 선언을 했다 1560년과 1575년. 다행히 신대륙에서 은이 유입되며 재정위기가 풀리는 듯했지만, 은을 소비하는데 여념이 없었다. 국가의 부를 증대해야 하는 중상주의 입장에서 최악의 모델이다. [3]칼레 해전 등을 거치며 전쟁 비용은 더욱 늘어나고 네 번째 부도 선언을 하게 되었다1596년. 스페인은 세계스페인, 포르투갈, 남아메리카, 네덜란드, 부르고뉴, 시칠리아, 나폴리, 인도 서해안, 아프리카 남서부 등를 지배했지만 국가의 부는 저물어 갔다.

## 야코프 푸거

푸거 가문의 시작은 **야코프** 푸거1459~1525년에서부터다. 그의 어머니는 14살인 야코프를 당시 번창한 베네치아로 보냈다. 야코프 푸거는 베네치아에서 금융을 배웠다. **은행**이란 뜻의 Banca(Banco)도 이탈리아에서 생겼고, 베네치아는 지중해 상권을 장악했었다. 이탈리아 상인들은 **복식부기**를 개발했다. 장부에 차변(왼쪽)과 대변(오른쪽)을 만들어 양쪽이 맞아떨어지는 회계다. 야코프 푸거는 복식부기를 독일에 도입했다. 그는 중세 독일 남부 자유도시인 **아우크스부르크**를 기반으로 거상이 되었다. 은행가이자 상인이고 광산주였다. 직물 상인으로 시작해 은행, 광산에 투자해 큰 부를 이룬다. 특히, 합스부르크 가문의 금고 역할을 하면서 함께 성장과 실패를 맛봤다. 푸거 은행은 막시밀리안 1세-카를 5세-페르디난트 1세로 이어지는 합스부르크 가문 전성기를 함께 했다. 합스부르크의 전쟁, 결혼, 왕위 계승 등에 자금을 대고 최대 이권을 챙겼다. 푸거의 돈으로 합스부르크 가문 출신인 막시밀리안 1세와 카를 5세를 신성로마제국 황제로 만들기도 했다. 푸거는 **교황청**과의 거래에도 손을 댔다. 교황청 선거, 성직자 매매에도 돈을 지원했다. 푸거 은행은 교황청 현금 수송도 장악하고 교황청 화폐제카, Zecca 주조도 나섰다. 여기에 **면벌부**면죄부 **판매**에도 관여했다. 메디치 가문 출신인 레오 10세는 사치스러운 생활을 추구했고, 푸거 가문에 도움을 받았다. 독일 마인츠 대주교알브레히트도 대주교가 되기 위해 푸거 가문에게 빚을 졌다. 푸거 가문은 빚을 돌려받기 위해 면벌부 판매를 권유하고, 교황과 대주교는 빚을 갚기 위해 성 베드로 대성당 재건을 명목으로 면벌부 판매에 힘썼다. 그 결과 루터가 종교 개혁을 일으키는 계기가 되었다. 푸거는 레오 10세에게 건의해 **고리대금업 금지를 철폐**하도록 했다. 푸거 가문은 견제 세력이자 몰락 중이던 한자동맹도 물리쳤다.

하지만, 합스부르크에 대항해 독립을 한 네덜란드에서 상업과 금융이 번영하면서 푸거는 뒤처지게 되었다. 특히, 스페인 파산은 푸거 은행의 소멸 원인이 되었다. 독일 귀족들의 신교도 전향도 영향을 미쳤다. 푸거 가문은 신교도 영주와의 거래를 중단했다. 대신에, 가톨릭 수호자인 합스부르크 가문, 교황청과 거래에 집중했다만, 신교 확장으로 그 영역이 점점 좁아졌다. 푸거 은행은 규모가 작아지고 후손들은 회사를 제대로 경영하지 못했다. 결국 야코프가 일으킨 스페인 사업은 파산하고 1637년, 광산 매각을 1657년 끝으로 모든 사업을 접는다. 이제 푸거라는 이름은 그가 500년 전 아우크스부르크에 지은 공공주택 '푸거라이'만이 남아있다. 종합해 보면, 군소 가문에 불과했던 합스부르크 가문의 성장, 가톨릭교회의 고리대금업 폐지, 면벌부 판매에 따른 종교 개혁, 한자동맹의 붕괴, 독일의 복식부기 도입, 자본가와 노동자 간 갈등으로 발생한 **독일 농민전쟁**농민의 타깃인 푸거가 진압군에 자금 지원 중심에 푸거가 있었다.

# 1-23

# 대항해시대를 연 바다의 왕자, 엔히크

## 세우타 점령

향신료가 지중해<sup>이탈리아 도시국가</sup>를 거쳐 서쪽 끝 포르투갈로 오기까지 멀기도 멀었다. 그런데 십자군 전쟁 이후 이슬람 세력인 오스만 튀르크가 육로 장삿길에 들어선다. 아프리카 바닷길도 이슬람 상인의 독무대였다. 포르투갈인들은 자신들이 향신료를 직접 가져오면 되지 않을까 생각했다. 다

그림 54 바다의 왕자 엔히크

행히, 포르투갈은 대서양에 인접해 있지 않나. 그렇게 대항해시대는 개막되고 있었다. 바다의 왕자로 불리는 포르투갈의 **엔히크 왕자**1394~1460년는 아버지주앙 1세와 함께 당시 무어인아프리카 이슬람인의 땅 **세우타**모로코 동북쪽 끝**를 정복**했다. 이베리아반도포르투갈, 스페인를 지배했던 8세기 초~13세기 **이슬람 격퇴** 목적도 있었고, '**프레스터 존의 나라 전설' 을 발견**하고픈 종교적 목적도 있었다. 포르투갈은 바다 너머 전설 속 프레스터 존의 나라와 힘을 합치고 싶었다. 그들과 협공으로 이베리아반도에서 이슬람을 몰아내고 싶었다. '프레스터 존(사제왕 요한)의 나라'는 12세기에 쓰여진 『연대기』오토 폰 프라이징 저술(독일 주교, 역사가)란 책에 언급된 나라다. 아시아(혹은 아프리카 에티오피아 지역)에 있던 기독교 국가로 언급된다. 가톨릭을 믿는 광대한 영토를 가진 나라로 이슬람을 물리치고 동방 왕국을 건설한 걸로 알려졌다. 유럽인들은 프레스터 존의 나라가 이슬람을 몰아내 줄 걸로 믿었다. 하지만 당시 동방의 제국은 '몽골'이었다.

세우타 정복은 종교적, 정치적 목적도 있었지만, **경제적인 이유도** 크다. 포르투갈이 점령한 세우타는 유럽인의 유럽 밖 최초 식민지다. 이슬람 중요 교역 도시였기에 금, 비단, 향신료가 풍부했다. 특히, 향신료에 엔히크가 꽂힌다. 당시 향신료는 인도, 동남아시아, 중국에서 아랍 상인들을 거쳐 수입하면서 가격이 엄청 뛰는 귀한 상품이었다. 육로에 막힌 향신료 길을 바다로 뚫어보겠다는 의지. 향신료를 신고만 온다면 큰 부자가 되리라. 엔히크는 아프리카 서해안을 따라 향신료의 땅, 인도까지 가보려 했다. 이때 엔히크에게 영감을 많이 준 책이 있다. 바로, 콜럼버스도 반하게 한 마르코 폴로의 『동방견문록』이다. 세우타모로코 동쪽 끝는 이슬람, 포르투갈을 거쳐 현재 스페인 땅이다1580년부터. 잉글랜드 땅인 지브롤터스페인 남쪽 끝를 바다 건너 마주 보고 있다.

## 카라벨과 캐랙

파도가 거센 아프리카 바닷길을 뚫기 위해 인프라 투자는 필수, 엔히크는 포르투갈 남쪽 바다 끝에사그레스 항해학교를 세웠다. 당시, 항해술은 큰돈이 드는 비즈니스였다. 엔히크는 왕의 아들 아닌가! 거기에 아버지인 왕께서 그리스도 기사단구(舊)성전기사단 단장을 시켜주셨다. 교회 돈=엔히크 돈이었다. 막대한 교회 자금으로 항해에 도

그림 55 캐랙선의 모습

움이 된다 하면 출신 구분 없이 데려다 썼다. 조선, 천문, 지도 전문가를 불러와 항해 기술력을 높였다. 특히, 실제 가본 경험치를 토대로 정확한 지도를 만들려 했다. 항해를 위해 나침반도 적극적으로 활용했다. 여기에 더해, 조선소를 세워 선박을 업그레이드했다. 그 결과 만든 배가 **카라벨선**이다. 카라벨 특징은 **역풍**맞바람**에 강한 삼각돛**이다. 사람이 노를 젓는 갤리선이나 뒷바람을 타고 가는 범선은 역풍에 취약했다. 먼바다를 가려면 역풍을 뚫고 가야 하는데, 삼각돛이 이 문제를 해결했다. 삼각돛을 단 카라벨을 이용해, 아프리카 바닷길 항해에 성공했다. 당시에는 아프리카 **보자도르곶**을 대서양 끝으로 봤다. 역풍을 뚫고 갈 수 없기도 했지만, 펄펄 끓는 바다라 피부가 검게 된다는 둥, 지구가 편편해 떨어져 죽는다는 둥 두려워했다. 보자도르곶만 넘는다면, 인도까지 갈 수 있을 텐데. 엔히크는 그의 시종질 에아네스을 보내, 수차례 실패 끝에 보자도르곶 항해에 성공했다. 카라벨선이 나온 이후 더 업그레이드된 **캐랙선**이 나오게 되었다1430년. 이 배는 **역풍용 삼각돛과 순풍용 사각돛**을 함께 달았고 크기도 카라벨선보다 더 컸다. 덕분에, 보다 먼 거리 항해가 가능해졌다. 카라벨이나 캐랙 모두 엔히크 시절에 포르투갈에서 만들어졌다.

### 바스코 다 가마

엔히크 사후에 1)포르투갈 탐험가 **바르톨로메우 디아스**는 보자도르곶을 넘어 아프리카 남단 **희망봉**남아프리카공화국에 다다르게 되었다

1488년. 디아스는 이름을 폭풍의 곶으로 지었으나, 나중에 왕주앙 2세이 희망봉으로 바꿨다. 2)**콜럼버스**는 스페인 도움으로 아메리카를 발견했다1492년. 그가 타고 간 배 산타마리아호도 캐랙이다. 3)포르투갈인 **바스코 다 가마**는 희망봉을 넘어 인도 캘리컷에 도착했다1498~99년. 무역 요청을 거절당하긴 했지만, 인도산 후추를 조금 포르투갈로 가져가게 된다. 4)인도 항로에 자신감 얻은 포르투갈은 **카브랄**에게 두 번째 인도행 선단을 맡겼다. 그런데 이 선단은 더 멀~리 항로를 돌다가 우연히 브라질을 발견했다1500년. 5)포르투갈인 **마젤란**은 스페인의 도움을 받아 세계 일주까지 했다1519~22년. 모두 캐랙선 도움 덕분이다. 6)이후 바스코 다 가마는 인도를 재방문하게 된다. 총, 칼, 병사와 함께 20척의 선단을 이끌고 갔다. 두 번째 방문은 개척자라기보다 침략자에 가까웠다. 이슬람 상선을 상대로 해적질도 하고, 인도 항구에 사는 민간인들어부, 상인을 대량 학살하기도 했다. 엄청난 재물을 갈취하고 무역소를 설치한 뒤, 5척의 배를 남기고 돌아왔다. 포르투갈은 인도양 제해권을 차지하고, 인도와 독점무역을 통해 엄청난 부를 축적하게 된다.

### 포르투갈 노예무역

이후 포르투갈은 인도 고아 지역 외에도 아프리카 동부 해안, 동남아시아 몰루카, 브라질 등을 식민지로 가지게 된다. 브라질에서는 고온다습한 기후를 활용해 사탕수수를 재배했다. 사탕수수에서 나오는 설탕으로 큰 이익을 얻었다. 16세기 브라질은 세계 최대 설탕 생산국이 될 정도였다. 하지만, 아메리카 원주민이 유럽인이 전파한 전염병에 걸려 인구가 줄어들었다. 사탕수수 재배는 대규모 노동력이 필요하다. 포르투갈은 아프리카 노예들을 아메리카로 실어 날랐다. 아프리카 중서부 기니만과 동부 해안에 거점을 마련하고 노예무역을 독점했다. 유럽에서 흑인 노예무역의 시작은 포르투갈로부터다.

## 포르투갈 아시아 진출

대항해시대를 연 포르투갈은 동아시아에도 많은 영향을 줬다. 중국의 비단 집산지인 주강 하류 **마카오**를 점령해 450여 년간 지배했다. 마카오식 포르투갈 음식을 '매캐니즈마카오+차이니즈'라 한다. 대표적인 요리는 아프리칸 치킨이다. 1)아프리카산 피리피리 고추의 매운 소스 맛에 2)인도 고아의 빈달루 카레를 더하고, 3)중국의 석탄 화력으로 치킨을 구워낸다. 대항해시대 포르투갈의 식민지 루트를 거친 식재료 들이다. '칼사다 포르투게사'는 마카오의 포르투갈식 도로포장 기법이다. 물결무늬 또는 바다 생물이 그려져 있는데 대항해시대 영토 개척 의지를 담고 있다. 한 가지 재미있는 건 포르투갈에서 건너온 돌들이 도로포장에 섞여 있다. 당시 마카오로 올 때는 빈 배로, 포르투갈로 갈 때는 중국산 물건을 싣고 갔다. 빈 배의 균형을 맞추기 위해 배 바닥에 포르투갈 돌을 깔아서 왔고, 이 돌들을 마카오에

내려놓았다. 포르투갈인들은 일본에도 무역관을 차렸다. 이름하여 **데지마**나가사키의 인공섬. 쇄국정책을 펴던 일본의 유일한 무역 창구였다. 다만, 포르투갈인들은 가톨릭 전파를 열심히 하다가 쫓겨난다. 그 자리를 네덜란드인들이 꿰찼다. 가톨릭 포교를 하지 않는 조건이었다. 쇼군에게 하느님 중심인 가톨릭은 나라를 뒤집을 위험 세력이다. 네덜란드는 종교적 색채를 줄이고 데지마에서 일본산 은과 도자기 등을 가져갔다.

포르투갈인들이 일본에 전해준 물건으로는 1)조총머스킷 총, 2)빵, 3)카스테라, 4)덴푸라가 있다. 조총의 조는 새 조(鳥)자. 조총은 하늘을 나는 새를 쏘는 총이란 뜻이다. 빵은 포르투갈어 pão발음 팡가 일본에 전해진 결과다. 그래서 일본에만 가면 빵이 맛있다. 카스텔라카스테라는 스페인 '카스티야 지역의 빵'이란 뜻팡 드 카스텔라이다. 카스텔라는 오랜 기간 썩지 않아 장거리 항해 선원들의 애용품이었다. 지금도 나가사키에 가면 지역 명물 카스텔라를 맛볼 수 있다. 생선튀김 '콰르투 템포라스'는 덴푸라로 발전했다. 데지마에서 규슈 북쪽 해안까지 223km 길은 '나가사키 가도 또는 슈가로드'로 불린다. 초기에는 포르투갈인들과 선교사, 이후에는 네덜란드 상선의 설탕이 이 길을 따라 일본에 전파된다. 설탕은 일본만의 독특한 디저트 문화를 만들게 했다. 그래서일까 나가사키 카스텔라 바닥에는 굵은 설탕이 깔려있다.

## 포르투갈의 몰락

포르투갈 왕세바스티앙이 무어족과 전투에서 사망한다1578년. 왕의 작은 아버지 엔히크 추기경이 왕위를 이었으나 문제는 다음 후계가 없다는 것이다. 혈통을 따져 왕위 계승자 3명이 추려진다. 세바스티앙의 전전임 왕마누엘 1세의 사생아인 수도원장 안토니우, 전전임 왕의 친손녀 카타리나브라간사 공작부인, 그리고 스페인 왕 펠리페 2세다. 스페인 왕가와 포르투갈 왕가는 겹사돈을 맺은 바 있다. 포르투갈 왕 주앙 3세세바스티앙 전임 왕가 스페인 카를 5세 여동생과, 스페인 왕 카를 5세가 주앙 3세 여동생과 결혼했다. 카를 5세는 아들 **펠리페 2세**를 낳는데, 펠리페 2세도 포르투갈 왕실의 피가 흐른다. 엔히크가 사망하자 안토니우가 포르투갈 왕 선언을 했다. 펠리페 2세는 군대를 보내 안토니우 군과 싸운다. 스페인군대는 포르투갈 수도 리스본 외곽 **알칸타라 전투**1580년에서 승리한다. 스페인군 지휘관은 알바 공작으로 네덜란드 폭력 총독으로도 유명한 이였다. 스페인군은 리스본을 점령하고 **펠리페 2세는 포르투갈 왕이 된다**. 이베리아반도의 스페인과 포르투갈이 60년 동안 한 나라가 된다1580년. 60년 뒤 포르투갈은 카타리나 후손들이 독립 왕조브라간사 왕조를 열고 독립을 찾는다1640년. 하지만, 스페인과 합병 이후 힘을 잃은 포르투갈은 쇠락의 길을 걷는다.

## 1-24

## 1492년도가 갖는 3가지 의미

### 레콩키스타

**레콩키스타**Reconquista는 재정복을 뜻하는 스페인어다. 약 7세기 반 718년~1492년 동안 이베리아반도스페인, 포르투갈에서 가톨릭이 이슬람을 쫓아내는 과정이 레콩키스타다. 당시, 이베리아반도 북부는 가톨릭, 남부는 이슬람이 지배했었다. 둘 중 최종 승자는 가톨릭이다. 그 마침표를 찍은 왕은 **이사벨 여왕**카스티야 왕국과 **페르난도 2세**아라곤 왕국다. 둘 사이 낳은 딸 캐서린은 헨리 8세의 첫 번째 부인이 된다. 클래식 기타연주곡 '알함브라의 궁전'이란 노래로 유명한 알함브라 궁전이 함락되며 이슬람 국가그라나다는 멸망했다. 그 해가 1492년이다. 서양사에서는 중세와 근대를 나누는 기준 해이기도 하다.

그림 56 이베리아를 떠나는 무함마드 12세와 무어인들

## 콜럼버스

1492년은 **크리스토퍼 콜럼버스**가 향신료, 금을 찾아 인도로 떠난 해이기도 하다. 통일을 이룬 스페인 이사벨 여왕이 한숨 돌리고 나서 콜럼버스 부탁을 들어줬다. 서쪽으로 가면 향신료, 금이 있는 인도가 나온다는 그의 주장이 비현실적이다는 왕실 내부 의견도 있었다. 콜럼버스는 여왕에게 가톨릭을 널리 알리겠다는 종교적 이유를 들어 허락을 받아냈다. 다만, 스페인 정부가 처음엔 지원을 소극적으로 했다. 그런데 제1차 원정[1492년 10월 신대륙 발견] 후 가져온 물건들을 보고 이후에는 전폭적인 지원을 해주기도 했다. 다만, 콜럼버스는 인도를 찾지 못했고, 금과 향신료를 얻어오지 못했다. 대신에 아메

리카 **신대륙을 발견**했다. 향신료는 동쪽으로 방향을 튼 포르투갈 차지가 되었다. 실제 인도를 발견한 이는 포르투갈인 바스코 다 가마다. '1492'를 와인 브랜드로 아는 사람들도 많은데, 콜럼버스가 포도주를 배에 싣고 갔다고 한다. 장거리 항해에서 물은 금방 상했다. 대신에 와인은 보다 안전한 음료로 간주되었다. 가톨릭 의식에 포도주가 쓰이는 점도 고려되었다.

콜럼버스는 스페인 바야돌리드에서 사망했다. 그의 형제 디에고가 시신을 스페인 세비야로 운구했다. 콜럼버스가 세비야 인근 팔로스항에서 항해를 출발했기 때문이다. 콜럼버스는 사망 이후에도 유골이 항해를 계속했다. 콜럼버스 항해 50주년 1542년을 기념해 유해는 도

그림 57 콜럼버스 무덤

미니카 산토도밍고 대성당으로 옮겨졌다. 이후 스페인이 식민지인 도미니카 공화국을 잃자 쿠바로 이동한 뒤 세비야로 돌아왔다. 현재 세비야 대성당 안에는 스페인 옛 왕국인 **레온, 카스티야, 나바라, 아라곤**을 상징하는 4명의 사람이 콜럼버스 관을 어깨에 메고 있다. 관이 공중에 떠 있는 이유는 콜럼버스 유언 때문이다. 시신을 신대륙에 묻어달라. **스페인 땅을 밟지 않게 해달라**는 주문이 있었다. 실제 콜럼버스 유해는 성당 지하 묘지에 있다고 한다. 도미니카도 콜럼버스 무덤이 도미니카에 있다고 주장한다. 산토도밍고 대성당을 공사하던 인부가 콜럼버스 이름이 쓰여진 유골 상자를 발견했기 때문이다1877년. 스페인이 엉뚱한 유골함을 가져갔다는 게 도미나카의 주장이다. 참고로 미국에선 매년 10월 둘째 월요일이 '콜럼버스의 날'로 연방 공휴일이다. 콜럼버스가 아메리카에 도착한 10월 12일을 기념하기 위해서다.

## 이교도 추방

가톨릭 통일왕국이 되자 1492년 이사벨 여왕이 한 일은 **이교도 추방**이었다. 이슬람은 물론 유대인도 포함되었다. 그들이 스페인을 떠날 경우에는 금화나 은화 같은 화폐를 가지고 갈 수 없게 했다. 혹여 들고 가다 발견되면 사형이었다. 다만, 보석류 등은 가지고 나갈 수 있게 했다. 유대인들은 보석류를 들고 벨기에 앤트워프 등으로 떠나 보석 산업을 발전시켰다. 반면, 스페인을 떠나지 않으려면 가톨릭으로 개종해야 했다. 개종한 이들을 **마라노**라고 불렀는데 '더러운 돼지'란 의미다. 개종한 이들의 종교적 신념을 확인하기 위해 **돼지고기**유대인 금기 음식를 먹어보게도 했다. 유대인이 돼지요리를 먹음으로써 가톨릭 개종을 알리는 의미로 인식했다. **코치니요 아사도**Cochinillo Asado는 새끼 돼지 통구이다. 코치니요는 젖을 떼지 않은 새끼 돼지생후 2~3주, 아사도는 구운 요리란 뜻이다. 세고비아 지역 명물이다. 통돼지구이를 칼 대신 흰 접시로 자른다. 고기가 연하다는 걸 보여주는 의미다. 자른 접시는 액운을 없애기 위해 던져서 깨버린다.

## 유대인 네덜란드 정착

하느님이 선택한 민족이란 자부심에도 불구하고 유대인들은 나라를 잃고 떠돌이 생활을 하던 민족이다. 예수님을 배반했다는 이유로 멸시받음도 다반사였다. 장원시대 토지가 경제력의 척도이던 시절, 땅을 얻어 농사짓기도 어려웠다. 농업 대신 선택할 수 있는 길은 상업과 금융업이었다. 유대인들 상당한 부를 축적하기도 했고, 가톨릭인에게 대출도 해줬다. 당시 기득권 세력이 유대인들의 재산을 빼앗고 쫓아내는 것은 경제적 이유가 컸다. 당시, 이슬람은 이교도에 포용적이었다. 이슬람 왕국이었던 스페인 남부그라나다에 유대인들이 많이 모여 살게 된 이유다. 스페인에서 추방당한 유대인은 포르투갈, 프랑스 인근 등으로 갔으나 거기서도 추방당했다. 결국 벨기에 브루셀, 앤트워프 등을 거쳐 저지대 **네덜란드 북부**에 정착하게 된다.

상업과 금융업을 주무르던 유대인들이 사라지고, 스페인 경제는 기울어져 갔다. 아메리카에서 들여온 은에도 불구하고 오랜 전쟁과 상업과 금융업의 쇠퇴로 대항해시대 주도권을 네덜란드에 넘긴다.

## 동방견문록

콜럼버스에게 영감을 준 건 베네치아 상인 마르코 폴로의 **『동방견문록』**이다. 원제목은 『Divisament dou Monde』로 직역하면 세계의 서술이다. 이를 일본인들이 동방견문록이라 번역했다. 영어권에선 『The Travels of Marco Polo』로 소개한다. 서양에 동양을 알린 최초 기록물 중 하나다. 13세기 마르코 폴로가 26년간 아버지와 삼촌을 따라 동방서아시아, 중앙아시아, 중국, 인도 등으로 떠났던 이야기다. 그 가운데 17년은 몽골제국에 머물면서 벼슬도 하고 황제칸의 특사 자격으로 여러 곳을 돌아다녔다. 이후 고향 베네치아로 돌아왔지만 베네치아-제노바 전쟁이 터지며 전쟁포로가 되고 만다. 옥중에서 작가 루스티첼로에게 자신의 여행담을 받아 쓰게 했고 이게 『동방견문록』이 되었다.

『동방견문록』은 아시아에 대

그림 58 마르코 폴로

한 관심을 자극해 신항로 개척, 신대륙 발견의 원인이 된다. 책에는 몽골 대칸이 **3개의 인도**<sup>대인도, 중인도, 소인도</sup>를 지배했다고 적혀 있다. 마르코 폴로가 언급한 인도는 지금의 인도 땅이 아닌 보다 넓은 몽골 땅이다. 유럽인들이 『동방견문록』에 흥분한 건 '중국<sup>몽골</sup> 동쪽에는 황금과 후추가 많다'라는 내용이다. 콜럼버스도 금을 수없이 항해일지에 적어놨을 정도라고 한다. 황금이 많은 땅을 **지팡구**라고 했는데, 오늘날의 일본이다. 마르코 폴로는 지팡구에 대해 이렇게 언급했다. '지팡구는 대륙으로부터 1,500마일 떨어진 동쪽 대양 가운데 아주 큰 섬이다. 이 나라에선 곳곳에 황금이 발견된다. 하지만, 대륙으로부터 이 나라로 간 사람이 아무도 없다. 상인조차 찾아가지 않으므로 풍부한 황금이 나라 밖으로 나가지 않았다.' 지팡구에 대한 그의 과장이 후대 탐험가들을 자극하는 동기부여가 된다. 지팡구 zipangu는 Japan의 어원이 되었다.

## 1-25

# 스페인 대항해시대를 연 콜럼버스와 마젤란

### 콜럼버스

그림 59 크리스토퍼 콜럼버스

포르투갈보다 조금 늦었지만, 스페인도 대항해시대에 동참했다. 인도를 찾아 떠나는 **크리스토퍼 콜럼버스**이탈리아식 콜롬보를 지원하면서부터다. 포르투갈이 동쪽의 진짜 인도를 봤다면, 스페인은 서쪽의 가짜 인도신대륙를 발견했다. 지구는 둥글다고 생각했던 콜럼버스가 대서양을 가로질러 인도로 가보겠다는 발상을 한 덕분이다. 그 결과 스페인은 브라질을 뺀 아메리카 대륙 대부분을 식민지로 차지했다. 콜럼버스는 제노바공화국 이탈리아 출신이다. 어릴 적엔 직조공 집안 덕에 물건 팔러 다니고, 나이 들어 포르투갈에 건너와 지도를 만들었다. 뱃사람 기본기는 갖춘 셈이다. 포르투갈 왕 주앙 2세에게 인도행 제안을 했으나 거절당하고, 카스티야 스페인 여왕 이사벨 1세에게 청했으나 레콩키스타에 밀린다. 다행히, 레콩키스타 이후 기회를 얻게 되는데, 여왕 입장에서도 조급했다. 이웃한 포르투갈이 선수 쳐서 희망봉까지 갔으니 말이다. 콜럼버스, 긴 항해 끝에 카리브해 섬 산살바도르 구세주를뜻함 에 도착했다. 그는 죽을 때까지 이 섬이 인도라고 확신했다. 그래서 카리브해 섬들은 인도 서쪽이 아닌데도 서인도제도로 불린다. 한편, 이탈리아 탐험가 **아메리고 베스푸치**는 3차례 탐험 후 콜럼버스가 발견한 인도가 신대륙임을 밝힌다 1503년. 그 결과 신대륙 이름은 아메리카가 되었다. 콜럼버스 땅을 치고 후회할 터.

## 콜럼버스의 교환

콜럼버스의 신대륙 발견 이후 양 대륙 간 문물교환이 시작되었다. 후대에 이를 '**콜럼버스의 교환**'이라 명했다. 신대륙의 감자, 옥수수, 고구마 등 구황작물 기근해소작물과 담배가 유럽에 전해졌다. 감자 덕분에 유럽인 기근이 많이 해결되었다. 물론, 아일랜드 감자 대기근 같은 참사가 벌어지기도 했지만 말이다. 한편, 밀, 사탕수수, 커피 등은 신대륙으로 전해졌다. 무엇보다 신대륙에 소 사육이 시작되었다. 미국, 아르헨티나 등이 세계적인 소고기 공급지가 되는 계기였다. 문제는 좋은 것만 전해지지 않았다는 것이다. 천연두, 콜레라, 페스트 등 유럽산 질병이 신대륙에 들어갔다. 그로 인해 18세기까지 아메리카 원주민이 90% 넘게 사망했다. 사탕수수 농장은 노동력 부족에 시달리고, 아프리카 노예를 데려다 쓰게 되었다. 반대로, 유럽에는 매독이 전해졌다. 신대륙의 복수인 셈이다. 다만, 공기로 감염되는 질병천연두 등 대비 성 접촉자만 감염매독되었으니 피해는 신대륙이 더 컸다.

### 포토시 은광

콜럼버스가 인도로 향한 건, 『**동방견문록**』에 써진 대로 황금과 향신료를 찾기 위해서였다. 스페인 여왕이 몽골인도라 생각 칸에게 전달하라던 종교 친서가톨릭을 믿어라보다, 금에 대한 집착이 강했다. 그의 항해일지에는 **금을 65번이나 언급**했을 정도다. 향신료도 최소 100배 이상이 수익이 보장되는 알짜 상품이었다. 하지만, 콜럼버스는 총 4번의 항해에도 황금과 향신료 찾기에 실패했다. 그 후 스페인 후손들은 황금을 찾아 카리브해를 넘어 대륙 내부로 향했다. 인디언이 들려준 황금 땅 전설 엘도라도를 찾아서다. 아즈텍과 잉카제국을 약탈했지만, 충분한 금을 찾는 데 실패했다. 무자비하게 원주민들을 죽였지만 말이다. 그러다 해발 4,000m가 넘는 볼리비아산 꼭대기,

**포토시**에서 대규모 은광을 발견했다.1545년. 한해 은 생산량만 전 세계 절반이 넘는 규모였다. 포토시는 전성기 도시인구가 16만 명에 달했을 정도로 발전했다. 런던, 세비야 보다 더 큰 도시가 되었다. 소설『돈키호테』에서도 부유한 도시로 묘사된 포토시다.

### 인플레이션

원주민 강제노역을 통해 스페인은 대량의 은을 생산해 내고 부자나라가 되었다. 당시, 명나라는 세금을 은으로 받는 일조편법이 시행되고 있었다. 스페인은 포토시의 은을 주고 중국산 차 등을 대량 구매했다. 또한, 스페인은 전쟁도 하고, 무역대금도 내면서 은화를 많이 썼다. 그 결과 서유럽 전역에 은이 퍼지게 되었다. 유럽은 100년 만에 물가가 2배 이상 뛰는 물가상승을 겪는다. 화폐 공급증가는 **물가상승**인플레이션을 야기한다. **화폐가 늘어나면 화폐의 가치는 떨어지고,** 예전보다 더 화폐를 많이 줘야만 동일한 물건을 살 수 있게 된다.

> 화폐공급 증가 → 시중 화폐량 증가 → 화폐가치 하락 → 물가상승(인플레이션)

### 토르데시야스 조약

포르투갈과 카스티야스페인는 1472~75년까지 전쟁을 했다. 전쟁 후

카나리아 제도 남쪽 해상은 포르투갈, 북쪽 해상은 카스티야 영토로 정했다. 그런데 콜럼버스가 발견한 땅이 경계선 남쪽이라 포르투갈이 자기 영토임을 주장했다. 전쟁도 한 사이끼리 서로 으르렁대니 교황알렉산데르 6세이 중재에 나섰다. 당시, 비(非) 가톨릭국가에 대한 결정권은 교황에게 있었다. 대서양 남북으로 선을 긋고서경 46도 서쪽은 스페인, 동쪽은 포르투갈 영토로 정했다. 지구는 네모라는 전제로 둘로 나눈 거였다. 이게 바로 **토르데시야스 조약**이다1494년. 그런데 포르투갈 흥정을 잘했다. 스페인 출신 교황이 스페인 편만 들었다고 해서 선을 브라질까지 후퇴시켰다. 덕분에 남미에서 브라질만 유일하게 포르투갈어를 쓴다. 대항해시대 초기 세상의 반은 포르투갈, 나머지 반은 스페인 거였다.

토르데시야스 조약 이후 **사라고사 조약**이 체결된다1529년. 아시아 대륙 항해를 하게 되며, 아시아 경계선을 구분해야 했다. 이번에도 포르투갈이 몰루카 섬, 지팡구를 포함한 아시아 대부분을 가져가면서 실익을 챙겼다. 두 나라만의 이분법 세상은 나중에 네덜란드, 잉글랜드, 프랑스 등이 식민지 개척에 나서며 깨졌다.

## 마젤란

**페르디난디 마젤란**1480~1521년은 최초로 세계를 한 바퀴 돌아1519~22년 지구가 둥글다는 걸 입증했다. 정확히 표현하면 그는 필리핀에서 부족 간 싸움에 휘말려 죽고, 그의 부하가 세계 일주를 마무리했다. 마젤란은 포르투갈인이지만 고국에서 항해 계획을 퇴짜맞고 스페인 지원카를 5세을 받아 떠났다. 스페인 입장에선 포르투갈 영역인 아프리카 남단 대신, 자신들의 영역인 남아메리카 하단 신항로 제안에 끌렸다. 마젤란의 항해 목적은 **향신료 루트**를 뚫는 것이었다. 그래서 함대 이름도 향신료 섬 몰루카인도네시

그림 60 페르디난디 마젤란

아 섬를 본떠 몰루카 함대로 지었다. 마젤란은 남아메리카 남단의 구불구불한 해협을 통과하게 되고, 나중에 그곳이 **마젤란 해협**이 된다. 그 해협을 지나 최초로 낯선 바다에 들어서는데 훨씬 넓고 잔잔해 **태평양**Pacific(평화로운) ocean이라 명했다. 마젤란 일행은 출발한 지 4개월 만에 필리핀에 도착하고, 27개월 만에 몰루카 제도에 도착했다. 그 후 출발 당시 함선 5척과 260명이었던 일행은 3년여 만에 함선 1척과 18명으로 스페인에 돌아온다. 하지만, 그 배에는 몰루카 제도의 최고 향신료인 정향이 들어있었다. 소위 말해 향신료 대박을 쳤다.

## 바다의 지배 역사

바다를 지배하는 자 세계를 지배했다. 대항해시대를 연 [1]포르투갈이 먼저 치고 나갔고, 그 뒤를 [2]스페인이 뒤따랐다. 포르투갈이 무

역에 힘썼다면, 스페인은 정복에 무게를 뒀다. 특히, **레판토 해전** 1571년에서 오스만 튀르크 함대를 격파하며 스페인이 그 위용을 뽐냈다. 3)그 뒤를 이어 청어로 부흥한 네덜란드가 향신료의 땅 인도네시아 섬들을 차지했다. 4)스페인 무적함대는 **칼레 해전**에서 잉글랜드에게 패하고, 네덜란드도 **영란전쟁** 여파로 쇠락했다. 승자는 잉글랜드. 5)다만, 해가 지지 않는 나라 잉글랜드도 세계대전에 2번이나 휘말리고, 그 틈을 타 미국이 세계 최강이 되었다. 국제 통화 교환 기준이 되는 기축통화도 미국 달러가 되고 말이다. 세상일 모를 일이다. 다음 지배자가 누가 될지.

# 1-26

# 한나라의 탄생『초한지』와 진나라의 탄생『삼국지』

### 진시황제

**춘추전국시대**春秋戰國時代는 춘추시대기원전 770~기원전 403년와 전국시대 기원전 403년~기원전 221년로 나뉜다. 공자가『춘추』라는 역사책에 기록했다 해서 춘추시대다. 반면, 유향역사학자이 쓴 역사책『전국집』에 관련 기록이 있다 해서 전국시대다. 전국싸울 戰, 나라 국國은 '싸우는 나라'란 의미다. 춘추시대에는 당시 중국 지배자인 주나라기원전 1046년~기원전 771년가 약해지자 지역 제후들이 세력화한다. 독립을 꾀하지만 형식적으로 주나라 지배를 받는다. 하지만, 전국시대가 되며 독립국 위치에서 본격적인 전쟁을 벌인다. 전국시대 7대 열강 국가로는 **한(韓)·위(魏)·조(趙)·제(齊)·초(楚)·연(燕)·진(秦)**나라가 있다. 진시황제의 진(秦)나라가 중국을 최초로 통일을 하며 전국시대는 끝을 맺는다. **진시황제**는 중국 역사 최초로 **황제**皇帝 타이틀을 단다. 황제란 이름은 중국 신화에 등장하는 삼황오제三皇五帝에서 가져왔다. **삼황오제**는 고대 중국 전설 속의 제왕으로 3명의 황임금 황皇과 5명의 제임금 제帝를 뜻한다. 임금을 뜻하는 황과 제를 합쳐 황제 명칭이 만들어졌다. 여기에 처음 황제를 단다하여 시처음 시始를 붙였다. 진시황제는 길이, 무게, 부피의 단위인 **도량형과 화폐 그리고 문자를 통일**했다. 반란이 일어나면 즉시 제압하기 위해 **전국의 도로**를 건설했다. 흉노족의 침입에 대비해 **만리장성을 축성**하기도 했다. 또한 중앙집권 국가를 만들려 했다. 이를 위해 기존 제후들이 지방을 나눠 다스리는 봉건제를 폐지하고, **군현제**를 실시했다. 군현제는 전국을 36개의 군으로 나누고, 그 아래 여러 개의 현을 두었다. 황제가 직접 지방인 군과 현에 관리를 파견했다. 봉건제봉할 봉封, 세울 건建는 황제가 토지를 제후에게 나누어주고, 그 지역을 통치토록 하는 분권제도다. 진나라는 공자의 유가 사상 대신에 **법가 사상**(법치주의)을 국가통치 이념으로 삼는다. 유가 사상의 도덕 정치는 위험한 것으로 간주해 금지했다.

## 초한지와 한나라

중국 통일 전 진(秦)나라 최대 경쟁자는 초(楚)나라였다. 초나라는 진나라 명장 왕전에게 크게 패하며 멸망하게 된다. 왕전에게 패한 초나라 명장 항연은 그만 자결하고 만다. 그 항연의 손자가 **항우**로 유방과 함께 망해가는 진나라 다음 중국 영토 주인을 놓고 싸운 인물이다. **항우와 유방간 싸움**을 그린 이야기가 『**초한지**楚漢志』다. 항우가 다시 일으킨 **초나라**와 유방이 세운 **한나라** 간 대결을 다뤘다. 진시황이 죽고 반란이 진나라 곳곳에서 거세지자, 항우는 초나라를 다시 세우려 한다. 모양새를 갖추려 초나라 어린 왕족을 왕으로 앉히고 혁명을 일으킨다. 초나라 재건에 뜻을 같이한 이들이 모여들어 항우 군대는 10만 대군으로 늘어나게 된다.

**유방**은 평범한 평민 출신이다. 진시황릉 공사 현장에 도착이 늦어지며 반란을 일으킨다. 당시 진나라는 공사 현장에 늦게 오면 사형을 집행했다. 죽느니 반란이라도였지만 따르는 이가 3,000여 명을 넘겼다. 일단 유방은 규모가 컸던 초나라 항우 진영에 합류한다. 반란군 초나라 어린 왕은 진나라 수도인 함양지금의 서안 진군을 유방과 항우에게 명한다. 먼저 함양을 점령한 자에게 함양 통지를 맡기겠다는 공약도 걸었다. 항우와 유방은 함양을 향해 각자 공격해 나간다. 결과는 **유방이 먼저 함양을 차지**한다. 진나라 마지막 황제자영는 유방에게 항복하고, 진나라기원전 221~기원전 206년는 짧은 생을 마감한다. 유방은 진나라 황제를 살려주고 함양 백성들에게도 유한 정책을 펼친다.

한편, 항우는 함양에 유방보다 한 달이나 늦게 도착한다. 함양까지 가는 길에 살육을 벌이면서 왔기 때문이다. 항우는 복수심에 불타 남의 말을 듣지 않는 폭군 스타일이었다. 그로 인해 항우는 민심을 잃은 반면, 유방은 남의 조언을 잘 듣는 온화한 스타일이었다. 덕분에 주변에 사람이 많았다. 항우는 유방이 살려준 진나라 황제와 그의 아들을 바로 죽이고, 아방궁 등 진나라 궁궐도 모조리 다 태웠다. 이제 함양의 통치권을 누가 가질 거냐가 남았다. 원칙대로라면 함양에 먼저 도착한 유방이 통치해야 맞다. 군사력 절대우위 항우는 **유방을 중국 서남쪽 촉**쓰촨성(사천성)**으로** 보내버린다. 당시 항우는 정예군 40만 명, 유방군은 농민군 등 10만 명이었다. 유방을 촉으로 보낸 항우는 다른 지역 정복에 나선다. 초나라 어린 왕이 자신의 말을 듣지 않는다고 죽이기까지 한다. 이에 유방은 항우 반대 세력들을 규합해 56만 대군을 모은다. 유방으로선 항우와 대항할 힘을 가진 셈이다. 이후 항우와 유방은 3년간 1인자가 되기 위한 싸움을 벌인다. 최종 승자는 유방이었다. 유방은 **한나라**를 세우고 진나라에 이어 중국을 다시 통일하게 된다. 초나라와 한나라 간 싸움은 **장기**라는 게임으로도 만들어진다.

**사면초가**四面楚歌는 '사방에서 초나라 노랫소리가 있다'라는 뜻이다. 전쟁에서 밀린 항우는 유방의 군대에 포위당하게 된다. 그때 유방의 군대로부터 초나라 노래가 들린다. 초나라 군사였으나 한나라에 투항한 병사들이 부른 노래소리였다. 패배를 직감한 항우는 연인 우희와 이별죽음을 고한다. 항우는 스스로를 패왕으뜸 패霸, 임금 왕王이라 했는데, 〈**패왕별희**覇王別姬〉는 '패왕 항우가 우희와 이별한다'라는 뜻이다.

## 흉노와 한나라

중국을 통일한 한나라 유방은 북방의 **흉노와 전쟁**을 벌인다. 하지만 백등산산시성에 위치에서 포위를 당해 가까스로 도망쳐 나온다. 이후 한나라는 흉노에게 조공과 여인을 바치며 산다. 진시황제도 만리장성을 쌓아 침입에 대비했던 호전적인 유목민족 흉노를 너무 가볍게 여긴 결과다. 이러한 치욕은 7대 황제 **한 무제**기원전 141~기원전 87년 때에 비로소 해소된다. 한 무제는 실크로드를 개척한 왕이다. 한 무제는 흉노 서쪽 나라 '월지'에 장건을 보낸다. 장건은 13년 만에 돌아오고 그의 정보를 활용해 흉노를 공격한다. 곽거병이란 장수를 통해 흉노를 처단한다기원전 119년. 흉노는 힘을 잃고 여러 부족으로 흩어져 버린다. 이후 장건이 지나온 길은 서역 교역로 **실크로드**로 개발된다. 한 무제는 베트남을 정복하고 고조선을 멸망시키기도 했다.

## 후한과 황건적의 난

한나라 12대 황제 '성제'는 나라 통치에 관심이 없었다. 실질적인 통치는 어머니 황후 왕씨가 했다. 왕씨 친인척이 요직을 차지한다. 그중 한 명이 왕망이다. 왕망은 군 권력의 우두머리까지 오른다. 왕망은 '평제'가 9살에 14대 황제에 오르자 어린 황제를 제거해 버린다. 그리곤 자신이 황제에 오르고 한나라를 신(新)나라로 바꾼다. 신나라는 15년간 유지되다 사라진다. 그리곤 한나라 유씨 후손인 유수에 의해 다시 한나라가 시작된다. 신나라 이전의 한나라는 전한前漢, 신나라 이후 한나라를 후한後漢이라 한다.

후한은 전한을 망하게 한 외척들의 권력 접근을 경계했다. 외척의 빈자리를 환관내시들이 차지했다. 십상시열 십十, 항상 상常, 모실 시侍는 후한 12대 황제 '영제' 시절 10명의 환관을 말한다. 영제는 어린 나이에 황제가 되는데, 십상시는 영제를 주색술과 여자에 빠지게 하고 환관이 마음대로 정치를 했다. 권력을 쥔 환관들은 벼슬자리를 돈을 받고 팔았다. 돈을 내고 관직을 산 벼슬아치들은 백성들의 재산을 빼앗게 되는 악순환이 벌어졌다. 백성들은 고향을 등지고 그런 이들이 모여 **황건적의 난**184년을 일으킨다. 흙 색깔인 노란색 두건을 쓴 황건적들은 난을 일으킨 지 1년 만에 모두 진압되고 만다.

### 『삼국지』와 진(晉)나라

황건적의 난이 진압되고 후한의 13대 황제 '소제'가 14살의 나이에 황제에 오른다. 황제 어머니인 하태후가 섭정대리 통치을 하고, 하태후 오빠 하진이 실권을 차지한다. 외척과 환관 간 권력다툼이 벌어지고 환관에 의해 하진이 죽임을 당한다. 이에 격분한 하진의 부하들이 궁궐 안 환관을 죄다 죽인다. 살아남은 환관 일부가 어린 황제를 인질 삼아 궁 밖으로 도주한다. 환관들은 추격을 피해 달아나다 강에 몸을 던져 죽는다. 이 상황에서 **동탁**은 우연히 겁먹은 어린 황제를 발견하고 수도 낙양으로 황제를 모시고 온다. 하진과 환관이 죽었고 어린 황제를 손아귀에 쥔 동탁은 후한의 실질적 1인자가 된다. 동탁은 어린 황제 소제를 황제 자리에서 끌어내린다. 그리곤 후한의 마지막 황제인 9살 '헌제'를 자리에 앉힌다. 이어 후한의 수도를 낙양에서 장안서안으로 옮겨 버린다. 허나, 동탁은 부하인 **여포**에게 살해당하고 만다.

    그런 상황에서 헌제는 장안을 탈출해 도주한다. 도주한 헌제를 찾아낸 건 **조조**였다. 조조는 노력형 인물로 후한말 관료이자 정치가였다. 조조는 황제 헌제를 자신의 지역으로 모셔와 실리를 챙겼다. 조조는 중국 북부지역을 차지한 **원소**와 **관도대전**을 벌여 승리한다 200년. 원소의 10만 대군은 2만의 조조 군대에게 패하고 만다. 조조가 중국의 중부와 북부를 차지하면서 힘의 무게추가 조조에게로 기운다. 중국 남부에는 **손권**과 **유비**가 세력을 넓히고 있었다. 조조에 대항하려 손권과 유비가 힘을 합친다. 중국 중남부 양자강양쯔강(장강)에서 **적벽대전**208년을 벌이고, 결과는 손권과 유비의 승리였다. 손권은 원래 권력가 집안, 유비는 가난했지만 자수성가형이다. 유비는 관우, 장비, 제갈량 등을 자기 사람으로 만들었다. **삼고초려**三顧草廬는 유비가 제갈량을 얻기 위해 3번이나 제갈량의 초가집을 찾아갔던 우화에서 나온다. 삼고는 3번 찾아간다, 초려는 초가집이다.

이후 조조가 죽고 조조의 아들 조비가 후한의 실권자가 된다. 헌제를 황제 자리에서 내리고 나라 이름을 후한에서 **위나라**로 바꾼다 220년. 유방이 세운 한나라가 400여 년 만에 멸망하는 순간이다. 위나라의 탄생에 손권은 상해, 남경을 중심으로 한 **오나라**, 유비는 사천성 중심의 **촉나라**를 세운다. 후한이 '위, 촉, 오' 세 나라로 나눠진 것이다. 유비의 촉나라는 위나라 북벌을 추진했다. 북벌 총 지휘자는 제갈량이었지만 번번히 실패한다. 위나라 **사마의**가 막아냈기 때문이다. 위나라 내에서 힘을 키운 사마의는 조조의 후손들을 허수아비 황제로 세우고 실권자로 나선다. 사마의가 죽고 그의 아들 사마소는 유비가 세운 **촉나라를 멸망**시킨다. 유비의 아들 유선은 촉나라 황제였다. 위나라가 쳐들어오자 싸우지도 않고 항복해 버린 겁쟁이였다263년. 그렇게 촉나라는 세 나라 중 제일 먼저 멸망한다.

사마소의 아들 **사마염**은 조조의 후손을 황제에서 끌어내리고 스스로 황제가 된다. 나라 이름도 위나라에서 **진(晉)나라**로 바꾼다. 진시황의 진(秦)과는 다른 진나라다. 이렇게 **위나라도 멸망**한다. 사마염은 **오나라까지 멸망**시킨다. 그렇게 진(晉)나라가 중국 대륙을 다시 한번 통일한다280년. 『**삼국지**』 **최종 승리자는** 조조도, 유비도, 손권도 아닌 **사마염**이다. 『삼국지연의』는 삼국지 실제 사건 이후 1,000년도 지난 14세기에 쓰여진 소설이다. 작가는 나관중으로 황건적의 난184년부터 진나라 탄생280년까지를 다루고 있다. 소설이다 보니 정사 History 『삼국지』에는 없는 허구도 많이 담겨있다. 정사 『삼국지』는 280년 진수가 쓴 역사 기록이다.

> **중국의 왕조 역사**
> 하나라 → 상나라 → 주나라 → 춘추전국시대 → 진시황의 진(秦)나라 → 한나라(전한) → 신나라 → 후한 → 황건적의 난 → 위, 촉, 오 삼국시대 → 사마염의 진(晉)나라 → 5호 16국+동진 → 남북조시대 → 수나라 → 당나라 → 안록산의 난 → 황소의 난 → 5대 10국 → 송나라(북송) → 남송+금나라 → 원나라 → 홍건적의 난 → 명나라 → 청나라

## 『수호지』

『수호지<sub>물 수水, 물가 호滸, 기록할 지志</sub>』는 명나라 시기 쓰여진 장편 무협 소설이다. 원래 이름은 **수호전**이다. 시내암이 쓰고『삼국지연의』저자인 나관중이 손을 봤다. 중국 4대 기서 중 하나다. 4대 기서<sub>결작 소설</sub>는 『수호지』와 함께 나관중의 『삼국지연의』, 오승은의 『서유기』, 왕세정의 『금병매』가 있다. 수호지는 송나라 시절 양산박에서 봉기했던 호걸들의 실화에 소설적 이야기를 더했다.

그림 61 수호지의 등장인물

송나라 '인종' 시기 전염병이 돌았다. 인종은 용호산에 사는 도사 '장진인'에게 기도를 부탁한다. 이 일을 대장군 '홍신'

이 맡았다. 용호산에 도착한 홍신은 **복마지전**엎드릴 복伏, 마귀 마魔, 갈 지之, 전각 전殿이란 간판이 걸린 전각을 발견한다. **복마전**은 마귀가 숨어 있는 전각이다. 악의 근거지를 뜻하는데 요즈음은 부정부패 온상지를 의미하기도 한다. 대장군 홍신은 복마지전 전각 문을 열고 전각 한복판에 박힌 석비를 파낸다. 그러자 그 밑에 갇혀있던 108 마왕이 뛰쳐나간다. 풀려난 마왕들이 사람으로 환생한 것이 **양산박 108명의 호걸들**이다.

# 1-27

# 수나라의 중국 통일, 과거제도와 대운하 건설

## 수나라 건국

위, 촉, 오 삼국시대를 통일한 사마염의 **진(晉)나라**는 친인척들을 지방 제후로 보내 통치를 한다. 하지만 사마염의 아들과 친인척 간 권력투쟁으로 내전이 일어난다291~306년. 내전 중 북방의 오랑캐를 용병으로 쓰게 된다. 그게 화근이 되어 중국 북쪽을 그들에게 내어준다. 흉노와 티벳 계열 5개의 유목민족 오랑캐흉노,

**그림 62** 수나라의 문제

갈, 선비, 저, 강가 13개국, 한족이 3개국 해서 중국 북쪽에 16개의 나라를 세운다. 이를 **5호 16국 시대**라 한다. 이후 북쪽 16개 나라는 선비족이 세운 **북위**가 통일을 한다. 북위가 중국 북부를 통일한 시기를 **북조**시대라 한다. 오랑캐에게 북쪽을 내어준 진나라는 동남쪽으로 옮겨 **동진**이란 나라로 겨우 명맥을 이어간다. 하지만 동진도 멸망하고 남쪽에는 송, 제, 양, 진(陳) 네 나라가 차례로 생겼다가 없어졌다를 반복한다. 이 시기를 **남조**시대라 한다. 조조의 위나라, 사마염의 진나라, 그리고 남북조시대를 합해 **위진 남북조시대**라고 부른다. 남북조420~589년를 하나로 통일한 건 **수나라**581~618년다. 북조시대 북위는 북주와 북제로 나뉘게 된다. 북주 황제의 장인인 **양견**은 북제를 공격해 차지한다. 이후 나이 어린 7살 외손자가 황제에 오르자, 양견이 황제를 물려받고 나라 이름을 수나라로 바꾼다. 양견은 수나라 초대 황제 **문제**다. 수나라는 남조의 진나라(陳)까지 차지하고 중국을 통일한다.

## 과거제도

수나라 문제는 중앙정부에서 일정한 시험을 거쳐 관리를 등용하는 **과거제도**를 실시했다. 처음에는 신분에 상관없이 개인의 능력을 중시했다. 과거를 통해 선발된 인원을 국가가 지방으로 발령을 냈다. 봉건적인 제후제도를 개선하고 왕권을 강화하기 위함이었다. 과거제도 이전에도 찰거제, 구품중정제 등이 있었다. **찰거제**는 한나라 문제 시절, 추천을 받은 인재들을 수도에 불러 시험을 치르게 하고 관리에 임명하던 제도다. 춘추전국시대 제후국인 위나라는 구품중정제를 운영했다. **구품중정제**는 사람의 재주와 명성을 기준으로 아홉 등급으로 나눈 뒤, 등급에 따라 벼슬을 내린 제

**그림 63** 송나라 과거제도

도다. 출신 가문과 상관없이 재능과 성품에 따라 관리를 선발하려 했다. 하지만, 시간이 지나면서 재능보다 출신 성분에 따라 등급이 정해지는 폐단이 생겼다.

과거제도는 **자기 세력 기반을 갖지 않은 전문가**를 관리로 등용하려는 노력이었다. 수나라에서 시작된 과거제도는 **청나라 말까지 1,300여 년간 지속**되었다. 물론 몽골의 원나라는 한족의 출세를 막기 위해 과거제를 없애기도 했다. 반면, 만주족의 청나라는 과거제도를 그대로 유지했다. 그러다 청나라 말기 실권을 장악했던 위안스카이가 과거제도를 폐지하고 만다1905년. 우리나라도 고려시대 이후 과거제도를 통해 관리를 뽑게 된다. 과거제도는 중국, 우리나라, 베트남 등 몇 국가에서만 실시했다. 과거제도가 없던 서양과 일본은 귀족이나 무사 계급이 지배했으나, 과거제도를 실시한 국가들은 문

인들이 지배 중심에 있었다.

　다만, 시간이 흐르며 과거시험이 팔고문八股文(과거 답안용 문체)이란 정형화된 형식으로 흐르게 되고, 시험 내용은 현실 내용과 동떨어졌다. 시험을 위해 431,286글자의 사서오경을 모두 암송한 뒤, 성현의 말씀을 그대로 옮겨서 답안을 작성해야만 했다. 이 틀과 형식을 벗어나면 과거시험 탈락이다. 결국 과거제도는 시험에만 능하고 **창의적인 사고는 부족**한 인간형을 양산하는 폐단이 따랐다. 관리가 되려면 복잡한 시험 체계과시, 향시, 거인복시, 회시, 회시복시, 전시를 통과해야 했다. 시험에 드는 시간과 비용을 고려할 때 잘 사는 집이 아니고선 오랜 준비가 어려웠다. 그러기에 권력을 쥔 자들의 자녀들이 과거를 통해 가문이 이어지는 **관료 귀족제**가 만들어지기도 했다. 관료들은 **전매(국가 독점 판매)와 세금 제도**를 통해 상공업을 국가가 통제했다. 국가 주도의 경제는 성장에 한계가 있다. 전매는 국가가 재정수입 등을 위해 특정 물품의 제조와 판매를 독점하는 제도다. 중국은 비단, 소금, 철, 차, 담배 등을 전매로 통제했다. 국가와 거래하는 독점적 상인들을 만들고 관료는 그들과 유착 관계를 통해 부를 축적하기도 했다. 상업 세력도 자신의 재산을 지키기 위해선 관료와의 관계 설정이 중요했다. 유교가 중심인 사농공상士農工商의 세상이었기 때문이었다. 사람의 귀하고 천함은 선비, 농민, 장인, 상인 순으로 차별했다. 상인이 계급사회 맨 하단이었다.

## 대운하 건설

수 문제재위 581~604년는 20여 년간 안정적으로 국가를 운영했다. 하지만, 수 문제의 아들 **양제**재위 604~618년는 아버지와 달랐다. 수 양제는 황제가 되고 남북을 이어주는 **대운하 건설**에 주력한다604~610년. 남북조시대 남북이 분단되어 경제 문화적 차이가 발생되었다. 날씨가 좋은 남부의 곡식을 춥고 배고픈 북부로 실어나르기 위함도 있었다. 육로로 운반하기에는 너무 먼 거리였기 때문이다. 날씨가 따뜻한 남쪽은 벼농사를 한 해 2번 짓는 이모작이 가능했다. 여기에 고구려와의 전쟁을 위해서도 빠른 물자 수송이 필요했다. 대운하는 중국 북쪽 베이징에서 강남의 항저우까지 남북으로 대략 1,800km의 수로다. 대운하 건설 자체는 국가적으로 필요한 사업이었다. 수 양제는 결과를 위해 백성은 고려하지 않았다. 원래 아버지 수 문제도 운하 건설을 검토했으나, 많은 비용과 인력 동원 문제를 감안해 시작하지 않았다. 수 양제에게 백성의 고통이나 엄청난 비용은 고려 대상이 아니었다. 기술이 발달되지 않았던 당시 토목공사는 오직 인력으로만 했다. 당시에는 동원된 인부들에게 제대로 월급을 주지도 않던 시대다. 대규모 인력 동원으로 농사짓는 일손이 부족하게 되고 식량 생산이 줄어들게 된다. 농업 국가 경제에 악영향을 미친다. 또한 양제는 단지 실용적인 목적만으로 토목공사를 하지 않았다. 운하를 따라서 40여 개의 행궁을 짓고, 배를 띄우고 물놀이를 즐겼다.

유럽에서 대항해시대가 있다면, 중국은 **대운하 시대**였던 셈이다.

대운하 인프라 건설로 강남의 풍부한 물자와 발전 내역이 중국 전반에 퍼질 수 있게 된다. 이러한 교류로 북부 황하와 남부 양자강양쯔강(장강)으로 나뉘어 있던 중국 남과 북은 경제적, 문화적, 정치적으로 통합된다. 중국 내륙의 대운하 건설은 바다 이용도를 낮추게 된다. 남쪽 물자를 북으로 옮기는 데 바다를 이용할 필요가 없어졌다. 바다는 왜구, 반란군 등 말썽쟁이들의 공간으로 인식된 거다. 마치, 만리장성 너머 유목민족이 사는 동네와 같이 치부되었다. 그로 인해 명나라 이후 해금령으로 바다 출입을 막게 된다. 해금령에도 불구하고 운하 덕택에 국가 운영에는 지장이 없었다. 후일에 발생하는 아편전쟁에서도 서양 세력은 대운하를 통해 침략을 했다. 대운하 거점들이 함락되며 청나라는 항복하고 만다.

## 수나라 멸망

수 양제는 아버지가 세운 수나라를 멸망에 이르게 한다. 고구려를 호기롭게 침략했다가 살수대첩에서 30만 대군을 잃은 황제가 수 양제다. 고구려와의 전쟁, 대운하 건설 등으로 인해 불만이 고조되고 농민반란이 들끓었다. 전국적인 농민반란에 수도를 버리고 도망가다 부하의 손에 죽는다. 수나라는 짧은 역사를 마무리하고, 수나라 관리였던 이연이 세운 당나라가 그 뒤를 이어간다. 이연에 이어 그의 둘째 아들 이세민은 큰형을 죽이고 당의 두 번째 황제 **태종**에 오른다. 당 태종도 10만 대군을 이끌고 고구려를 침공하다, 안시성에서 물러난다. 안시성 성주 양만춘의 방어와 요동반도의 추위 때문이었다. 당 태종이 죽고 당나라는 신라와 연합해 고구려를 멸망시킨다 668년.

당나라도 **황소의 난** 이후 힘을 잃고 멸망하고 만다. 황소는 과거에 낙방한 뒤 소금 밀매업을 했다. 이후 황소는 당나라 체제에 불만을 품고 농민 반란을 일으킨다. 당나라 수도 장안을 점령한 뒤 격문을 붙여 당나라 조정의 죄를 열거했다. 이 중에는 과거제의 불공정성을 지적하기도 했다. 당나라 시절 과거는 감독관이 응시자의 재능과 명성을 조사하고 이를 참고했다. 이에 응시자는 자신의 시문을 권력가에게 바치고 추천을 받았다. 이를 **행권**이라 했는데, 황소는 이러한 추천과 선발 제도의 불합리성을 역설했다.

# 1-28

# 원나라의 교초 초과 발행이 일으킨 인플레이션

## 원나라 건국

당나라가 멸망하고⁹⁰⁷년 송나라가 중국을 통일하기 까지⁹⁷⁹년 약 70여 년간을 **5대 10국 시대**라 한다. 북쪽에선 5개 왕조가 생겼다 사라졌다 하고, 남쪽에선 10개의 나라들이 생겼다. 5대 10국 시대를 마무리한 나라가 한족이 세운 **송나라**다. 송나라 ⁹⁶⁰~¹¹²⁷년(북송)시기, 송나라 북쪽에는 거란이 세운 요나라⁹¹⁶~¹¹²⁵년, 여진족이 세운 금나라¹¹¹⁵~¹²³⁴년도 함께 있었다. **금나라**는 요나라 그리고 송나라를 차례로 멸

그림 64 칭기즈칸

망시킨다. 당나라618~907년 뒤를 이어 중국을 통일했던 송나라의 몰락이다. 몰락한 송나라는 남쪽으로 이동해 항저우에 수도를 정하고 **남송**1127~1279년으로 명맥을 겨우 유지한다. 남송 이전의 송나라를 **북송**이라고도 한다. 칭키즈칸테무친이 몽골 초원 지대에서 힘을 키울 당시 중국 북쪽은 여진족의 금나라, 남쪽은 한족의 남송이 지배했었다. 몽골의 테무친鐵木眞은 여러 부족을 통합해 몽골제국을 수립한다1204년. 이후 테무친은 **칭기즈칸**으로 불리게 된다. **칸은 몽골어로 왕**을 뜻한다. 왕이 된 칭기즈칸은 금나라를 공격해 수도인 중도북경를 함락시킨다. 이후 금나라를 정복하던 중 칭기즈칸은 방향을 틀어 **유라시아 정복**에 나선다. 덕분에 금나라는 멸망 직전에 한숨 돌린다. 칭기즈칸은 동서양 길목에서 육상무역을 독점하던 **호라즘 왕국**이란, 우즈베키스탄 등을 정복한다. 칭기즈칸이 사망하고 아들인 **오고타이**는 헝가리, 폴란드를 차지하고 오스트리아 빈 앞까지 진출한다. 오고타이가 급성 심장마비로 생을 마감하지 않았다면 유럽은 몽골제국 차지였을지도 모른다. 오고타이는 금나라를 멸망시키기도 한다. 멸망한 금나라는 나중에 여진족의 후손만주족에 의해 **후금**으로 되살아나고 후금은 청나라가 된다. 칭기즈칸의 손자인 **쿠빌라이칸**은 수도를 몽골에서 베이징북경으로 옮기고 나라 이름을 **원(元)**1271~1386년으로 바꾼다. 이후 원나라는 남송을 공격해 멸망시킨다1279년. 쿠빌라이는 두 차례1274년,1281년 일본 침공을 감행한다. 하지만, 태풍 등으로 일본 침공은 실패한다. 그 내용이 『동방견문록』에도 실려있다. 일본인은 이를 **신풍**神風이라 하는데, 일본어로 가미카제다. 2차 대전 패전을 앞둔 일본은 가미카제 자살특공대를 운영했다. 신풍이 도와줄 거라면서다. 몽골 침략으로 인해 가마쿠라 막부는 무너지고 무로마치 막부가 들어선다. 몽골제국은 원나라를 제외한 나머지 땅들은 칸이 다스리는 나라인 **4개의 칸국**으로 분리된다. 칭키즈칸의 아들과 손자들이 세운 나라들이다. 킵차크 칸국1243~1502년, 일 칸국1259~1336년, 차가타이 칸국1227~1360년, 오고타이 칸국1218~1310년으로 나뉜다.

## 원나라 역참

칭기즈칸과 후손들은 유라시아 대륙 3,300만km 넘는 땅을 정복했다. '팍스 몽골리카'다. 기병의 기동력, 공성 기술, 그물망 역참 등으로 유럽의 성벽 도시와 갑옷 기사를 압도했다. 25년여 만에 로마의 400여 년 정복보다 더 넓게 영토를 보유했다. **역참**驛站은 물류 운송의 거점이자 말역마을 바꿔 타던 곳이다. '역마살 끼었다'는 역마(역참의 말)가 엄청난 거리를 돌아다녔던 데서 유래한다. 몽골제국은 지배지에 역참 설치를 강요했다. 역참은 전쟁 수행능력을 높이고, 문명 간 교류에도 도움이 되었다. 몽골제국은 점령지에서 쓸모있는 기술자들은 몽골 지역으로 보냈다. 이슬람권의 의학, 천문지리학 등이 동양권에 전달되었다. 공성 전문가, 의사, 기술자 등 다양한 전문가들이 동서 간 교환되었다. 몽골 이전에도 역참은 있었지만, 몽골은 거미줄처럼 역참을 연결했다. 몽골 역참은 32~64km마다 하나씩 있었다.

## 원나라 한족 차별

쿠빌라이는 극소수의 몽골족이 인구 대부분인 한족을 다스릴 방법을 고민한다. 먼저 **과거제도를 폐지**해 버린다. 당시 몽골인 대부분은 문맹으로 과거제도를 두면 한족만 계속 관리를 하기 때문이었다. 대신에 **티베트, 위구르, 중동이나 유럽 등의 지식인들을 원나라 관리로 임명**한다. 이들을 **색목인**色目人이라 불렀다. 색목인을 해석하자면 '다른 눈 색깔을 가진 이'다. 『동방견문록』을 쓴 마르코 폴로가 활동하던 시기도, 페스트가 발병했던 시기도 원나라였다. 쿠빌라이는 인도의 카스트 제도처럼 한족에 대한 **계급적 차별**도 했다. 제일 높은 계급은 몽골족, 두 번째는 색목인, 세 번째는 북부 한족, 마지막으로는 남송인들이었다. 남송이 원나라에 마지막까지 저항했기 때문이었다. 한족에 대한 차별 정책은 결국 반란의 빌미가 된다. 한족은 원나라가 멸망시킨 송나라 부활을 꿈꿨다. 한족은 몽골족의 지배에 항거해 **홍건적의 난**을 일으킨다. 홍건적은 붉은 수건을 두른 데에 붙여진 이름이다. 송나라는 불(火)의 기운으로 만든 나라이기에 붉은 수건을 둘렀다. 홍건적을 이끈 지도자는 주원장으로 한족의 '명나라'를 세운다.

## 원나라 교초

송나라 시절 사천성 민간 금융업자가 종이 어음인 **교자**交子를 유통시켰다. 거래할 때 쓸 동전이나 철전이 부족해지자 만든 자구책이었다. 편리한 교자의 특성을 알고 정부가 직접 지폐 발행을 하게 된다. 교자는 여진족의 금나라를 거치며 **교초**交鈔로 발전한다. 원래 금나라는 동전을 기본 통화로 했었다. 하지만, 구리 부족으

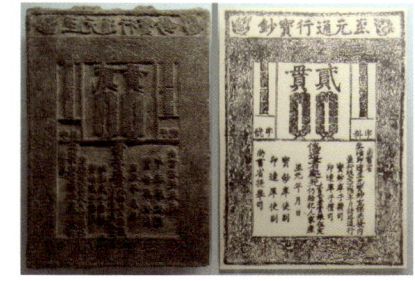

그림 65 원나라의 지폐 교초

로 인해 비단을 기반으로 지폐를 발행하게 된다. 금나라는 남송, 몽골과 전쟁 비용이 증가하자 지폐 발행을 남발한다. 그 결과 금나라 말기에는 **초인플레이션이 발생**한다. 금나라는 화폐개혁을 통해 새로운 지폐인 보천寶泉을 발행했으나 너무 늦었다. 더 이상 금나라 지폐를 비단으로 교환하지 않게 된다. 원나라 초기에도 은과 비단이 주요 화폐 수단이었다. 지폐인 교초는 유통되지 않았다. 금나라 관료였던 야율초재는 원나라에서도 일하게 되는데, 몽골제국 2대 황제 오고타이 시절 **교초를 발행**한다. 거대한 몽골제국을 무거운 금속 화폐를 가지고 다니는 건 쉽지 않았기 때문이다. 5대 황제 쿠빌라이 시기부터 지폐가 활성화된다. **은과 비단에 기반해 냥(兩) 단위 교초가 발행**된다. 은 1냥을 교초 10관으로 바꿔주는 **은 태환 지폐**였다. 교초는 황제의 옥새를 날인해 발행했다. 위조자는 사형에 처한다는 문구도 넣었다. 교초는 몽골제국이 지배하는 지역에 광범위하게 통용되었다. 초기엔 금나라와 같은 초인플레이션을 겪지 않기 위해 지폐와 은 교환 비율을 지켰다. **보유한 은만큼만 지폐를 발행**한 것이다. 원나

라는 지폐만 유통시키기 위해 모든 금은, 동전 등을 지폐로 바꿔주었다. 지폐 받길 거부하면 사형에 처했다. 마르코 폴로도 『동방견문록』에 원나라 지폐 사용에 대해 기록해 두었다.

하지만, 원나라도 전쟁을 수없이 하면서 보유한 은을 전쟁 비용으로 사용하게 된다. 은 부족은 지폐와 은을 서로 교환해 줄 수 없음을 의미한다. 그런 상황에서 원나라는 교초를 추가로 발행한다. 결국 은을 '가치가 하락한 교초'와 교환하지 않으려 한다. '은 부족' 상황에서 지폐 발행이 이어지며 원나라는 **초인플레이션**을 겪는다. 지폐가 화폐 기능을 못 하게 되니 물물교환 시대로 돌아간다. 교초제도가 폐지되고1356년 그 후로 10여 년 뒤 원나라는 한족에게 밀려나 몽골고원으로 쫓겨난다1368년. 원나라 마지막 황태자는 몽골고원에서 '북쪽의 원나라'란 의미의 **북원**北元을 세운다. 이름만 그럴듯할 뿐 과거 유목 생활의 연장선일 뿐이었다. 명나라는 건국 후 지폐와 금속 화폐 간 저울질 끝에 **은 중심체제**로 경제를 이끌어 간다.

# 1-29

# 해금령으로 중국이 유럽에 밀리기 시작하다

## 해금령

**해금령**바다 해海, 금할 금禁은 민간인의 바다 출입 금지명령이다. 중국 명나라1368~1644년 초대 황제인 주원장홍무제, 재위 1368~98년 시절부터 청나라까지 해금령이 이어졌다. 주원장은 원나라말 홍건적백련교도, 머리에 붉은 두건을 씀 출신이다. 해금령으로 지방 토호들이 해양 세력과 결탁해 해적이 되거나 반란을 꾀하는 걸 막고자 했다. 명나라 수도가 베이징북경이 됨에 따라 양자강양쯔강(장강) 이남 세력에 대한 감시도 필요했다. 당시 일본 정부도 통제가 안 되는 왜구의 해안 침입도 잦았다. 왜구 출입 금지! 부자나라 중국의 재물이 외부로 나가는 걸 금하고 싶기도 했다. 해금령은 다른 나라와 교역을 막는 쇄국쇠사슬 쇄

鎭. 나라 국國정책과도 비슷하다. 중국은 자원이 풍족해 자급자족이 가능한 경제였으니, 굳이 외국과 교역이 필요하지 않았다. 바다 문을 개방해 이민족 침입을 유도할 이유가 없었다. 해금령 조치로 민간인이 항해할 수 있는 씨를 말려버렸다. 배를 만들지 않는 걸 더해 배를 불사르고, 사람 사는 섬을 무인도로 만들고, 항해 기록도 없앴다. 명나라가 해금령을 시작한 건 포르투갈 엔히크1394~1460년 왕자가 **대항해시대**를 준비했던 기간과 겹친다. 물자가 부족한 유럽은 넓은 바다로 나가고픈 마음이 컸다. 반면, 부자나라 중국은 아쉬울 게 없었기에 바다 문을 걸어 잠근다.

그 결과, 유럽과 중국의 처지가 뒤바뀐다. 가난했던 유럽은 **식민지 정복과 교역**을 통해 얻은 풍부한 금과 은, 향신료로 부자가 된 반면, 부자였던 중국은 점점 유럽에 밀려간다. 중국이 먼저 발명했던 나침반, 대포가 유럽에서 빛을 발했다. **바다를 지배한 나라가 세상을 지배**해 왔는데, 중국이 바다를 포기했으니 결과는 **경제적 도태**다. 중국에 영향받은 조선15세기부터과 일본도17세기부터 해금 정책을 도입했다. 조선은 유일한 교역 창구가 중국에 한정되었다. 반면, 일본은 **데지마**나가사키 안 인공섬를 무역 창구로 열어두어 네덜란드와 교역했다. 일본은 조선에서 도입한 도자기, 은 제련 기술을 활용해 도자기, 은 등을 수출했다.

당시 중국은 교역대금 결제를 은으로 요구했고, 덕분에 조선도 은

광산업이 발전하게 되었다. 이에 조선 연산군 시기1503년 양인 김감불과 노비 김검동이 '연은 분리법'을 개발했다. 이는 유럽보다 앞선 순은 채취법이었다. 하지만, 연산군을 폐위한 중종은 은 증가로 비단 등 수입이 늘고, 사치풍조가 만연하다며 은광 채굴을 금지시켰다. 안타깝지만 조선에서 만든 은 제련술은 일본으로 건너가 빛을 본다. 여기에 임진왜란 때 잡혀간 조선 도공의 도자기 제조 기술도 한몫한다.

## 중화사상

바다를 막은 자신감은 중국이 세상의 중심이라는 **중화**가운데 중中, 빛날 화華사상에 기초했다. 한족의 중화 문명이 세계의 중심이며, 가장 우수하다고 생각했다. 지금도 국가 이름이 세상의 중심인 중국(中國) 아닌가. 당시 중국이 유럽보다 뛰어난 경제력을 가지고 있었으니 그럴 만했다. 차, 도자기, 비단을 얻고자 실크로드 길도 생겼으니 말이다. 명나라는 중국 역사상 유일하게 강남에서 출발해 통일을 했다. 한족의 마지막 통일왕조다. **한족**은 다른 문명을 하찮게 오랑캐로 보았다. 가운데가운데 중中있는 한족이 미개한 **동(동이)**, **서(서융)**, **남(남만)**, **북(북적)** 오랑캐를 다스리는 개념이다. 우리는 동쪽의 오랑캐인 동이동녁 동東, 오랑캐 이夷로 불렸다. 만주족인 청나라도 한족에게는 오랑캐였다. 청나라 정부는 한자 오랑캐 이夷를 싫어했다. 대신에, 옳을 의義를 썼다. 예를 들면, 네덜란드포를 명나라 때는 홍이포라 했는데, 청나라 땐 홍의포라 했다. 홍이붉을 홍紅, 오랑캐 이夷는 붉은 머리를 한 네덜란드인을 말한다. 홍이포는 병자호란 때 청나라가 남한산성에 포격을 가한 그 대포다. 참고로 만두<sup>만두 만饅, 머리 두頭</sup>는 남만인의 머리라는 뜻이다. 제갈량<sup>촉한 승상</sup>이 남쪽 오랑캐인 남만<sup>남쪽 남南, 오랑캐 만蠻</sup> 정벌 후 풍랑을 만나게 되었다. 부하들이 49명의 남만인 인질의 머리를 강에 바치자고 건의했지만, 제갈량은 고기로 사람 머리를 빚어 바쳤다.

## 사농공상

유교적 관료주의도 해금령 결정에 영향을 미쳤다. 명나라는 몽골 관습을 버리고, 성리학(유교)을 받아들였다. 유교에선 사농공상 즉, 선비, 농민, 공장, 상인 순으로 귀천<sup>신분</sup>이 나뉜다. 글 읽는 베짱이 선비가 최고다. 다음으로는 농부다. 농사가 세상을 먹여 살린다는 원칙<sup>농자천하지대본</sup>이 지배했었기 때문이다. 중농억상 정책<sup>농업 장려, 상업 억제</sup>으로 상업과 교역은 맨 하단 등급으로 하찮게 여겼다. 유교에선 상업이 인간을 욕심쟁이로 만드는 나쁜 것이라고 했다. 반(反)상업주의가 원칙이니 자급자족 물물교환 경제로 돌아간 셈이다. 서양보다 앞서 지폐를 발행할 정도로 발전했던 중국 자본주의의 후퇴다.

## 정화 남해 원정

해금을 하던 명나라였지만, 영락제<sup>명나라 세 번째 황제</sup> 때 **정화의 남해 원**

그림 66 정화의 남해 원정

정이 있었다. 정화1371~1434년는 명나라 환관내시이다. 영락제의 심복으로 무슬림 출신이다. 정화는 중국 남쪽 바다 원정을 7차례나 했다. 그것도 포르투갈보다 70년 이상 더 앞서서 말이다. 동남아, 인도, 아랍을 거쳐 아프리카까지 탐험하고 왔다. 탐험 목적은 **조공국을 찾는 것과 남쪽 문물을 가져오는 것**이었다. 정치적 목적영락제가 쫓아낸 2대 황제 건문제 '영락제 조카'를 찾아라도 일부 있었겠으나 명나라 국부를 자랑하는 것도 있었다. 배의 스케일 자체가 포르투갈이나 스페인 원정대와 비교가 안 되었다. 콜럼버스가 함선 3척으로 인도를 찾아 나섰는데, 정화함대는 대형 함선만 60여 척이었다. 물론, 과장을 좋아하는 중국인 특성을 감안해야겠지만, 3,000톤급 배에 승무원만 2만 7천여 명이었다. 콜럼버스 함대의 가장 큰 배인 산타마리아호가 230톤, 승무원 89명 정도였으니 비교가 안 된다. 당시, 중국이 세계 제일의 화약, 대포, 나침반을 갖춘 선진국이었으니 가능했다. 허나, 정화가 죽고 난 이후 명나라는 쇄국정책을 지속했다. 정화의 탐

최고민수 경제사 특강 1                                      **253**

험 기록도 모두 태우고, 배도 태우고 말이다. 그렇게 밝은 나라밝을 명明 명나라는 밝음이 줄어들고 있었다.

## 조공무역

민간인의 해양무역이 금지된 명나라, 유일한 교역은 **조공무역** 형태였다. 조공아침 조朝, 바칠 공貢은 부하 나라가 형님 나라중국에 물건을 바치는 것이다. 중국은 19세기 중반까지 주변 나라(민족)이 머리를 조아리는(복속) 조건으로 조공무역만을 허용해 왔다. 방식은 1)오랑캐가 중국 황제에게 공물을 가져다 바친다. 2)그럼 황제는 **하사품을 지급**한다. 형님 나라니까 받은 것보다 더 많이 줬다. 형님 인심을 더한 **물물교환 방식**이었다. 형식은 조공이지만 실질은 중국의 귀한 물건을 얻을 수 있는 기회였다. 조선은 온갖 이유를 대고 자주 조공무역 하길 원했다. 명나라는 3년에 1번을 원칙으로 했으나, 조선은 매년 수차례 무역단을 파견했다. 대신에, 조선도 일본의 교역 요구에 조공무역 형태를 취했다. 청나라 때에는 광저우에 **공행**公行이란 독점 상인 조합이 있었다. 중국 정부로부터 서양 상인 대상으로 무역 독점권을 부여받았다. 서양 상인이 중국과 무역을 하려면 공행을 거쳐야만 했다. 공행은 관세를 징수하여 국가에 상납했다. 청나라는 관리를 두는 것보다 상인에게 맡기는 게 편하다 생각했다. 다만, 아편전쟁난징 조약 뒤 자유무역에 방해된다 하여 공행을 없앴다.

**삼궤구고두례**삼배구고두례는 청나라 황제에게 신하가 하는 인사법이다. 3번 절하고, 9번 머리를 조아린다. 병자호란 당시 남한산성에서 인조가 청나라 태종홍타이지에게 했던 그 인사법이다. 조공무역을 하려면 사신들은 이 예법을 갖춰야 했다. 영국 외교관조지 매카트니도 청 황제건륭제에게 교역을 청할 때 이 예법을 강요받았다1792년. 하지만, 매카트니는 이를 거절했다. 중국인도 영국 여왕에게 삼궤구고두례를 하면 본인도 하겠다며 버텼다. 결국 그는 영국 여왕에게 하던 방식인 왼쪽 무릎을 굽히는 정도로 마무리했다건륭제 뒤에 영국 여왕 초상화를 걸어놓고. 청나라의 국력이 약해지니 영국인이 만만하게 본 것이다.

# 1-30

# 네덜란드,
# 청어잡이가 금융을 일으키다

### 종교적 자유

네덜란드는 홀란드Holland라고도 하는데 네덜란드 땅 일부인 홀란트 주 이름에서 따왔다. 홀란드를 한자로 화란화할 화和, 난초 란蘭이라고 부르기도 한다. 일본에서 네덜란드화란 학문을 난학蘭學이라고 불렀다. 일본은 네덜란드 서적을 통해 서양을 접했다. 일본은 네덜란드를 오란다阿蘭陀라고도 불렀다. 네덜란드는 '저지대'란 단어가 나라 이름이 되었다. 바닷물보다 땅이 더 낮아 몹쓸 땅, 풍차로 물을 퍼내는 척박한 곳이다. 농사도 어려워 가난했다. 오죽하면 더치페이Dutch Pay란 말이 네덜란드에서 나왔겠는가. 참고로 '더치'는 잉글랜드인이 네덜란드인을 깔보는 의미가 담겨있다. 더치란 말치고 예쁜 말들이 많지 않다. 네덜란드는 **스페인 식민지**였지만 느슨한 지배를 받았다. 가난하니까 스페인이 관심을 안 둔 거다. 덕분에 종교적 압박을 피해 **신교도, 유대인 등**이 몰려와 살았다. 지금도 네덜란드인 생각은 자유롭다. 대마초도 커피숍<sup>네덜란드에서는 커피는 카페, 대마초는 커피숍에서 구매</sup>에서 자유롭게 살 수 있는 나라다. 그 당시 네덜란드는 지금의 **베네룩스 3국**<sup>네덜란드, 벨기에, 룩셈부르크</sup> 규모였다. 지금의 네덜란드<sup>북부 7개주</sup>는 신교도, 벨기에<sup>남부 10개주</sup>는 구교(가톨릭)을 지지한다. 북부 네덜란드는 스페인과 독립전쟁을 통해 먼저 독립한다<sup>30년전쟁 후 베스트팔렌 조약, 1648년</sup>. 남부 벨기에는 스페인에 남았다가 나중에 독립했다<sup>1831년</sup>. 당시 벨기에 일대는 **플랑드르**라 칭했다. 플랑드르는 잉글랜드식으로는 플란다스다. 플랑드르가 〈플란다스의 개〉 만화 배경지다. 덕분에 벨기에 앤트워프에 가면 플란다스의 개 조각상을 볼 수 있다<sup>일본인들이 물어봐 대 만화 흥행 후 만듦</sup>.

## 청어잡이

경제학의 아버지, 잉글랜드인 애덤 스미스가 그의 책『국부론』<sup>1776년</sup>에서 네덜란드를 부러워했다. '땅도 작고 인구도 적은데 잉글랜드보다 훨씬 부자다. 네덜란드 정부는 연 2%에 화폐를 빌릴 수 있다.'라며 흠모했다. 한때 잉글랜드인도 부러워한 네덜란드는 대체 어떻게 부자가 되었던 걸까? 그 시작은 **청어**에서부터다. 등푸른생선, 청어<sup>몸길이 35cm로 정어리보다 큼</sup>는 전어, 과메기<sup>청어 눈을 꿰어 겨울에 말림</sup>로 친숙한 물고기다. 악취 음식인 수르스트뢰밍스웨덴 전통 염장 청어도 청어로 만들었다. 유럽은 **염장한 청어**가 꼭 필요했다. 사순절부활절 전 40일간에 육류고기를 금지한 대신에 생선은 허용했다. 청어잡이가 돈이 된 이유다. 원래 청어는 독일 북부 **발트해 연안**에서 잡혔다. 덕분에 발트해 연안 90여 개 도시가 한자(Hansa)동맹으로 성장했다. 한자동맹은 청어잡이로 먹고살 만한 자유도시들끼리 만든 경제공동체다. 자유도시 안에서는 길드라는 도제식 전문 기술자들을 양산해 냈다. 그런데 15세기 초 바닷물 온도가 바뀌자, 청어가 **북해**에 가서 알을 낳기 시작했다. 네덜란드 앞바다에 청어가 몰려오니 한자동맹은 기울고, 네덜란드가 흥하기 시작했다. 당시 네덜란드 인구의 20~30%가 청어잡이에 나섰다. 배 위에서 내장을 제거하고 소금치고 통에 넣는 염장법도 발전했다. 염장을 위해 비싼 독일산 암염돌소금 대신에 스페인산 값싼 소금을 들여왔다. 새로운 청어처리법과 염장법은 청어 보관 기간을 크게 늘리게 되며 한자동맹보다 우위를 가져가게 된다. 네덜란드는 염장 청어를 수출해 부자가 되어갔다. 네덜란드가 스페인과의 80년 전쟁 끝에 독립베스트팔렌 조약한 것도 청어잡이 무역에 힘을 보탰다.

### 조선업 발달

청어잡이가 잘되니 배를 많이 만들어야 했다. 덕분에 배 만드는 기술조선 기술이 발전했다. 네덜란드 바다는 갯벌이다. 갯벌 바다 배는

그림 67 암스테르담의 동인도회사 조선소

바닥이 평평해야 했다. 평평한 바닥 배는 바닥이 뾰족한 배보다 청어를 더 많이 실을 수 있었다. 또한, 평평한 바닥의 배는 육지에서보다 쉽게 만들 수 있었다. 덕분에 배를 만드는 기간도 단축되고 제조 비용도 줄일 수 있었다. 당시, 유럽은 배에 통행세를 부과했는데 갑판의 크기가 기준이었다. 바닥이 평평한 배이다 보니, 배 아래를 배불뚝이처럼 불리고 갑판 크기는 줄이는 아이디어를 냈다. 덕분에 통행세도 줄이게 되었다. 네덜란드 배불뚝이 배를 '플라이트선'이라 부른다. 17세기 네덜란

그림 68 플라이트선

드 선박 수나 선원 수는 잉글랜드보다 4~5배 이상 많았다. 네덜란드 금융이 발전하게 됨에 따라 낮은 금리로 대출을 받을 수 있던 점도 많은 배를 만들게 되는 원동력이 되었다.

## 시의회 지급보증

청어잡이와 플라이트선 덕에 네덜란드는 부자나라가 되었다. 부자나라에는 돈이 몰리는 법, 네덜란드는 교역과 금융 중심지16세기 중반로 부상했다. 특히, 항구도시 암스테르담이 무역항으로 발전하는데, 문제는 너무 다양한 화폐가 몰린다는 거였다. 800~1,000여 개 주화가 유통되었는데, **저질 주화**도 범람했다. **금과 은 함량 미달 주화**뿐만 아니라, 화폐 위조 방식인 **클리핑**화폐 주변 돌려깎기과 **스웨팅**가죽에 넣어 비비기 기법도 만연했다. 교환가치의 통일이 시급했다. 암스테르담 시의회는 **암스테르담은행**을 설립해 **표준화폐**를 만들었다1609년. 민간은행이지만 **시의회**시민대표**가 지급보증**하고 무역환어음 **지급결제 독점권**을 줬다. 당시 유럽 화폐들은 함량 미달인 경우가 많았다. 주조 차익을 얻으려는 왕과 영주들이 금이나 은 함량을 줄였기 때문이다. 하지만, 암스테르담은행은 왕이 아닌 시의회시민 대표가 지급보증을 서니 금속 함량도 지키고 신용도도 올라갔다. 신용믿음이 생기자, 화폐가 화폐 같은 일을 했다. 화폐를 예치하고 예치증서를 받아, 이를 주고받았다. 계좌이체 방식으로도 결제가 가능했다. 네덜란드 금융은 믿을만하다는 믿음이 **대출이자 하락**으로 이어졌다. 애덤 스미스도

**그림 69** 세계 최초의 중앙은행, 암스테르담 은행

'잉글랜드 사람들은 신용 좋은 사람이 연 10%대 대출을 받는데, 암스테르담 사람은 4%면 충분하다'라고 부러워했을 정도다. 대출이자가 낮다는 건 큰 의미가 있다. **저금리로 쉽게 사업 자금을 조달**할 수 있어서였다. 해군력을 유지하거나 원양항해를 위해선 막대한 자금이 필요했다. 낮은 이자 덕에 네덜란드는 유럽을 넘어 먼바다로 진출할 수 있었다. 암스테르담은행은 영란은행영국 중앙은행의 모델이 되고 미국 연방준비제도미국 중앙은행에도 영향을 미친다.

# 1-31

# 네덜란드,
# 동인도회사 주식 거래가 되다

### 네덜란드 동인도회사

네덜란드에게 유럽 바다는 좁았다. 청어잡이 배 제조 기술이 점점 발전해, 원거리 항해가 가능해졌다. 네덜란드인 너도나도 **아시아 항해**에 나섰다. 그들에게 포르투갈, 스페인 성공담이 동력이 되었다. 값비싼 향신료, 금과 은, 도자기, 차를 가져와 대박을 얻고자 했다. 원거리 항해 이전 향신료 등 무역은 이탈리아 도시국가가 도맡아 했다. 지중해 동쪽 끝에 있다 보니 중국과 가까웠고 그 지리적 이점을 활용할 수 있었다. 그런데 이슬람 튀르크인들이 이탈리아로 가는 길에 들어섰다. 이탈리아가 막히다 보니, 이탈리아에서 가장 먼 포르투갈인들이 먼저 살길을 찾았고, 그렇게 먼 바닷길은 열렸다. 포르투갈의

**그림 70** 네덜란드 동인도회사의 전경

뒤를 스페인이 따랐고 그 뒤를 네덜란드가 이어 갔다. 16세기 이전이 포르투갈, 스페인 차지였다면 17세기는 네덜란드가 중심이었다.

 네덜란드는 스페인과 독립전쟁을 하며 스페인에 맞서는 해상 강국이 되었다. 네덜란드 바닷길, 처음에는 정부 주도가 아니었다. 우후죽순 민간 회사들이 각자 살길을 찾았다. 포르투갈, 스페인보다 원거리 항해 시작도 늦은 데다, 작은 규모 기업들이 난립하다 보니 경쟁이 만만치 않았다. 네덜란드 정부와 의회가 나서서 난립한 회사들의 합병을 유도했고, 그렇게 **네덜란드 동인도회사**1602~1799년, 잉글랜드보다 2년 늦음가 탄생했다. 유럽 여러 나라가 동인도회사를 운영했지만, 영국과 네덜란드 동인도회사가 크게 성공했다. 영국 동인도회사가 더 알려졌지만 규모는 네덜란드 동인도회사가 더 컸다. 설립 후 100여 년 동안 영국 동인도회사는 네덜란드 동인도회사의 꼬마 동생 정도였다. 화물 운송 규모는 5배, 출자금 규모는 10배나 차이가 날 정도였다17세기. 네덜란드 동인도회사는 17세기 중엽 아시아 20여 곳에 상관을 설치하고 해상 네트워크를 구축했다

## 군대 보유

인도회사는 동인도회사와 서인도회사로 나뉜다. 아시아 쪽을 담당하는 게 동인도회사, 아메리카 대륙 쪽은 서인도회사다. 유럽인들은 아시아 진입을 '회사' 형식을 취했다. 스페인이 아메리카의 아스텍, 잉카제국을 무력으로 점령한 것과는 차이가 있다. 무력으로 아시아 주요국중국, 인도, 아랍, 일본 등 기존 질서를 무너뜨리긴 쉽지 않아서였다. 상업 거점 확보를 통한 교역 확대 후 식민지 지배 형식을 노렸다. 동인도회사 방식으로 사적 이익 추구를 최우선으로 해 효율을 높였다. 하지만, 이름에 회사가 붙어서 회사지, 사실 **작은 나라 내지 군대**였다. 네덜란드 정부가 무역 독점권에 식민지 개척권도 부여했다. 동인도회사 사장이 식민지 총독 역할도 했다. 조약 체결, 화폐 주조, 사법권, 전쟁 발동권 등도 부여했다. 이를 위해 자체 군대도 보유해 바다로 떠났다. 인도네시아 등 현지에서 선량한 원주민들을 대량 학살하기도 했다.

## 주식회사 동인도회사

네덜란드 동인도회사가 의미를 갖는 건 **근대 최초의 주식회사**란 점이다. 대규모 선단을 꾸려 항해하는 건 엄청난 돈이 들었다. 돈을 빌려 투자금을 대야만 했다. 물론, 이자율이 낮은 네덜란드라 투자금 대기는 쉬웠다만, 배가 난파되거나 못 돌아오면 큰 낭패였다. 연대보증 형식이라 다른 이가 부채를 못 갚으면 그들이 진 부채까지 떠안아야 했다. '내가 낸 투자금만큼만 위험부담을 지고 싶다'라는 생각이 간절했다. 그 결과물이 주식회사 형식의 동인도회사다. **주식회사**는 내가 투자한 주식 비중만큼만 책임을 진다. 위험 분산을 위해 동인도회사는 주식 투자 방식을 선택했다. 주식회사는 투자자들에게 주식을 팔아서 회사를 만든다. 회사가 투자자들에게 주는 증서가 **주식**, 주식을 산 사람이 **주주**다. 즉, 주식회사는 주주들에게 투자 대가로 주식을 제공하고, 주주는 자기가 가지고 있는 주식 비율(지분)

그림 71  17세기 네덜란드 동인도회사 명판

에 따라 배당금과 일정한 의사 결정권을 갖는다. 네덜란드 동인도회사는 요즈음 공모주 청약과 같은 기업공개(IPO 불특정 다수에게 주식 매도) 방식으로 투자금을 모았다. 400년 이전에 주식 공모공개 모집라니 그저 신박할 뿐이다. 덕분에 네덜란드 동인도회사가 초창기에 영국 동인도회사보다 크게 운영할 수 있었다. 인도네시아에선 영국 동인도회사와의 향신료 경쟁에서 우위를 가져가기도 했다.

### 동인도회사 주식 거래

동인도회사, 첫 번째 항해는 일회성 이벤트였다. 배가 무사 귀환하자 수익금 정산 방식으로 해산했다. 265% 투자수익을 내면서 말이다. 두 번째 항해부터는 10년 후에 수익금을 정산하기로 했다. 막대한 자금을 매번 모으기가 만만치 않아서였다. 대신에, 5% 이익마다 배당금주식 소유주에게 수익 공유을 주기로 했다. **배당금**은 회사가 이윤이 생기면 이를 주주들에게 나눠주는 것이다. 당시 주주는 회사의 소유주 개념보다 배당금을 받는 투자자라는 생각이 강했다. 네덜란드 동인도회사 사업은 번창해 갔다. 인도네시아 향신료 사업도 독점하게 되고 투자도 더 필요해졌다. 투자금을 받기 위해 주식을 더 발행해야 했다. 문제는 급전이 필요한 투자자에게 발생했다. 중간에 화폐가 필요해 환불해 달라는 요청이 늘었다. 동인도회사는 '10년 후 정산' 원칙을 준수해야 한다며 거절했다[1605년]. 대신에, 주식을 남과 바꿀 수 있게 해줬다. 한마디로 알아서 주식을 돈으로 바꿔 쓰라는 것이다.

동인도회사 주식이 **거래의 용도**로 사용되기 시작했다. 당시, 사람들이 모일만한 장소가 부둣가 카페였다. 교역의 장소이자 항해 정보를 알 수 있는 곳이었다. 카페가 사람들이 모여 주식을 교환하는 장소가 되었다. 카페에는 중개를 전문으로 하는 브로커도 생겼다. 하지만, 알음알음 거래하다 보니 불편한 점이 한둘이 아니었다. 거래 규모가 상당한데 거래 시스템이 체계적이지 않았다. 거기에 사기꾼까지 들끓었다. 결국, 주식 거래를 위한 상설 증권거래소인 **암스테르담보르스**Bourse가 개설되게 되었다1608년. 당시 암스테르담 거래소에서 주식 거래는 주식을 주고받기보단, 주식 장부주주 명부에 이름을 고치는 방식이었다. 거래 방식은 서로 간 **악수**였다. 거래소 회원 한

**그림 72** 암스테르담 증권거래소 안뜰

명이 손을 내밀면 다른 회원이 그 손을 잡는다. 그리곤 어떤 가격에 얼마의 지분을 매매할지 확인한다. 그 둘이 다시 악수하면 계약은 확정된다. 합의가 되지 않을 경우엔 내민 손을 찰싹 때린다. 원하는 가격이 나올 때까지 때린다. 거래소 사방에서 서로 손을 잡거나 때리고 있다. 거래하다 화가 나면 고성도 오가고 몸싸움도 있었다. 물건 파는 시장과 다름없는 분위기였다. '항구에 배가 들어온다'라는 풍문이 돌면 동인도회사 주가는 급등했다. 귀금속, 향신료를 가득 싣고 올 거라는 기대감 때문이었다.

## 주식회사

**주식회사**는 주식그루 주株, 법 식式으로 구성된 회사다. 주식회사 특징은 **자본금, 주식, 주주 유한책임**이다. **자본금**은 회사의 주주투자자가 투자한 돈의 합계다. 회사 설립 기반 자금이기도 하다. 10명의 주주가 합쳐서 총 100만 원을 투자할 경우 100만 원이 회사의 자본금이다. **자본금**은 주식 수와 액면가의 곱셈이다. **액면가**는 주식 종이 증서인 '주권'에 적힌 금액이다. 주식회사 자본금이 100만 원, 액면가 5,000원이라면 주식 수는 2,000주다 100만 원÷5,000원. 즉, 100만 원짜리 회사는 액면가 5,000원짜리 주식 2,000개로 만들어지는 거다. 회사가 수익을 많이 내거나 성장성이 높으면 주식의 가격(주가)는 액면가보다 높게 거래가 된다. 액면가 5,000원 주식이 100만 원에도 거래될 수 있는 거다. 주식을 가진 자를 **주주**그루 주株, 주인 주主(주식의 주인)

라고 한다. 주주는 주식회사에 투자한 투자자이기도 하다. 주주가 투자한 돈을 모아 자본금주식 수×액면가이 만들어지기 때문이다.

개별 주주의 주식 보유 비율을 **지분율**가질 지持, 나눌 분分, 비율 율率이라 한다. 2,000주 주식 중 200주를 가지면 지분율은 10%2,000주÷200주다. 주주는 자기가 가진 주식 비중만큼만 **출자**날 출出, 재물 자資**할 책임**이 있다. 주주는 주식을 사기 위해 자기가 부담한 돈(출자금)까지만 책임을 진다. 책임의 범위가 정해진 **유한**있을 유有, 한계 한限**책임**이다. 회사가 진 빚이나 회사가 망할 경우 더 이상 주주에겐 책임이 없다. 자기가 투자한 주식이 가치가 없어지는 손해만 보면 끝이다.

회사 자본금을 늘리는 일을 **증자**더할 증增, 재물 자資라고 한다. 증자로 인해 주식 수가 늘어난다. 자본금은 주식 수와 액면가의 곱셈인데, 주식 수 증가로 자본금이 커진다. 증자는 **유상**있을 유有, 값을 상償증자와 **무상**없을 무無, 값을 상償증자로 구분된다. 상(償)은 값을 상인데, 자본금을 늘리는 데(출자) 투자자가 돈을 내느냐 여부에 따라 다르다. 투자자가 자기 돈을 내면서 출자하는 걸 유상증자, 회사가 기존 주주에게 무료로 주식을 주는 게 무상증자다.

| | |
|---|---|
| 유상증자 | 투자자가 자기 돈을 내면서 출자 |
| 무상증자 | 회사가 기존 주주에게 무료로 주식을 줌 |

최고민수 경제사 특강 1

출자 요구를 50인 이상에게 하는 걸 **공모**<sup>공평할 공公, 모을 모募</sup>, 50인 미만에게 하는 걸 **사모**<sup>사사 사私, 모을 모募</sup>라고 한다. '공모주 청약'할 때 공모가 공모, '사모펀드'할 때 사모가 사모다. 처음 공모주 청약을 받는 걸 IPO<sup>Initial Public Offering</sup>라고 한다. '처음'이 Initial, '공모'가 Public Offering으로 첫 글자를 따서 IPO다.

**배당**<sup>짝 배配, 마땅 당當</sup>은 주식회사의 이익을 투자자인 주주와 나누는 행위다. 배당은 주식 수를 기준으로 한다. 주식을 많이 가지고 있으면 그만큼 배당을 더 받을 수 있다. 지분율이 가장 높은 자나 높은 편이 **최대주주**가 된다. 혼자서 또는 여럿이 주식을 모아 최대주주가 될 수 있다. 최대주주가 회사 경영권을 가진다. 주주들이 모여 중요한 의사 결정을 할 수 있는데 이를 **주주총회**라 한다. 반면, **이사회**는 회사 경영진들의 회의라 할 수 있다. 주식시장에서 주식을 사는 행위를 '매수', 파는 행위를 '매도'라고 한다. 우리나라의 경우 어제보다 주가가 오르면 빨간색, 내리면 파란색 표시를 한다. 반면, 미국은 어제보다 주가가 오르면 초록색, 내리면 빨간색으로 표시한다. 황소<sup>Bull</sup>는 **주식시장 활황**(Bull Market)을 의미한다. 황소가 뿔을 밑에서 위로 들어 올리는 것이 가격 상승과 비슷해서다. 반대로 곰<sup>Bear</sup>은 **주식시장 하락**(Bear Market)을 뜻한다. 곰이 공격할 때, 위에서 아래로 내려찍다 보니 하락장을 의미한다.

# 1-32

# 네덜란드,
# 먹고살 만하니 터진 튤립 버블

## 튤립 붐

**튤립**은 오스만 튀르크인들이 '터번'을 뜻하는 투르반이라 부르는 꽃이다. 튤립의 꽃봉오리가 터번을 뒤집은 모양이기 때문이다. 터번Turban은 중동, 인도 등에서 머리에 둘둘 두르는 천이다. 원래, 튤립은 이슬람에서 평범하게 키우던 꽃이었다. 1)오스만 튀르크에 파견된 신성로마제국 대

**그림 73** 센페이 아우구스투스

사오기에르 부스베크가 튤립 뿌리를 오스트리아 빈으로 가져왔고, 2)이를 네덜란드 식물학자에게 선물하면서 네덜란드에 알려졌다1554년. 꽃 모양이 이쁘니 네덜란드 부자들이 관심을 가지게 되었다. 가난한 사람이 갑자기 부자가 되면 부와 교양미를 뽐내는 경향이 있다. 청어 잡이로 부자가 된 네덜란드인도 그랬다. 초상화를 그리고 고가 미술품을 수집하며 부자 티를 냈다. 그런데 네덜란드 부자들이 튤립 사치에 꽂혔다. 집안을 튤립으로 꾸미고 마차도 튤립으로 장식했다. 부잣집 부인들은 화장실 타일 색과 깔맞춤 튤립을 고르기도 했다. 비싼 아라비아산 카펫보다 튤립의 화려함이 보다 중요했다. 부자들 애장품을 서민층도 따라 하고 싶어졌다. 동인도회사 주식은 너무 비싸 엄두가 나지 않았다만 튤립 정도는 살 만 해서기도 했다. 모두가 튤립, 튤립 하던 시기였다. 매일 튤립 축제가 열려 튤립의 우아함을 겨뤘다. 네덜란드인의 유난스러운 튤립 사랑이 희귀 튤립에 꽂히게 된다. 사실, **희귀 튤립**은 바이러스 균에 감염된 변종이다. 병에 감염되었지만 그 덕분에 다양한 무늬 색을 띠게 된 거다. 희귀 튤립 인기 덕에 당시 400여 종의 튤립이 개발되었을 정도였다. 튤립의 인기도에 따라 황제, 총독, 영주, 대장 등의 이름이 붙여졌다. 그중 최고의 인기 품종은 **황제튤립**이었다. **셈페이 아우구스투스**영원한 황제라는 이름을 가진 황제튤립은 암스테르담 집 한 채보다 비쌌다.

## 튤립 선물거래

튤립이 인기를 얻자, 튤립 뿌리구근 거래가 금융거래처럼 발전했다. 비록 장소가 카페나 선술집이었지만 말이다. 꽃이 피기 전 튤립 뿌리를 미리 사두는 방식이었다. 나중에 튤립 뿌리를 얻은 뒤, 이를 건네면 되었다. 요즈음의 **선물**먼저 선先 물건 물物**거래 방식**과 유사하다. 먼저(先) 계약하고, 물건(物)은 나중에 건네받는다. 미래 물건 가격을 예측해 거래했다. 예측한 가격과 미래 실제 가격 결과에 따라 수익과 손해가 정해졌다. 예를 들면, 미래 물건 가격이 1플로린이라 예측해 미리 산 경우 물건 가격이 2플로린이 되면 수익이다. 반대로 미리 1플로린에 판 경우에는 손해를 보게 된다. 꽃이 피기 전 뿌리(구근) 거래는 복권과 다름없었다. 변종 바이러스이기에 황제튤립 뿌리라 해서 다음에 황제튤립이 나온다는 보장도 없었다. 그래도 황제튤립 뿌리라는 이유만으로 가격은 치솟았다. 문제는 매일 오르다 보니 앞으로도 매일 가격이 **오를 거란 맹신**이 생겼다는 점이다. **일부 보증금 결제 방식**도 공격적 투

그림 74 튤립 거래

자를 부추겼다. 모든 투자 금액을 한꺼번에 지불한 게 아니라 일부 보증금만 내면 되었다. 나머지 금액은 뿌리를 받는 시점에 지급하면 되었으니 더 많은 뿌리를 사게 되었다. 폭탄 돌리기 게임과 다름이 없었다. 결국 네덜란드 왕족이 팔았다는 소문이 돌면서, 공포감으로 모두가 매도하니 튤립 뿌리 가격이 급락했다. 꽃 뿌리가 집값보다 비싸다는 게 이상하다는 이성적 생각이 뒤늦게 들었다. 가격 급락으로 패닉 상태에 빠지자, 네덜란드 정부는 매매 금액의 3.5%만 지급하도록 조치를 취했다. 최고점 대비 99%까지 튤립 뿌리 가격이 폭락하며 17세기 네덜란드 튤립 버블은 그렇게 마무리되었다. 영화 〈튤립 피버〉는 암스테르담에서 벌어진 튤립 버블을 배경으로 하고 있다.

## 렘브란트

바로크시대 빛과 어둠의 화가 **렘브란트**도 상투를 잡았다. 대출받아 투자한 돈을 모두 날려 평생 빚 갚느라 부지런히 그림을 그렸다. 튤립이 아니었음 성실하지 않았을 수도 있었다. 그의 대표작 〈**야경**〉은 제목과 달리 낮이 배경이다. 그림을 완성하고 속칭 니스라고 하는 바니시를 바르는데, 그게 검게 변해서 밤처럼 보일 뿐이다. 렘브란트는 재기하려 미술품 경매회사도 세워보지만 성공하지 못했다. 다만, 그의 노력이 지금의 소더비, 크리스티 경매회사를 만들게 하는 동력이 되었다.

**그림 75** 렘브란트의 야경

## 튤립 축제

현재 튤립은 네덜란드 국화다. 네덜란드는 튤립 축제를 열고 있는데, 대표적인 축제로는 **쾨켄호프 튤립 축제**가 있다. 매년 3~5월 열리는데, '쾨켄호프에 꽃이 피면 유럽의 봄이 시작된다'라는 말이 있을 정도다. 튤립 축제는 단순한 축제가 아니다. 화훼 구매 상담이 벌어지는 비즈니스 장소다. 튤립 버블은 끝났지만 튤립은 네덜란드 화훼 산업 발전으로 이어졌다. 매년 화훼 업체들이 출품한 튤립이 선보인다. 바이어들은 '**튤립 현물**'을 직접 보고 구매 계약을 체결한다. 여타 산업은 상품을 만들고 판로를 뚫는 데 반해, 화훼는 판로를 뚫고 수요에 맞게 생산을 한다. 축제가 수요를 끌어들일 마케팅 접점이 되었다. 유럽의 유대인이라 불리는 네덜란드인의 상술이 더해졌음이다. 원래 쾨겐호프는 버려진 땅이었다. 2차 대전 직후 쾨겐호프 지역 시장이 꽃 전시장을 세웠다. 소도시 생존 성공 방식이다. 네덜란드인은 3명이면 금융조합, 4명이면 화훼조합을 만든다는 말이 있다. 네덜란드인이기에 관광 명소 겸 비즈니스의 장을 만들었다.

## 선물

**파생상품**은 기초자산 상품으로부터 파생된 상품을 말한다. 기초자산은 정하기 나름이다. 주식, 채권, 금리, 환율, 금은, 구리뿐만 아니라 돼지고기, 날씨 등도 가능하다. 기초자산의 가격변동에 따라 파생상품 가치도 변동된다. 대표적인 파생상품으로는 선물옵션 등이 있다. **선물**은 한자로 먼저 선(先), 물건 물(物)이다. 영어로는 Futures다. 먼저 매매하고 나중(만기 시점)에 물건을 건네주고 받는다. 만기 시점이 지나면 모든 계약은 종료한다. 예를 들면 배추밭 주인과 가락동 중개상 간 밭떼기 거래다. 이른 봄, 배추씨를 뿌릴 때 미리 먼저 한 포기당 500원으로 매매가를 정한다. 수확 이후 배추를 인도한다. 배추 한 포기는 기초자산, 약속한 가격 500원은 행사가격, 배추 수확 시기가 만기다. 배추밭 주인은 선물매도를, 가락동 중개상은 선물매수를 한 셈이다. 가을에 배춧값이 200원이면 가락동 중개상은 봄에 미리 정한 500원으로 사야 하니 손해다. 반대로 배추밭 주인은 200원에 팔 것을 500원에 파니 수익이다.

| 가을 배추 가격 200원 | 가락동 중개상 손해(미리 500원에 사) |
| --- | --- |
| | 배추밭 주인 수익(미리 500원에 팔아) |

## 옵션

**옵션**Option은 선택할 수 있는 권리다. 옵션은 선물과 달리 만기 시점에 권리행사 여부를 선택할 수 있다. **콜(Call)옵션과 풋(Put)옵션**이 있다. 콜옵션은 만기에 사거나, 안 사도 될 권리를 매매한다. 풋옵션은 만기에 팔거나, 안 팔아도 될 권리를 매매한다. 만기 시점에 가격 상승을 예상하면 미리 콜옵션(오를 권리)을 매수하거나 풋옵션(내릴 권리)을 매도하면 된다. 반대로 가격 하락을 예상하면 풋옵션(내릴 권리)을 매수하거나 콜옵션(오를 권리)을 매도하면 된다. 콜옵션(오를 권리)의 경우 배추가격이 미리 약속한 가격(행사가격) 이상으로 오르면 매수자는 이익, 매도자는 손해다. 반대로, 배추가격이 약속한 가격 미만으로 내리면 콜옵션(오를 권리) 매수자는 매수 권리를 포기할 수 있다.

| 가격 상승 예상 시 | 콜옵션(오를 권리) 매수, 풋옵션(내릴 권리) 매도 |
| --- | --- |
| 가격 하락 예상 시 | 콜옵션(오를 권리) 매도, 풋옵션(내릴 권리) 매수 |

**포기 권리**가 있다는 게 선물과 다른 점이다. 이 경우 콜옵션(오를 권리) 매도자는 매수자가 포기할 수 있기에 불리하다. 따라서 매도자에게 보상 차원에서 **일정 금액(프리미엄)**을 준다. 콜옵션(오를 권리) 매수자가 권리 포기를 하더라도 콜옵션 매도자는 일정 금액(프리미엄)만큼은 챙길 수 있게 말이다. 앞선 예에서 가락동 중개상이 배추 한 포기당 500원으로 사는 콜옵션을 매수했다고 하자. 이 경우 배추밭 주인이 콜옵션 매도자다. 배추 한 포기는 기초자산, 약속된 가격 500원은 행사가격, 배추 수확 시기가 만기다. 콜옵션 매수자는 김장철 배춧값이 200원이 되면 프리미엄만 손해 보고 매수 권리를 포기하면 된다. 반면, 배춧값이 1,000원이 되면 봄에 미리 500원에 매수할 권리를 샀으니 콜옵션을 행사해 이익을 얻으면 된다.

| | |
|---|---|
| **가을 배추가격 200원** | 가락동 중개상 500원 매수 권리 포기 프리미엄 손해로 한정 |
| | 배추밭 주인 프리미엄 수익으로 한정 |
| **가을 배추가격 1,000원** | 가락동 중개상 큰 수익(미리 500원에 사) |
| | 배추밭 주인 큰 손해(미리 500원에 팔아) |

# 1-33

# 악화가 양화를 구축한다, 그레셤의 법칙

## 헨리 8세와 성공회

잉글랜드 역사에 **헨리 8세**1491~1547년만 한 괴짜가 있을까? 고삐 풀린 망아지처럼 자기 마음대로 하고 살다간 왕이다. 일단 결혼만 6번을 하고 부인 6명 중 2명을 참수시켰다. 첫 번째 결혼부터 독특하다. 형인 아서가 결혼하고 얼마 뒤 죽자 형의 부인과 결혼했다. 스페인 왕녀 캐서린으로 스페인을 통일한 이사벨 1세의 딸이다. 백년전쟁으로 강력해진 프랑스를

그림 76 헨리 8세

견제하기 위해 영국은 스페인과 동맹을 원했다. 그 일환으로 왕실 간 결혼을 추진했다. 헨리 8세는 스페인과 동맹을 위한 정략결혼을 형 대신 이어갔다. 형이랑 첫날밤을 치르지 않아서 처녀라며 교황청에 결혼 승낙해 달라 조른다. 고심 끝에 교황청은 결혼을 인정해 줬다. 근데, 캐서린은 아들을 낳았으나 바로 사망하고 딸 메리 1세만 얻는다. 아들을 원한 헨리 8세 헤어질 결심을 했다. 결혼 무효를 주장하며 교황청에 허락을 구했다. 하지만, 교황이 들어줄 리 없었다. 교황은 카를 5세스페인 왕이자 신성로마제국 황제의 꼭두각시였다. 캐서린은 카를 5세의 이모였는데, 캐서린이 이혼에 반대했기 때문이다. 이혼을 위해 헨리 8세 로마 가톨릭과 등지기로 했다. 헨리 8세는 수장령머리 수首, 길 장長, 하여금 령令을 발표했다. 잉글랜드 교회의 1인자수장는 잉글랜드 왕이라는 것이다. 그 주장 근간에는 왕권신수설이 있었다. 왕은 신이 내린 권력이니 왕이 곧 교회의 1인자. 이런 주장이 잉글랜드 개신교도들에게 지지를 받는다. 그 결과 잉글랜드 교회가 로마 교황청에서 분리 독립하게 되었다. 굿바이 로마 교황! 이름도 **성공회**성인 성聖, 공평할 공公, 모일 회會, The Anglican Domain라 짓는다. 성공회의 독립은 경제적인 이유도 있었다. 로마 교황청으로 가던 교회수입이 성공회 수장인 헨리 8세에게로 가게 된 것이다. 기존 가톨릭 수도원도 헨리 8세 자산이 되었다. 당시 수도원은 잉글랜드 전체 토지의 1/3을 소유했었다. 왕실은 수도원 재산을 매각하게 되는데 기존 젠트리나 요우먼부유농 등이 차지했다. 부유해진 요우먼은 젠트리에 포함되어 진다. 젠트리Gentil, 프랑스어로 '귀한집안 출신'는 귀족에 준하는 상류층 계급을 말한다. 귀족 바로 아래 계급으로 기사Knight, 에스콰이어Esquire, 젠틀맨Gentleman 등이 있었다. 그 수가 늘어난 젠트리는 이후 명예혁명, 청교도혁명의 주된 지지기반이 된다. 갑자기 부자가 된 왕은 왕실 사치와 잦은 전쟁 등으로 탕아 기질을 보여줬다. 재정을 축내고 파산 위기도 겪었다. 자기 마음대로 살아간 헨리 8세, 신하 말은 고분고분 들었겠는가! 다양한 토머스들토머스 울지, 토머스 모어, 토머스 크롬웰, 토머스 크랜머 등을 총리로 기용하곤 추방하거나 처형하기도 했다. 명예혁명의회가 예산을 통제하기 시작 이전 잉글랜드 왕도 프랑스 절대왕정과 똑같았다. 돈을 빌려서 갚지 않기도 하고, 의회 통제 없이 마음껏 국가재산을 축내기도 했다. 헨리 8세는 명예혁명 이전의 왕이다.

### 엘리자베스 1세

헨리 8세는 자식으로 메리 1세첫째 부인 딸, 엘리자베스 1세둘째 부인 딸, 에드워드 6세셋째 부인 아들 등을 얻는다. 셋 다 왕이 되는데 에드워드 6세, 메리 1세, 엘리자베스 1세 순이다. 아들인 **에드워드 6세**가 왕위를 먼저 받았으나, 20살도 안 되어 사망했다. 이어 첫째 딸인 **메리 1세**가 왕위 계

그림 77 엘리자베스 1세

승을 했다. 메리 1세는 블러디메리피의 메리로도 유명하다. 사람을 얼마나 죽였으면 피의 메리인가. 메리 1세의 어머니 캐서린은 가톨릭의 나라, 스페인 공주 출신이다. 당연히 딸을 스페인 출신 교사에게 공부시켰다. 메리 1세도 독실한 가톨릭 추종자가 되었다. 남편도 가톨릭 국가인 스페인 왕 펠리페 2세다. 참고로 펠리페 2세도 메리 1세가 죽자 엘리자베스 1세와 결혼 제안을 했다가 거절당한다. 메리 1세는 여왕이 되자 성공회 등 신교도들을 많이 죽였다. 엄마의 이혼에 성공회 측이 도왔다며 복수를 했다. 메리 1세가 오래 살았다면 성공회는 사라졌을지도 모른다. 메리 1세가 겨우 5년간 재위 후 사망했다. 상상임신만 하고 후손이 없었다. 덕분에 다음 왕위는 **엘리자베스 1세** 차지가 되었다. 그녀의 어머니는 헨리 8세가 반역과 간통으로 처형한 앤 불린둘째 부인이다. 어머니 이력만 보면 여왕 되기 쉽지 않았다. 하지만, **성공회**를 믿었기에 피의 메리를 경험한 성공회 측의 지지를 얻는다. 어머니의 슬픈 결혼사 때문인지, 권력을 나누기 싫어서였는지 평생 싱글로 살았다. 방탕했던 헨리 8세와 달리 검소했고, 정치도 잘했다. 해적 출신 프랜시스 드레이크를 선봉으로 스페인 무적함대 격파, 동인도회사 설립, 윌리엄 셰익스피어 희곡의 번영 등 대영제국 출발점이 된 여왕이다.

### 그레셤의 법칙

엘리자베스 1세가 여왕이 되고 보니, 아버지 헨리 8세가 남겨준 잉글랜드 경제. 낙제점이다. 에드워드 6세는 아파서, 메리 1세는 엄마 복수하느라 돌보지 않았던 사치왕 아버지의 공금횡령을 발견했다. 헨리 8세의 횡령 기법은 간단했다. 주조 차익 즉 **시뇨리지**였다. 화폐의 은 함량을 낮추고 그만큼을 왕이 착복하는 것이다. 헨리 8세 재위 1509~1547년 재위 시절인 1543년 92.5%였던 은 함유량이 1545년 33.3%로 줄었다. 헨리 8세의 얼굴이 찍힌 1실링 은화는 코부분 은 도금이 벗겨지곤 했다. 사람들은 순은 주화는 집에 숨겨두고 코부분 은화가 벗겨진 싸구려 화폐만 사용했다. 화폐 품질이 낮은 화폐(악화)가 좋은 화폐(양화)를 몰아냈다.

여왕은 잉글랜드의 해외무역 결제에 잉글랜드 은화가 거부되자, **토머스 그레셤**에게 이유를 찾으라 했다. 암스테르담에서 금융을 배워와 영국 왕립증권거래소를 만든 그레셤이다. **악화가 양화를 구축한다**는 **그레셤의 법칙**을 말한 사람이기도 하다. 그는 '좋은 화폐와 나쁜 화폐는 함께 할 수 없다'라는 명쾌한 진단을 내린다. 은 함량이 1/3로 줄어들면 화폐 가치도 1/3로 평가받을 수밖에 없다. 은화 1냥을 내고 피시앤칩스를 먹었다면 이젠 은화 3냥을 내는 게 맞는 것이다. 화폐의 가치하락=물가상승, 인플레이션이다. 그레셤은 악화를 거두어들이고 순도 높은 화폐를 발행하라 조언했다. 결국 엘리자베스 여왕은 그레셤의 조언을 받아들여 저질 주화를 회수하고 순도 높인 새 화폐로 대체했다. 아버지와 달리 네토머스 그레셤 마음대로 했더니 나라가 부흥했다. 시뇨리지는 인류 역사와 함께했다. 고대 로마 순도 100% 데나리우스 은화는 네로황제 때부터 망가지더니 나중에는 은화 함량 5% 구리화폐가 됐다. 은화 함량이 줄어들더니 로마제국도 망했다. 일당백으로 유명한 조선시대 당백전도 상평통보보다 액면가는 100배나 높았다. 반면에 구리 함량은 5~6배였으니 악화였다. '땡전 한 푼 없다'의 땡전도 당백전이다. 당백전은 흥선대원군이 경복궁을 다시 짓겠다고 만든 화폐다[1866년].

## 장미전쟁

**장미전쟁**[1455~85년]은 영국 왕 자리를 놓고 랭커스터 가문(붉은 장미)과 요크 가문(흰 장미) 간 벌인 전쟁이다. 두 가문 문장이 장미여서 장미전쟁이라 한다. 백년전쟁[1337~1453년]이 끝나고 프랑스에서 영국으로 건너온 귀족들이 30년간 싸웠다. 장미전쟁의 시작은 **랭커스터 가문** 헨리 6세의 정신병 때문이었다[1453년]. 왕이 통치가 불가능해지자 조카뻘인 **요크 가문**의 요크 공작이 왕위를 탐내다 전쟁이 벌어졌다. 요크 공작은 전쟁 중 포로로 잡혀 참수되고, 그의 아들 **에드워드 4세**가 최종 승리해 왕에 오른다. 10년 후 정신이 돌아온 헨리 6세가 전쟁을 일으켰으나 패하고 런던탑에 갇힌 후 죽는다. 헨리 6세 아들도 전사해 랭커스터 가문 남자 직계는 그만 단절된다. 여기까지만 보면 요크 가문의 승리다.

하지만, 최종 승자는 **랭커스터 가문**이다. 요크 가문 에드워드 4세[1442~83년]가 죽고 그의 두 아들은 어렸다[12세, 9세]. 12살 장남이 **에드워드 5세**로 왕위를 물려받았지만, 대관식도 못 하고 두 달 만에 동생과 런던탑에 갇혀 죽는다. 에드워드 4세 동생인 **리처드 3세**가 조카들을 런던탑에 가두고 자신이 왕이 된다. 조카들은 서자들이라 정통성이 없으며 자신이 정당한 왕위 계승자란 논리였다. 하지만, 에드워드 5세 사망 소식에 봉기가 일어난다. 봉기 주동자버킹엄공는 프랑스에 망명해 있던 **헨리 튜더**헨리 7세에게 왕위를 물려받으라 제안한다. 헨리 튜더는 어머니가 랭커스터 가문 출신이었다. 잉글랜드로 건너온 헨리는 보스워스에서 리처드 3세와 전투를 벌인다1485년. 셰익스피어는 그의 희곡『리처드 3세』에서 리처드 3세를 악인으로 묘사하고 있다. 리처드 3세는 전사하고 헨리 7세가 튜더왕조를 열게 된다. 헨리 7세는 요크 가문 에드워드 4세의 딸엘리자베스과 결혼을 한다. 그 결혼 후 낳은 둘째 아들이 바로 **헨리 8세**다. 튜더 왕조는 헨리 7세→헨리 8세→에드워드 6세→메리 1세→엘리자베스 1세로 끝난다.

## 1-34

# 드레이크,
# 해적질로 잉글랜드 여왕 배를 불려

### 영국의 해적질

**사략선**사사 사私, 노략질할 략掠은 국가 공인왕실 허가 해적선이다. 국가로부터 해적질을 인정받되, 노략질한 걸 왕에게 많이 바치는 조건이었다. 당시1585~1604년 잉글랜드에서 출항한 해적선은 1년에 100~200척에 달했다. 해적질 주된 영업장은 스페인 식민지, 특히 카리브해 연안이었다. '잭 스페로우'처럼 **캐래비안 해적**이다. 스페인으로 가는 배의 금과 은을 노렸다. 16세기 스페인은 포르투갈과 함께 세계 최고 부자였다. 콜럼버스 탐험 이후 해외 정복을 통해 영토 확장을 한 덕분이다. 아메리카, 인도, 동남아, 아프리카 식민지에서 가져온 향신료, 금은, 노예 등이 넘쳐났다. 레판토 해전에서 승리하는 등 해군력도 강해 잉글랜드가 맞서 싸우기도 어려웠다. **레판토 해전**1571년은 스페인을 위시한 가톨릭 국가 대 이슬람 오스만 튀르크가 한판 붙은 사건이다. 결론은 가톨릭 대표인 스페인 승리였다. 반면, 엘리자베스 1세 초기 섬나라 잉글랜드는 가난했다. 헨리 8세의 사치로 빚도 많았다. 은 함량이 적은 불량화폐 유통, 급격히 증가한 화폐 발행에 인플레이션물가상승도 심했다. 더구나, 지리적 특성상 지중해 무역이나 대항해 무역에서도 소외된 외딴섬이었다. 정상적인 방법으론 부자 되기 어려웠다. 국가가 해적질을 허락하고 장려할 수밖에 없었다. 가난했던 엘리자베스 1세, 해적질 덕에 국가 재정을 빠르게 키울 수 있었다. 대영제국의 시작은 도적질로부터다.

### 프랜시스 드레이크

당시 사략선 해적으로는 **프랜시스 드레이크**1540~96년가 유명하다. 그는 젊어서는 노예무역도 활발히 했다. 마젤란 이후 두 번째로 세계 일주를 한 사람이다. 물론, 해적으로서 약탈도 같이 하면서다. 스페인은 드레이크 목에 현상금을 걸기도 했다. 스페인이 잉글랜드에 처벌하라 했더니, 엘리자베스 1세는 기사 작위를 내린다. 나중에 드레이크는 잉글랜드 해군 부사령관이 되었다. 칼레 해전에서

**그림 78** 프랜시스 드레이크

스페인 무적함대아르마다까지 격파했다. 스페인에 가야 할 재산을 빼앗아 잉글랜드 배를 불려 줬으니 국민 영웅이 된다. 스페인 왕실 보물을 실은 카카푸에고호 등을 약탈하고, 여왕에게 바친 화폐가 잉글랜드 국고 세입을 넘었다. 재정을 축적한 엘리자베스 1세는 대서양을 건너 북아메리카 식민지를 개척하기 시작했다. 덕분에 처녀Virgin 여왕에게 바치는 처녀의 땅, 버지니아virginia가 미국에 생기게 되었다. 여왕 치세 말년에는 영국 식민지 번영의 기초가 된 동인도회사가 출범했다1600년. 영국 역사에 엘리자베스 1세 없었음 어쩔 뻔했나.

### 메리 스튜어트

**메리 스튜어트**는 엘리자베스 여왕의 언니인 블러디메리메리 1세와 다른 메리다. 촌수로 '엘리자베스 1세의 조카' 정도 된다. 성공회를 믿는 엘리자베스 1세와 달리 독실한 가톨릭 신자다. 스코틀랜드 여왕을 하다가, 반란으로 잉글랜드로 피신 왔다. 메리는 잉글랜드에 온 이후 가톨릭 측과 연합해 반란을 수차례 도모했다. 엘리자베스 1세의 어머니앤 불린가 왕헨리 8세에게 참수당했으니 정통성이 없다고 주장했다. 가톨릭을 믿는 스페인의 꼬드김도 있었다. 반란에도 몇 번을 용서받았다만 결국 참수당했다. 운명의 장난 같지만 평생 싱글 엘리자베스 1세 후임 왕은 메리 스튜어트의 아들제임스 1세이다.

(왕 순서: 헨리 8세-에드워드 6세-메리 1세-엘리자베스 1세-제임스 1세-찰스 1세-크롬웰-찰스 2세-제임스 2세-윌리엄 3세)

## 칼레 해전

스페인 왕펠리페 2세(메리 1세 남편)은 무적함대를 이끌고 와 **칼레 해전**을 일으키게 된다. 잉글랜드와 프랑스 간 좁은 해협을 잉글랜드는 도버, 프랑스는 칼레라고 한다. 스페인이 전쟁 결심을 하게 된 원인은 1)잉글랜드 해적의 스페인 배 약탈, 2)양국 간 종교적 차이잉글랜드 성공회 vs. 스페인 가톨릭, 3)잉글랜드 개신교도의 네덜란드스페인령 반란 지원, 4)메리 스튜어트 참수 등이다. **아르마다**Armada는 스페인 축구 국가대표팀을 일컫는 말이다. 해석하자면 무적함대Armada Invencible다. 스페인 펠리페 2세가 칼레 해전1588년에 대비해 준비한 세계 최강 해군이다. 16~18세기 스페인은 캐랙포르투갈 배을 업그레이드한 **갈레온**을 탄생시켰다. 삼각돛을 포함한 3~5개의 돛대, 갑판이 여러 층인 대형 범선이다. 길이나 적재량도 캐랙보다 컸고 속도도 빨랐다. 양편에 대포도 10여 대 거치할 수 있었다. 스페인 무적함대펠리페 2세와 잉글랜드 해군엘리자베스 1세이 칼레 앞바다에서 벌인 전투는 잉글랜드의 일방적 승리로 끝났다. 여왕 아버지헨리 8세때 1)스페인에 합병된 포르투갈 선박기술자들이 잉글랜드로 이주해 조선기술을 업그레이드했던 게 주요했다. 또한 2)**무쇠 대포**를 많이 만들었는데, 그게 위력을 발휘했다. 스페인이 대포 한 발 쏠 때, 잉글랜드는 세 발을 쏠 수 있었다. 잉글랜드에는 바다 경험이 풍부한 드레이크가 있었다만, 스페인 해군 수장이 바다 경험이 없었던 행정가였던 점도 패착 요인 중 하나다. 잉글랜드 앞바다는 파도가 거셌는데, 잉글랜드 해군이 이런 바다 특성에 길들여져 있었던 점도 플러스 요인이다. 결국, 위풍당당하게 출항했던 스페인 무적함대 132척 중 절반도 고국으로 돌아오지 못했다. 다만, 전투로만 배를 잃은 건 아니다. 스코틀랜드와 아일랜드를 크게 돌아 도망가는 과정에서 강력한 남서풍(**프로테스탄트**개신교 **신풍**귀신 신神, 바람 풍風)과 굶주림 타격을 입어서였다. 그 후 무적함대는 쇠락하고 만다.

### 3대 해전

유럽인 입장에서 세계 3대 해전은 1)**살라미스 해전,** 2)**칼레 해전,** 3)**트라팔가르 해전**이다. 1)살라미스 해전기원전 480년은 그리스와 페르시아 간 전투로 그리스가 승리했다. 2)칼레 해전1588년은 스페인과 잉글랜드 간 전투로 잉글랜드가 승리했다. 기존의 해전은 사람이 노를 젓는 **갤리선** 싸움이었다. 칼레 해전보다 17년 전 벌어진 레판토 해전 1571년도 갤리선 싸움이다. 반면, 칼레 해전부터는 대형 범선 시대가 도래했다. 범선돛 범帆, 배 선船의 범은 돛을 뜻한다. 노를 젓는 갤리선돛은 보조수단과 달리, 범선은 돛을 통해 바람의 힘을 얻는다. 포르투갈-스페인-네덜란드-영국 순 해양 주도권은 범선 싸움이다. 갈레온스페인 범선, 항해술, 화포 규모와 성능이 전쟁의 주도권 향방을 갈랐다. 3) 트라팔가르 해전1805년은 프랑스 나폴레옹의 영국 침략에 영국 넬슨 제독이 맞선 전투로 영국이 승리했다. 불리한 전세를 뒤집은 넬슨 제독은 전쟁 중 사망했다. 마치 이순신 장군처럼 영국인에게 영웅으로 남는다.

# 1-35

# 명예혁명과 권리장전, 영국 의회의 예산 통제

### 마그나카르타, 권리청원

왕이 벌인 전쟁과 왕실 사치의 원천은 국민이 낸 세금이다. 왕이 재정을 축낼수록 세금을 더 가혹하게 걷었다. 왕이 세금을 무리하게 걷지 않게 하는 것이 중요했다. 영국은 1)마그나카르타<sup>대헌장</sup>, 2)권리청원, 3)권리장전을 통해 왕의 권한을 수차례 제한해 왔다. 반면, 프랑스는 왕의 권한을 제한하질 못했고, 그게 누적되어 프랑스대혁명으로 터지게 된다. 4)프랑스대혁명은 루이 16세가 세금을 더 걷기 위해 삼부회<sup>성직자, 귀족, 평민대표</sup> 회의를 소집했다가 벌어졌다. 1)**마그나카르타**<sup>1215년</sup>는 왕의 절대권력을 제한하는 입헌주의 근간이다. 영국 의회와 헌법의 기초이자, 미국 독립선언문의 근간이 되기도 했다. 존

왕1167~1216년, 실지왕은 프랑스 혈통 노르만 왕조 선대로부터 물려받은 프랑스 내 영지를 프랑스 왕필리프 2세에게 빼앗겼다. 결국에 존왕은 와인 산지 기옌(보르도 지역)프랑스 서남부 정도만 겨우 유지했다. A)존왕은 전쟁 비용을 대기 위해 기사들에게 방패세군역 대신에 내는 세금를 물리려 했다. B)귀족들은 막대한 세금과 왕의 무능에 폭발했다. C)존왕은 귀족들이 들이민 마그나카르타에 서명을 하게 된다. 마그나카르타는 '왕의 징세권을 제한'한 문서다. 귀족의 동의를 받아 세금을 거두겠다는 내용을 담았다. 그로 인해 영국 왕이 자기 마음대로 세금을 거둘 수 있는 권한을 잃게 된다. 2)**권리청원**1628년은 영국 의회가 찰스 1세에 제출하여 승인을 얻은 청원서다. 불법적 체포 및 구금, 의회 동의 없는 과세 등을 금지했다. 영국은 프랑스, 스페인 등과 잦은 전쟁으로 돈이 들었다. 찰스 1세는 특별세 승인을 위해 마지못해 권리청원을 받아들인다. 이후 의회를 해산시키고1629년 11년간 의회를 소집하지 않았다. 결국 청교도혁명으로 찰스 1세는 처형되었다1649년.

## 명예혁명과 권리장전

**명예혁명**1688년은 피 한 방울 흘리지 않고 영국 왕을 갈아치운 사건이다. A)당시 왕제임스 2세과 의회를 장악한 귀족 간 종교적 차이가톨릭과 성공회, B)**왕**제임스 2세**의** 프랑스가톨릭 국가 지지가 문제였다. 영국 왕 **제임스 2세는 가톨릭 구교도**였다. 제임스 2세는 가톨릭 국가인 프랑스 절대왕정 루이 14세 편에 섰다. 보호무역으로 영국을 위협하던 프랑스 말이다. 반면, 그의 딸 **메리 2세**는 **신교도**였다. 신교도 영국 귀족들은 네덜란드에 있던 메리와 사위 윌리엄 부부를 영국으로 불러들인다. 이에 제임스 2세는 프랑스로 도망치고 만다. 피 한 방울 흘리지 않고 왕이 바뀌었다 하여 명예혁명으로 불린다. 제임스 2세의 '딸 메리 2세와 사위 윌리엄 3세'가 영국 왕이 된다. 윌리엄 3세는 한때 영란전쟁에서 잉글랜드군과 싸운 네덜란드군 대장 출신이다. 의회 말만 잘 들으면 네덜란드인이 대수냐. 영국 의회는 네덜란드 왕에게 의회 말을 잘~들어달라고 복종하라고 서류를 들이민다. 이 서류가 그 유명한 3)**권리장전**이다. 권리장전으로 왕이 의회와 협치하는 시대가 도래한다. 요약하면 **왕 멋대로 국가 예산을 쓰지 마라**다. 왕이 의회 의결을 거치지 않고 징병, 징세, 법률 제정 및 폐지를 할 수 없다는 원칙이 담겼다. 구체적으로 보면 A)의회 동의 없이는 왕이 멋대로 하지 마라, B)의회를 자~알 소집하라 그동안 잉글랜드 왕들 의회를 소집하지 않았다, C)의회 관련 자유를 보장하라, D)가톨릭교도는 왕이 될 수 없다 등이다. 자고로 왕이 본인 마음대로 하게 놔두면 나라가 망한다. 왕 마음대로 전쟁과 왕실 사치에 돈을 물 쓰듯 쓰고, 걸을 세금이 부족해지면 화폐를 위조해 서민물가만 올렸다. 그런데 **의회 승인 없이는** 아무것도 할 수 없게, 왕의 권한을 묶었다. 프랑스 절대왕정이 돈 낭비하는 사이 잉글랜드 경제는 나 홀로 진일보했다. 영국은 명예혁명 전에는 **징세권** 세금 징수 권리을 팔았다. 징세권을 산 사람은 수익을 얻기 위해 가혹하게 세금을 받았다. 명예혁명을 거치며 영국은 징세권 매매제도를 없앴다. 대신에 **세금 전문 관료**를 선발했다. 이들의 근무지도 자주 변경했다. 이 체계는 오늘날 세무 관료의 모델이 되었다.

## 스코틀랜드 출신 왕

명예혁명을 이야기하자면 스튜어트 왕가 시작부터 언급이 필요하다. 튜더 왕조 마지막 왕인 평생 싱글 엘리자베스 1세가 죽고, **스코틀랜드 출신 왕 제임스 1세**가 새로운 왕위스튜어트 왕가를 열었다. 왕족끼리 결혼을 하다 보니 잉글랜드인 피가 스코틀랜드에 섞였다. 제임스 1세는 엘리자베스 1세에게 참수당한 **메리 스튜어트**스코틀랜드 여왕의 아들이기도 하다. 제임스 1세는 스튜어트 왕가1603~1714년를 연 인물로, 제임스 1세부터 **잉글랜드와 스코틀랜드를 공동통치**하게 되었다. 그런데 스코틀랜드인이라 종교도 가톨릭이고, 잉글랜드 의회를 무시하는 통에 반감이 심했다. 헨리 8세의 큰딸 메리 1세의 가톨릭 중시 풍파로 성공회 사람들 많이 죽어 나간 잉글랜드다. 다행히, 메리 1세 동생인 엘리자베스 1세 때 성공회로 돌아서서 종교적 안정을 찾았다. 당시 사회 주류는 신교도였는데, 제임스 1세 가톨릭이니 신교도들 마음이 불편했다. 특히, 제임스 1세 아들인 **찰스 1세**때 반감이 극에 달했다. 왕과 의회 대립은 내란으로 이어졌다. 올리버 **크롬웰**이란 청교도가 승리청교도혁명하고 찰스 1세를 처형해 버린다. 프랑스 왕 루이 16세보다 먼저 잉글랜드 왕이 단두대에 올랐다. 처음엔

착한 듯 보였던 크롬웰, 막가파식 청교도인지라 공포정치를 펼쳤다. 통치자인 호국경 자리에 올라 의회를 해산하고 군사독재를 일삼았다. 크롬웰의 치적이라면 **항해조례** 1651년가 있다. 잉글랜드식 보호무역주의다. 요약하면 '무역에서 잉글랜드 배만 사용하라'인데, 네덜란드 아웃!을 외친 거다. 유럽 국가가 잉글랜드잉글랜드 식민지 포함와 무역하려면 잉글랜드잉글랜드 식민지 포함 배만 써야 했다. 당연히, 잉글랜드가 싸움을 걸었으니 잉글랜드와 네덜란드 간 전쟁뿐이다. 첫 번째 영란전쟁이 벌어지고, 잉글랜드는 첫 번째 전쟁에서 승리했다. 크롬웰이 죽고 왕정복고가 이뤄지며, 청교도혁명으로 처형된 찰스 1세의 큰아들이 **찰스 2세**로 왕에 오른다.

## 윌리엄 3세

영국과 네덜란드는 총 3차례 영란전쟁을 펼치는데, 제3차 영란전쟁에 네덜란드 영웅이 **윌리엄 3세**다. 네덜란드에선 빌럼 3세로 불린 인물이다. 윌리엄 3세는 잉글랜드와 전쟁 후 요크공잉글랜드 둘째 왕자(후에 제임스 2세로 즉위)의 큰딸 메리와 정략결혼 했다. 찰스 2세가 왕위를 물려줄 자손 없이 죽게 되자, 그의 동생인 요크공이 **제임스 2세**로 즉위했다. 그도 역시 가톨릭 우선주의에 의회를 무시했다. 의회는 제임스 2세를 몰아내기로 마음을 먹고, 다음 왕을 고르는데 그가 **윌리엄 3세**다. 윌리엄 3세는 네덜란드 군대를 이끌고 입성했지만, 제임스 2세가 항복한 덕분에 싸우지 않고 왕위를 얻는다명예혁명. 윌리엄

그림 79 윌리엄 3세의 즉위식

3세는 네덜란드의 금융시스템을 그대로 잉글랜드에 옮겨 놓는다. 정확히 하자면 네덜란드 금융인들을 영국에 데려온 거다. 덕분에 런던의 금융시장은 비약적인 발전을 거둔다. 특히, 왕으로 취임하자마자 프랑스와 9년전쟁을 치르게 되었다. 막대한 해군력을 가지기 위해선 자금이 필요한데 네덜란드식 국채 발행 등을 통해 이를 해결했다. 윌리엄 3세는 네덜란드 동인도회사를 본떠, 잉글랜드 동인도회사 개혁 등을 한 장본인이기도 하다.

 (왕 순서: 헨리 8세-에드워드 6세-메리 1세-엘리자베스 1세-제임스 1세-찰스 1세-크롬웰-찰스 2세-제임스 2세-윌리엄 3세)

## 뉴욕의 역사

사위에게 쫓겨난 제임스 2세는 무능 그 자체로 비치나, 한 건 제대로 한 게 있다. 바로 **뉴욕**New York의 탄생이다. 뉴욕은 새로운(New) 요크공의 땅(York)이란 뜻이다. 요크공은 왕의 두 번째 왕자를 뜻하는데, 당시 왕위에 오르기 전 요크공이 제임스 2세였다. 해군 사령관이던 요크공 시절, 뉴욕을 점령하고 본인의 새로운 땅New York이라고 지었다. **버지니아**가 평생 처녀Virgin로 산 잉글랜드 여왕 엘리자베스 1세를 기려 처녀의 땅이라 짓고, **루이지애나**가 프랑스 왕 루이 14세의 땅이라 지은 것처럼 말이다. 미국 동부에 위치한 뉴욕은 맨해튼·브롱크스·브루클린·퀸스·스태튼섬 등 다섯 자치구로 이뤄져 있다. 이 중 핵심지역은 맨해튼이다. 맨해튼은 허드슨강, 할렘강, 이스트강으로 둘러싸인 섬이다. 인디언 언어로 '언덕이 많은 섬'이란 뜻이기도 하다. 맨해튼 남쪽에는 뉴욕증권거래소와 세계적인 금융기관이 밀집한 월스트리트가 있다.

뉴욕은 원래 **뉴암스테르담**이었다. 네덜란드 동인도회사는 북극을 통과하는 아시아 항로를 만들고자 했다. 하지만, 탐험대가 항로를 잘못 들어 맨해튼 일대로 들어간다. 맨해튼 탐사 후 농사지을 만한 땅이 있고, 비버가 산다는 소식을 전한다. 당시 비버 가죽은 모자 등을 만드는 인기 소재였다. 네덜란드 서인도회사는 식민지 개척을 허락받고 포트 암스테르담을 건설하기 시작했다. 당시 서인도회사 총독은 조가비 구슬 등 **24달러(60길더) 상당의 물품**을 주고 맨해튼을

**그림 80** 1606년 뉴암스테르담 지도

인디언에게 사버리기도 했다. 당시 조가비 구슬은 인디언의 화폐였다. 네덜란드인들은 비버 모피 수집을 위해 가죽거래교역소도 세웠다. 하지만, 잉글랜드가 뉴암스테르담을 점령해 버린다1664년. 그 후 네덜란드와 잉글랜드 간 싸움이 벌어지고, 네덜란드가 깔끔하게 뉴암스테르담을 포기한다. 비버 가죽 대신에 보다 비싼 향신료의 땅, 인도네시아 반다제도룬섬 등에 집중하기 위해서였다. 지금의 네덜란드 후손들이 보면 땅을 치고 후회할 일이다.

덕분에 잉글랜드인 후손들이 세운 뉴욕 땅에 뉴욕증권거래소가 탄생할 수 있게 되었다1792년. 뉴욕 월스트리트 플라타너스 나무 Buttonwood 옆에서 주식거래 하는 이들이 늘어나게 된다. 이후 주식거래 중개인 24명이 월가 69번지 플라타너스 나무 아래 모여 **버튼우드 협정**을 체결한다1792년. 주식거래 방법, 수수료 비율 등을 정했다. 이것이 오늘날 뉴욕증권거래소의 시작이다.

뉴욕 지명 중 재미있는 점 몇 가지를 소개하자면, 1)**허드슨강**은 네덜란드 동인도회사의 북극항로 개척선 반달호 선장 헨리 허드슨 이름에서 따왔다. 2)**브로드웨이**는 인디언이 쓰던 큰Broad길이다. 지금은 뮤지컬 등 각종 공연의 메카로서 명성이 자자하다. 3)**월스트리트**는 목책wall 부근 거리다. 당시, 네덜란드인들은 인디언 습격이나 잉글랜드군 침략을 막기 위해 목책을 세웠다. 지금은 미국 금융과 증권의 중심지다. 증권거래소, 증권회사, 투자은행이 빼곡하게 들어서 있다. 월스트리트에는 **청동 황소상**이 놓여 있다. 1989년 이탈리아 조각가아르투로 디 모니카는 몰래 뉴욕증권거래소 정문에 이 황소상을 가져다 놓았다. 조각가가 도로 가져가지 않아 지금 위치로 옮겨졌다. 이젠 월스트리트의 명물이 되었다. 특히, 황소 생식기를 만지면 돈을 번다는 속설이 있다. 4)**뉴암스테르담**은 대포 포대를 세웠는데 지금의 **배터리파크**가 되었다. 5)**엠파이어 스테이트** 빌딩은 세계에서 가장 높은 빌딩으로 유명했다1931년 완공. 영화 〈킹콩〉1933년에서 킹콩과 헬리콥터 격투신이 나오는 빌딩이기도 하다.

# 1-36

# 영국 해군 육성과 영란은행의 탄생

### 도버 협약과 9년전쟁

**명예혁명**1688년으로 왕이 된 윌리엄 3세는 **9년전쟁**아우크스부르크 동맹 전쟁1688~97년에 참전을 했다. 명예혁명1688으로 부인 메리 2세와 잉글랜드 왕으로 취임한 지 한 달 만이다. 잉글랜드가 프랑스를 향해 선전포고했다. 유럽을 넘어 세계의 주도권을 가지기 위한 서로 간 싸움의 시작이었다. **9년전쟁** 그 시작은 프랑스 루이 14세가 **선제후국 팔츠**독일 서남부를 공격하면서부터다1688년. 팔츠 선제후 남자 후대가 끊겼다. 루이 14세는 제수씨가 팔츠 선제후 딸이니 팔츠를 가져야 겠다고 주장한다. 다른 나라들은 이런 주장이 억지라고 생각했다. 당시 유럽은 합스부르크가를 중심으로 한 가톨릭 신성동맹과 이슬람오스만 튀르크 간 전쟁을 하고 있었다. 프랑스는 합스부르크 왕가의 세력 확장을 경계했다. 가톨릭 국가인 프랑스는 **오스만제국과 동맹**을 맺는다. 오스만제국이 패한다면 합스부르크 왕가가 발칸반도를 차지하기 때문이었다. 또한, 합스부르크 왕가가 차지한 라인강 일대에 영향력을 키울 기회라 생각했다. 그런 의미에서 팔츠 공격에 나선 것이다. 신성로마제국, 스페인 등이 **아우크스부르크 동맹**을 결성해 프랑스에 대항했다. 여기에 영국이 아우크스부르크 동맹 편에 선다. 루이 14세가 명예혁명으로 쫓겨난 제임스 2세에게 군대를 지원했기 때문이다. 제임스 2세는 아일랜드에 상륙해 왕위 탈환을 위한 전쟁을 일으켰다. 찰스 2세제임스 2세 형 시절부터 영국은 프랑스와 각별했다. 청교도혁명 이후 왕정복고로 왕위에 오른 영국 왕 찰스 2세는 루이 14세와 **도버 협약**1670년이란 비밀 협약을 맺는다. 영국이 프랑스로부터 원조금매년 23만 파운드을 받는 대신 가톨릭을 부활하기로 한 것이다. 또한, 영국과 프랑스 양국이 신교국 네덜란드를 타도하기로도 했다. 네덜란드 출신 영국 왕 윌리엄 3세 입장에선 왕의 자리를 지키기 위해 프랑스와 전쟁이 필요했다.

### 영란은행

윌리엄 3세가 왕이 될 당시 영국의 재정적자지출〉수입가 심했다. 이전 50여 년간 전쟁이 지속된 결과였다. 여기에 9년 전쟁 중 영국은 비치해드 해전에서 프랑스에 대패했다. 강력한 해군 건설이 필요했지

**그림 81** 1694년 영란은행 설립 승인

만 문제는 자금 부족이었다. 루이 14세에게 원조금을 받을 정도로 허약해진 영국이었다. 윌리엄 3세는 네덜란드에서 해왔던 **국채 발행 제도**를 도입했다1692년. 왕이 부자에게 돈을 빌리던 방식에서 탈피한 재정혁명이었다. **국채**나라 國國, 빚 채債는 국가가 발행한 채권이다. 공공기관이 발행하면 공채, 회사가 발행하면 회사채다. 국채와 공채를 합해 국공채라고 한다. **채권**빚 채債, 문서 권券은 돈을 빌린 증서다. 차용증빌릴 차借, 쓸 용用, 증거 증證도 돈을 빌린 증서다. 채권이 차용증과 다른 점은 상환일 이전에 채권을 사고팔 수 있다. 채권은 1)돈을 갚을 일자상환일와 돈을 빌린 데 따른 반대급부인 2)이자 지급액과 3)이자 지급 시기도 정해둔다. 돈을 갚을 일자^(상환일)가 되면 채권 발행 주체^(국가, 기업 등)가 약속한 '원금과 만기 이자'를 돌려준다. 물론, 채권은 상환일 전에 사고팔 수도 있다. 발행 주체가 망하지만 않는다면 채권투자는 안전한 투자다. 특히, 국채는 국가가 발행하니 더더욱 그렇다.

민간 중앙은행인 **영란은행**BOE, Bank of England이 만들어지게 되었다. 1)일단, 영국 내 유대인 등 상인들은 영란은행의 **주식에 투자**한다. 2)영란은행은 전쟁 자금이 필요한 왕에게 주식 투자자로부터 받은 **투자금**^(금괴)**을 빌려준다**. 3)영란은행은 돈을 빌려주면서 왕실 **대출 증서(국채)**를 받는다. 4)영란은행은 왕실 대출 증서(국채)를 담보로 4)**은행권을 발행**한다. 이 은행권이 곧 '영국 화폐'다. 영국 왕은 120만 파운드를 연이자 8%로 빌리되^(국채 발행), 원금을 영원히 갚지 않는 조건이었다. 영국 의회는 영란은행 창립을 허가했다^(1694년). 국채^(국가채무)에 대한 의회 지불보증도 법으로 보장했다. 1)영란은행은 영국 왕에게 빌려줄 자금^(120만 파운드)을 주식^(영란은행 주식공모) 방식으로 모집했다. 그 결과 80만 파운드가 모집되었다. 2)이후 영란은행은 80만 파운드를 정부에게 빌려줬다. 3)대신에 영국 국채를 받고 국채를 담보로 은행권을 발급하게 되었다. 은행권은 영란은행 지폐의 출발점이 되었다. 영란은행은 경제특구인 시티오브런던 지역에 만들어지고, 잉글랜드, 웨일스 지역 **은행권**^(화폐) **독점 발권력**을 얻는다. 금세공인들은 금 보관증을 발행할 수 없게 되고, 그들이 가진 금도 영란은행에 보관

해야 했다. 영국 정부는 80만 파운드 덕에 프랑스와 싸울 군함을 만들 수 있게 되었다.

## 국채발행=화폐증가

**영란은행**은 **국채를 인수해 화폐 발행**을 하는 중앙은행 기본 틀을 만들게 되었다. 미국 연방준비제도는 영란은행을 그대로 모방했다. 영란은행 시스템은 **국채 발행=화폐 증가** 구조를 만들게 된다. 반대로 국채를 모두 상환하면 화폐는 없어지게 된다. 화폐제도 유지를 위해 국가가 국채를 모두 상환할 수 없게 되었다. 경제가 발전할수록 화폐 수요는 늘어난다. 국채 발행이 더 증가하게 된다. 국채에 대한 이자는 국민의 세금으로 메운다. 영국은 만기가 없는 영구공채 **콘솔채** Consols를 발행했다. 상환 의무가 없는 대신 매년 이자를 내야 했다. 국채 발행의 핵심은 국가의 신용이다. 명예혁명 덕에 영국은 의회가 왕의 돈줄을 쥐게 되었다. 왕의 불필요한 재정지출을 막았다. 국채 발행을 위해선 의회 동의를 받아야 했다. 일종의 의회 보증 효과를 얻었다. 영국 국·공채는 영국뿐만 아니라 다른 나라에서도 인기를 얻었다. 그 결과 18세기 중반 2%대 금리까지 떨어졌다. 저금리는 산업 발전을 위한 자금 조달에 유리했고 영국의 발전에 도움이 되었다. 대영제국 해군 함대를 만들 자금원이 되고, 산업혁명을 일으키는 원동력이 되었다.

## 재정혁명

영국이 낮은 이자로 국채 발행이 가능했던 건 갚을 능력이 되었기 때문이다. 그 핵심은 명예혁명을 거치며 의회가 재정을 장악한 **재정혁명** 때문이다. 의회가 이자 지급에 대해 보증을 한 것이다. 정부가 이자 지불을 못하면 국가 신용도는 끝난다. 왕에게 국채 발행 전권을 주면 국채 발행을 남발하게 될 게 뻔하다. 걸핏하면 국채를 남발하고, 이자 지불불능에 빠질 가능성이 높다. 이런 사태를 방지하기 위해선 의회의 견제 힘이 커야 했다. 왕이 빌린 원금을 갚지 않고 이자도 주지 않던 영국의 재정은 명예혁명 이후 **의회 통제**하에 고쳐지게 되었다. '왕은 군림하되 통치하지 않는다'라는 영국 의회주의가 큰일을 한 셈이다. 영구채는 투자자나 정부 모두에게 매력적이었다. 정부는 영원히 빚 원금을 갚을 필요가 없었다. 정해진 이자만 내면 되었다. 채권 투자자도 약속대로 이자를 받으면 좋은 투자다. 만약, 빌려준 돈을 받으려면 채권을 시장에 팔면 되었다. 이자소득을 얻다가 돈이 필요하면 언제든 시장에 매각해 돌려받는 거다. 관건은 정부가 이자 지급을 착실히 할 수 있는가다. 그런 의미에서 당시 영국 국채는 **신용**을 얻었고, 프랑스는 신용을 잃었다.

## 영국 간접세 vs. 프랑스 직접세

영국 국채이자는 정부가 걷는 **물품세를 재원**으로 삼아 지급했다. 영국은 관세, 물품세 등 **간접세** 중심으로 세수를 확대했다. 간접세는 부가가치세처럼 세금을 내야 할 의무자와 실제 세금 내는 사람이 다른 경우다. 간접세는 세금을 올리기도 쉬우며 국민 저항도 적다. 소비품마차, 소금, 맥주, 포도주, 담배, 차, 커피 등뿐만 아니라 소비결혼, 출산, 장례 등에 대한 세금을 물렸다. 영국이 **간접세** 중심이라면, 프랑스는 **직접세** 중심으로 세수를 확대했다. 직접세는 납세의무자와 실제 조세 부담자가 동일하다. 세금을 걷기도 쉽지 않았고 국민적 저항도 컸다. 세금을 더 올리려다 프랑스대혁명이 나기도 했다. 부유한 귀족은 면세특권을 누리는 반면, 농민이나 상공업자는 무거운 조세 부담을 졌다. 여기에 더 많은 세금을 내도록 강요하니 **조세 저항**에 직면하게 되었다. 프랑스 왕들은 빌린 돈을 잘 갚지도 이자를 잘 내지도 않았다. 프랑스 정부는 3번이나 파산을 선언했다. 신용도가 낮은 프랑스는 국가가 발행한 채권도 이자율이 높아 어려움을 겪었다. 그런 점들이 인구수도, 영토도, 경제력도 더 높았던 프랑스가 명예혁명 이후 영국에게 번번이 전쟁에서 진 이유다.

### 10% 마법

영란은행은 금 보유자가 은행에 금을 맡기면 **은행권**금 보관증을 지급했다. 반대로 은행권을 주면 해당되는 금을 받을 수 있었다. 영란은행은 은행권을 소유한 이가 금을 찾으러 오는 일이 거의 없다는 점을 발견했다. 이를 활용해 금 한 덩이에 10장의 은행권을 발급하게 되었다. 이른바 **10% 마법**이다. 만유인력의 법칙을 발견한 **아이작 뉴**

턴이 10% 마법에 관여했을 걸로 추정된다. 그가 왕립 조폐국장을 오랜 기간 했기 때문이다. 영국은 10% 마법으로 실제 금 보유고 대비 10배가 넘는 은행권을 발행하는 **금본위제**를 채택했다. 대항해시대부터 이어져 온 기축통화금융 거래·국제 결제 기본 통화 은을 버리고 금을 채택했다. 문제는 금융위기 등으로 한꺼번에 금 교환이 몰릴 경우다. 발행한 금 보관증에 비해 보유한 금이 부족하므로 상환 요구에 제대로 응할 수 없다. 이런 현상을 **뱅크런**Bankrun이라 한다. 뱅크런은 대규모 예금 인출 폭주 사태다. 현대의 은행도 예금자 보관 금액 중 일정 비율을 제외한 나머지 화폐를 대출하고 있다. 이처럼 은행이 중앙은행에 의무적으로 남겨두거나 현금으로 보유하는 금액을 지급준비금이라 하고, 지급준비금 비율을 '지급준비율'이라 한다. 지급준비율은 통화정책 수단 가운데 하나다. 중앙은행이 지급준비율을 조정해 시중 통화량을 조정한다. 우리나라 법정 지급준비율은 7%다. 100만 원을 예금으로 받으면 7만 원만 한국은행에 남겨두고 나머지 93만 원은 대출해 줄 수 있다. 이런 과정이 반복되면서 시장에 흘러가는 화폐의 양이 늘어나고 경제가 팽창하게 된다.

**1-37**

# 향신료 전쟁에서 승리한 네덜란드 동인도회사

### 향신료 무역

유목민족인 게르만족은 전통적으로 고기를 구워 먹었다. 훈족에 밀려 게르만족이 서유럽에 터를 잡음에 따라 고기는 생선, 빵과 함께 서유럽인의 주식이 되었다. 그런데 냉장고가 없던 시절이니 고기를 소금에 절여 보관했다. 짜고 냄새나는 염장 음식보다 향신료를 뿌린 신선한 고기를 지배계급은 좋아했다. 향신료는 육류를 저장하는 데에도 사용되었다. 여기에 더해 자양강장제, 전염병 살균제페스트 치료로도 쓰였다. 고대 미라 방부처리에도 향신료가 쓰였다. 후추는 세금 납부, 급료 등 화폐 기능도 했다. 로마시대에는 후추를 '검은 금'이라 불렀다. 아시아산 향신료는 후추, 정향, 육두구, 계피 등을 말

그림 82 (왼쪽) 정향 (오른쪽) 육두구

한다. **정향**은 말린 꽃봉오리가 못(丁못 정)을 닮았다. **육두구**고기 육肉, 콩 두荳, 육두구 구蔲는 Nutmeg로 '사향 향기 나는 호두'란 뜻이다. 향신료를 영어로 Spice라고 하는데, 정향 등의 매운맛Spicy, 매운 때문이다. 향신료는 열대성 식물이라 유럽 지형에서는 재배가 어려웠다. 결국 아시아에서 유럽으로 무역을 통해 가져올 수밖에 없었다.

아시아 향신료는 마케도니아 알렉산더 대왕이 인더스강 유역까지 진출한 덕에 전파되었다. 이후 로마제국이 이집트를 점령하면서 향신료 무역이 활성화되었다. 인도~이집트 바다 항로가 만들어졌는데, 이를 로마제국이 이용했다. 당시 후추 등을 싣고 배가 돌아오면 엄청난 수익을 얻었다. 이탈리아 도시국가인 베네치아 공국은 이집트나 콘스탄티노플 등을 통해 향신료를 받아서 중개무역으로 부자가 되었다. 모든 향신료는 베네치아로 모여, 전 유럽에 뿌려졌다. 육로로는 아랍 캐러반을 통해 실크로드사막길, 초원길유목민길 등을 타고 지중해로 전해졌다. 허나, 중세 들어서는 원나라몽골 힘이 약해진

틈을 타 오스만 튀르크가 실크로드와 바닷길을 중간에서 막았다. 특히, 콘스탄티노플동로마제국 수도이 함락1453년됨에 따라 향신료 가격은 더더욱 오르게 되었다. 이에 인도로 가는 새로운 바닷길 개척을 시도했다. 폭리를 취하는 이슬람이나 베네치아 상인을 통하지 않고 향신료를 구하는 길을 찾기 위함이다. 콜럼버스, 바스코 다 가마, 마젤란 모두 **인도산 후추**를 구하기 위한 여정이었다. 포르투갈은 동쪽으로, 스페인은 서쪽으로 방향을 정했다. 포르투갈이 아프리카를 돌아 인도를 제대로 찾아간다. 향신료 무역권을 독점하게 되었다. 반면, 서쪽으로 간 스페인은 신대륙을 발견해 금과 은, 사탕수수 등을 얻었다.

## 포르투갈 향신료 선점

아시아 향신료는 **인도, 말라카**말레이시아 지역, **몰루카**인도네시아 반다제도 지역가 유명했다. 인도네시아는 인도+섬이란 뜻으로 향신료 교역지 인도와 의미가 닿아있다. 포르투갈은 바스코 다 가마가 인도 캘리컷에 도착한 후 향신료 길을 소개했다. 이어 아랍과 베네치아 상인은 포르투갈의 동양 진출을 저지하려 했다. 포르투갈은 이슬람 연합함대를 격파하고 인도 고아에 기항지를 마련한 다음 말라카를 차지했다. 이어 몰루카 암본까지 병력을 주둔시킨다. 그 결과 16세기 향신료 무역을 **포르투갈**이 독점했다. 특히, 말라카와 몰루카는 정향, 육두구가 자랐다. 두 향신료는 후추보다 가격이 수십 배 이상 비쌌고 포르투갈은 부자나라가 되었다. 포르투갈은 아프리카, 인도, 말라카, 몰루카에 이어 마카오, 일본 데지마나가사키까지 무역길을 만들었다.

## 네덜란드 향신료 독점

포르투갈이 향신료 사업을 선점하자, 네덜란드와 영국 등 후발주자도 뛰어들었다. 네덜란드 탐험가프레데릭 하우트만가 자바섬에서 후추 등을 싣고 돌아간1595년 이후 네덜란드 상인들은 동인도회사를 꾸려 1602년 본격적인 향신료 무역에 뛰어들었다. 중상주의가 만연하던 시대다. **중상주의**무거울 중重, 헤어릴 상商는 한 나라의 부(富)가 그 나라가 보유한 화폐(금은)에 좌우된다. 대내적으로는 상공업을 중요시하고, 대외적으로는 보호무역, 식민지주의 등을 통해 국가의 부를 증대하려 한다. 네덜란드 동인도회사는 포르투갈이 벌여놓은 비즈니스를 빼앗기 시작했다. 먼저, 시작은 해적질부터다. 싱가포르 해역에서 포르투갈 상선산타 카타리나호을 나포해 약탈했다1603년. 이후 말라카, 몰루카 주요지역을 빼앗는다. 특히, 경쟁이 심한 인도 후추 시장을 피해 말라카, 몰루카에 집중해 정향, 육두구 등 값비싼 향신료를 독점했다. 그 결과 17세기 향신료 무역 독점은 **네덜란드가 차지**하게 되었다. 당시 네덜란드는 스페인 식민지였는데, 독립전쟁1567~1648년이 한창이었다. 포르투갈이 스페인에 편입1580~1640년되다 보니, 네덜란드 독립전쟁의 일환으로 포르투갈 점령지를 빼앗을 이유도 있었다.

칼레 해전1588년에서 스페인 제국 무적함대가 영국과 네덜란드 연합군에 패하게 되었다. 16세기 말부터 인도 항로의 주인공도 자연스레 영국과 네덜란드로 바뀌게 되었다. 영국도 말라카, 몰루카에 대한 지대한 관심이 있었다. 영국과 네덜란드 간 향신료 무역이 겹치며 서로 충돌하게 된다. 다만, 17세기엔 영국이 네덜란드에 비해 힘이 모자랐다. 네덜란드 동인도회사는 암본 사태 이후 말라카, 몰루카에 대한 독점체제를 유지했다. 대신에, 영국은 인도네시아 등에서 물러나 인도에 집중하게 되었다. **암본 사태**는 몰루카 열도 암본섬 일대를 어슬렁대던 영국인 등을 네덜란드인들이 잡아 사형시킨 사건이다. 당시 영국 해군력이 네덜란드보다 약해 영국은 참을 수밖에 없었다. 2차 영란전쟁 승리의 대가로 네덜란드는 향신료를 택했다. 육두구 산지인 룬섬을 지키는 대신에 오늘날 뉴욕인 **뉴암스테르담**을 영국에 완전히 넘겼다.

**동인도회사**는 유럽 여러 나라가 운영했지만, 네덜란드와 영국 두 나라의 동인도회사가 성공했다. 두 나라 동인도회사 모두 무역을 하는 회사였지만, 독립적인 국가 역할도 했다. 자체적 군대도 보유하고 무력을 행사할 수 있게 했다. 중상주의가 지배한 세상에서 해적질은 당연했다. 해적에 대항하고, 무역 교역지, 중간 기항지를 방어할 수 있어야 했다. 또한 무력으로 식민지를 섭렵하기 위해서도 강한 군사력이 필요했다. 네덜란드 향신료 무역도 동인도회사가 주도했다. 중상주의를 표방한 네덜란드 정부는 동인도회사에 독점무역권을 부여했다. 독점체제로 인해 구입 가격은 최저로, 판매 가격은 최고 수준으로 유지했다. 정향, 육두구 물량이 많으면 현지 나무를 베어내 높은 가격을 유지했다. 동인도회사는 이사회 결의만 있으면 되었기에, 의회 동의를 받는 정부 정책보다 일 처리도 빨랐다. 네덜란드는 포르투갈이 차지한 일본 **데지마**도 빼앗는다. 제주에 표류한 1653년 헨드릭 하멜도 네덜란드 동인도회사 직원으로 나가사키에 가던 중이었다. 그는 조선을 탈출해1666년 조선 체류기를 썼다. 14년간 못 받은 임금을 받기 위한 보고서였다. 네덜란드 동인도회사는 유럽과 아시아 간 수출입도 담당했지만, 아시아 내 현지 무역도 했다. 1)인도 면직물을 구매해 동남아시아에 팔고, 2)동남아시아 후추를 구입한 뒤 중국에 팔고, 3)중국 비단을 구입해 일본에 팔고 4)일본산 은을 구입했다.

### 향신료 무역의 종말

다만, 18세기 이후 아시아에서 재배되던 향신료, 사탕수수가 다른 지역에서도 재배되기 시작했다. 공급과잉이 발생하고, 이익이 급감하게 되었다. 결국 네덜란드 동인도회사는 문을 닫고 만다1799년. 네덜란드에 밀려 인도로 물러난 영국은 오히려 전화위복이 된다. 인도의 노동력으로 면화, 후추, 커피, 아편까지 재배하는 등 승승장구했다.

# 1-38

# 군대 정복 비즈니스, 영국 동인도회사

### 영국 동인도회사 탄생

아시아 향신료 시장에 먼저 진출한 건 대항해 시대를 연 포르투갈이다. 그런데 포르투갈이 스페인에 통합되고<sup>1580~1640년</sup> 그 빈틈을 네덜란드가 차지했다. 인도네시아 후추, 정향, 육두구 등 값비싼 향신료 시장을 통해 대박 수익을 얻는다. 영국 상인도 아시아 진출을 원했다. 여럿이 돈을 모아 동인도회사를 차리고, 영국 여왕<sup>엘리자베스 1세</sup>에게 특허장을 받았다. 콜럼버스의 신대륙<sup>당시에는 인도로 앎</sup> 발견 이후 아시아의 진짜 인도와 신대륙의 가짜 인도를 구분해야 했다. 유럽 서쪽인 신대륙을 서인도, 동쪽인 아시아를 동인도라 불렀다. 그 결과 아시아 무역회사 이름이 **동인도회사**가 되었다. 처음엔 항해할 때마다 일회성 자금모집으로 출자날 출出, 제물 자資(자금을 냄) 비중에 따라 수익을 나눴다. 배가 귀환하지 못하면 한 푼도 받지 못하는 방식이었다. 이후 몇 년 단위씩 사업 단위를 늘리더니 나중에는 영속적인 주식회사화했다. 투자금은 돌려받지 못하되 주식거래는 가능토록 했다. 아시아 항해 성공으로 높은 배당을 지급해 오자, 영국 동인도회사 주식 가격도 덩달아 올랐다. 덕분에 주식거래도 활발해져 영국 **왕립증권거래소**도 만들어졌다. 참고로 영국 동인도회사는 네덜란드 동인도회사보다 먼저1년 3개월 먼저 탄생했지만, 당시 경제력에서 영국을 앞선 네덜란드 동인도회사가 자본금이 10배 이상 많았다. 스페인 등에서 쫓겨난 유대 자본 등이 더해지고 금융업이 먼저 발전했기 때문이다. 인도네시아 향신료 쟁탈전에서 영국은 네덜란드에 밀렸다. 아쉽지만 영국 동인도회사는 인도에 주력하게 되었다. 포르투갈이 먼저 독점을 해온 인도 요새들을 빼앗아서 말이다.

## 영국 동인도회사 성장

영국 동인도회사는 영국산 양털 **모직물**을 인도에 팔려고 시도했다. 허나, 인도 날씨는 더워 양털이 인기가 없었다. 인도에는 '캘리코'라는 가볍고 시원한 **면직물**이 있었기 때문이다. 영국 동인도회사는 캘리코 시장을 장악해 대박을 친다. 17세기 전반기 주된 교역품은 **향신료**였다. 향신료 무역은 네덜란드가 영국에 승리했다. 그런데 향신료 재배지가 늘어나며 향신료 가격이 내려갔다. 그로 인해 17세기 후반기는 **캘리코** 무역이 더 매력적인 비즈니스였다. 여기선 영국이 네덜란드에 승리했다. 인도네시아는 네덜란드가 차지했지만, 인도는 영국이 독주를 이어갔다. 동인도회사가 번 돈은 영국 경제 발전에 큰 역할을 했다. 향신료 싸움에서 밀렸지만, 영국은 영란전쟁을 통해 네덜란드를 밀어낸다. 그 결과 영국 무역회사들은 마음껏 장사를 하게 되었다. 아메리카, 아프리카, 아시아 간 삼각무역을 통해 이익을 크게 남긴다. 당시 영국 주요 무역회사로는 1)동인도회사 외에 2)오스만 튀르크와 교역하기 위한 레반트회사, 3)아프리카 개척을 위한 왕립 아프리카회사, 4)캐나다 모피무역을 위한 허드슨만회사 등이 있었다. 이중 단연 으뜸은 동인도회사였다.

## 영란전쟁

스페인 식민지였던 네덜란드는 독립전쟁 때 영국의 도움을 받는다. 신교도라는 종교적 동질감에다, 네덜란드 다음 공격 대상이 영국이라는 위기감 때문이기도 했다. 그런데 영국이 네덜란드 뒤를 이어 아시아 무역에 뛰어들며 둘 간의 밀월은 끝났다. 후발주자였던 영국이 해군력을 키워 싸움을 걸게 된다. 1)그 출발은 **항해조례**다. 영국 항구에 운반하는 화물은 영국 배를 이용해야 했다는 것. 영국보다 잘나가는 네덜란드에 타격을 주고자 했다. 이후 몇 차례 무력 충돌로 이어지는데 이유는 무역 이권 때문이었다. 서로 간 갈들의 골이 커지고 전쟁이 발생하게 된다. 2)**1차 영란전쟁**1652~1654년은 영국 우

**그림 83** 영란 전쟁

세 판정승, 그동안 영국이 해군력을 빠르게 확대한 결과였다. 참고로 영란의 란네덜란드은 화란화할 화和, 난초 란蘭에서 따왔다. 네덜란드는 암본 사태 배상금을 지불하고 영국의 항해조례를 인정하게 된다. 그 후 영국은 네덜란드가 가지고 있던 뉴암스테르담뉴욕을 공격해 차지한다. 3)**2차 영란전쟁**1665~1667년은 런던 대화재, 흑사병 등으로 네덜란드의 판정승, 영국은 일부 지방에 항해조례를 적용하지 않기로 하고, 영국이 경영하던 동남아시아 주요 항구를 네덜란드에 내어준다. 그 대가로 영국은 뉴암스테르담을 완전히 얻는다. 4)**3차 영란전쟁**은 프랑스 루이 14세가 벌인 전쟁에 영국의 보조적 참여 형식이다. 프랑스 중죄인이 네덜란드로 도망가는데, 네덜란드가 그 죄인들을 보호해 줬다. 프랑스 루이 14세가 영국에게 함께 네덜란드에 전쟁을 하자는 비밀협약을 맺는다. 3차 영란전쟁 중 영국은 뉴욕을 빼앗기기도 했다. 전쟁으로 영국은 돈이 바닥나고, 네덜란드도 두 나라와 싸우는 데 힘이 부쳤다. 결국 전쟁은 종료된다. 네덜란드는 수리남을 확실히 차지하고, 영국은 뉴욕을 돌려받는다. 세 차례의 영란전쟁 결과 네덜란드는 뉴욕과 아시아 상업에서 서서히 기울어 가기 시작했다. 그 자리를 영국 동인도회사가 점점 차지해 간다. 동인도회사가 잘 되어가자, 영국 내 독점 비판이 나오고 **제2의 영국 동인도회사**가 생긴다[1698년]. 그런데 뒤늦게 프랑스가 동인도회사[1664년]를 설립하고 인도무역에 뛰어들자, 영국은 2개의 동인도회사를 통합하게 된다[1708년]. 네덜란드 동인도회사도 영국 등과 맞서기 위해 14개나 되던 회사를 통합했던 것처럼 말이다.

## 세금징수권

영국 동인도회사는 주식회사였지만 자체 군대를 보유해 정복 비즈니스를 했다. '점령지가 넓어질수록 벌어들인 점령지 세금이 많아진다'라는 걸 뒤늦게 깨닫게 되면서다. 영국이 인도에 진출할 당시만 해도 인도는 무역 상대국이다. 해안에 교역 거점을 허가받아 교역을 했다. 그런데 무굴제국의 중앙지배력이 약해지고, 각 지역 제후들이 독립하면서 기회가 왔다. **무굴제국**[1526~1857년]은 몽골계 이슬람 황제가 다수의 힌두교인 등을 수백 년간 지배했다. 타지마할을 만든 샤자한5대 황제까지는 종교 포용 정책을 펼쳤다. 허나, 그의 아들 아우랑제브6대 황제는 독실한 무슬림으로 종교 포용을 하지 않았다. 그 이후부터 무굴제국은 분열되고 제후국들이 생기기 시작했다. 참고로 타지마할은 샤자한이 14번째 애를 낳다 죽은 부인뭄타즈 마할을 위해 만든 무덤이다. 분열된 인도 제후들이 영국, 프랑스 등과 연합해 영토 확장 싸움을 했다. 영국과 프랑스가 국지적인 영토싸움에 끼어들어 영국 동인도회사 편이 이겼다. 승리한 결과 영국 동인도회사는 무굴제국으로부터 해당 지역 **세금징수권**을 얻었다. 그 이후 영국 동인도회사는 무역보단 영토 확장에 주력하게 되었다. 장사보다 영토를 늘려 세금을 걷는 게 더 나은 비즈니스가 된 것이다. 영국의 인도 점령 기본 원칙은 통일된 나라보다 500여 개가 넘는 나라로 나누는 분할통치였다. 제후 간 협력을 못 하게 방해하고, 대들면 점령해 직영하고, 항복하면 보호국으로 삼았다.

## 세포이 항쟁

동인도회사가 인도 영토확장에 활용한 건 **세포이**Sepoy, 용병이란 뜻라는 인도 용병이다. 세포이는 인도 정부가 아닌 동인도회사 소속 군인이었다. 힌두교, 이슬람 등 다양한 종교 출신으로 카스트 상위 계층이었다. 잘 싸워주면 계급과 봉급을 올려주니 열심히 했다. 영국의 인도 점령과 지배에 앞장서서 일했다. 장교는 영국인, 하사관 이하는 세포이가 담당했다. 세포이 항쟁1857년 시기에는 28만 명의 세포이가 있었다. 동인도회사는 세포이를 활용해 약탈자로 변했다. 지속적인 영토확장과 징세권 획득이다. 처음 징세권을 얻게된 1757년 플라시 전투 이후 동인도회사가 없어질 때까지 영토 확장에 집중했다. 힘들게 장사하는 것보다 땅을 빼앗고 세금을 걷는 게 더 쉬운 일이니까. 결국 이런 동인도회사의 습성이 중국과 아편전쟁까지 일으키게 된 계기다. 하지만, 세포이에게 지급된 탄약통이 문제가 되었다[1857년]. 당시 신형 머스킷총은 방수용 종이로 싼 탄약통을 입으로 물어뜯어야만 했다. 문제는 종이에 동물성 지방을 입혔다는 것이다. 그 지방은 소와 돼지기름으로 만들었다. 힌두교는 소를, 이슬람은 돼지를 먹지 않았다. 종교적인 이유로 탄약통 수령을 거부했고, 거부한 세포이들이 징역형을 받았다. 이로 인해 세포이들이 들고 일어나면서 그 유명한 **세포이 항쟁**[1857~59년]이 발생했다. 동인도회사의 통치에 대한 인도인의 저항도 커지고, 세포이들은 무굴제국 부활을 선언했다. 다만, 종교적인 이질감 등으로 수니파 이슬람, 시크교도 등은 영국 편에 섰다. 분열은 필패必敗, 결국 영국 정부가 항쟁을 진압한다. 영국 정부는 세포이 항쟁 이후 동인도회사를 해산시켰다. 대신에 영국 정부의 직접통치로 전환해 빅토리아 여왕이 인도 황제로 올라선다.

**그림 84** 동인도회사의 세포이

# 사탕수수 재배를 위한 노예 삼각무역

### 설탕과 아프리카 노예

유럽인이 설탕을 처음 접한 건 알렉산드로스 대왕의 동방원정 때부터다. 이후 유럽에 설탕 교역이 활발해진 건 십자군 전쟁[11세기] 즈음부터다. 그 전엔 꿀이나 곡식 감미료[조청] 등으로 단맛을 냈다. 설탕은 칼로리가 높아 굶주림을 해결하는 약으로도 쓰였다. 베네치아는 설탕무역 독점으로도 돈을 벌었다. 설탕은 후추만큼 귀한 음식이니 부유층들이나 즐길 수 있었다. 귀하디귀한 사치품이 설탕이었다. 설탕 재배는 돈 되는 비즈니스일 수밖에 없었다. 설탕 원료인 **사탕수수 재배**에 관심을 가진 건 **스페인**이었다. 콜럼버스 신대륙 발견 이후 아메리카 대륙을 눈여겨봤다. 열대성 기후로 최적의 사탕수수 재배지였기 때문이다. 스페인은 원주민을 통해 사탕수수, 담배, 커피 등을 경작했다. 열대성 작물인 설탕은 품 많이 드는 노동집약적 산업이다. 사탕수수즙을 계속 끓이고 증발시켜 설탕 결정을 얻어내야 한다. 열대성 작물이기에 원래도 더운 날씨에 더해 설탕을 끓일 때 나오는 열기를 참아야 했다. 사탕수수나 땔감을 베어내고 옮기는 부수적인 인들도 많았다. 그런데 유럽 정복자들이 옮긴 천연두, 홍역 등의 전염병으로 원주민인디오 대부분이 사망했다. 스페인 상인들이 **아프리카 흑인**들을 노예로 아메리카로 데려가기 시작했다. 인건비가 거의 들지 않는 노예를 이용한 농업은 수익성이 높았다.

### 영국의 노예무역 주도

아프리카 노예는 처음에는 전쟁포로였다. 아프리카 종족끼리 싸우면서 진 편은 노예가 되었다. 유럽인들과 교역을 통해 노예를 맞바꾼 아프리카인들은 노예가 큰돈이 된다는 걸 알게 되었다. 나중에는 자발적으로 노예잡이에 뛰어들었다. 그중 서부 아프리카 중앙지역, 콩고 왕국과 앙골라 해안은 노예무역 중심지였다. 유럽인들은 총과 화약을 팔며 노예잡이를 부추겼다. 노예잡이를 위해 아프리카인들끼리 싸우는 종족 간 전쟁이 벌어지기도 했다. 또한 추장이 자기 부족원을 내다 팔기도 했다. 유럽이 아프리카 식민지를 개척하기 전에는 **아랍인**들이 흑인들을 잡아 아라비아반도, 인도 등에 노예로 끌고 갔다. 유럽에선 아프리카 세우타를 점령한 **포르투갈**이 맨 처음 노예무역을 시작했다. 하지만, 포르투갈이 스페인 왕국에 합병되면서 1580년 노예무역 주도권은 **스페인**으로 넘어갔다. 이후 영국이 스페인 무적함대를 무찌르자 대서양 노예무역 주도권은 **영국**으로 넘어간다. 여기에 교황이 노예무역을 금하면서 1640년 가톨릭 국가였던 포르투갈과 스페인이 노예무역에서 아예 손을 뗀다. 성공회 신교 국가인 영국이 본격적으로 **노예무역** 중심지가 되었다. 영국은 17세기 중반 **왕립아프리카회사**Royal African Company of England를 세웠다. 카리브해 영국령 식민지에 흑인 노예를 대기 위해 영국 왕찰스 2세으로부터 노예무역 독점권도 얻었다. 18세기 영국은 전세계 흑인 노예무역의 절반미국, 서인도제도, 브라질 등에 공급을 담당하는 공급자가 되었다. 노예무역 선단 보호를 위해 영국 해군도 수병 육성, 항해술 등이 발전하게 되었다.

### 노예 삼각무역

1)영국에서 아프리카로 가서 2)노예를 실은 뒤 아메리카로 가고 3)아메리카에서 노예를 판 뒤 영국으로 돌아오는 과정을 거쳤다. 이 과정에서 삼각무역이라는 시스템을 더했다. **삼각무역**은 세 지역 간 무역거래를 말한다. 즉, 1)영국에서 아프리카로 갈 때 총, 화약, 생필품 등을 싣고 간다. 2)아프리카에서 총과 화약 등을 주고 노예를 산다. 3)아메리카에서 이 노예를 팔고 설탕, 담배, 면화를 싣고 유럽에 와 판다.

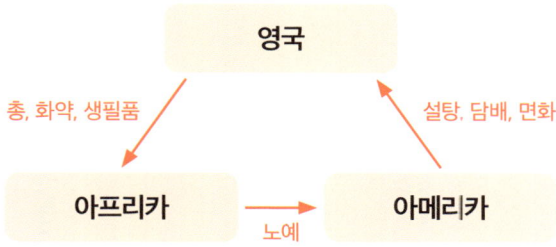

**영국, 아프리카, 아메리카 간 삼각무역**

설탕, 담배, 면화 모두 노동력이 많이 드는 산업들이다. 영국인은 흑인 노예를 물건 취급했다. 설탕을 흰 화물, 노예를 검은 화물이라 불렀다. 2개월 이상 대서양을 건너가며 노예의 10~20%는 배 위에서 죽음을 맞았다. 배를 개조해 층층이 만든 좁은 공간에 너무 몰아넣은 까닭이다. 노예 사망률이 높아지자 나중에는 '도착 인원 기준'으로 노예 운송 대금을 지급했다. 그 결과 상품 가치를 높이기 위해 운동도 하게 하고 목욕도 시키는 등 운송 여건이 개선되었다. 노예를 팔기 전엔 배불리 먹이고 외관을 좋게 만든 뒤 팔았다. 노예 후손인 흑인이 많이 살고 있는 미국은 노예 소비지였다. 카리브해의 노예 농업 방식이 미국 남부에도 전파되어 많은 흑인들이 미국으로도 가게 되었다. 17~19세기 아프리

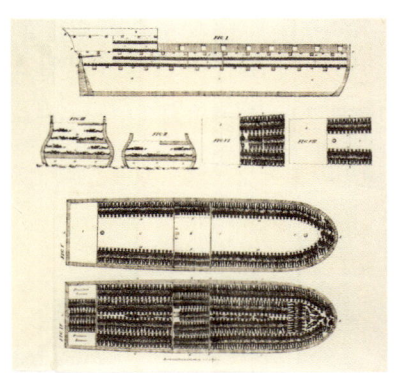

그림 85 4층 갑판 노예선 설계도

카 출신 노예는 1,500만 명 이상으로 이중 900만 명 이상이 대서양을 건너갔다.

### 노예무역과 영국 발전

영국은 노예무역으로 얻은 부를 영국 산업인프라 구축철도, 도로, 항만 등에 투입한 결과, 산업혁명의 원동력이 되었다. 노예무역을 뒷받침하는 금융업과 보험업도 발전했다. 영국 해안 도시들브리스틀, 리버풀 등은 노예무역, 설탕, 담배, 면화 교역으로 이름을 날렸다. 리버풀은 노예무역항으로 성장하고, 선박 건조 산업이 발전했다. 리버풀 인근은 직물공장이 들어서게 되었다. 영국은 동인도산 홍차와 카브리해산서인도 설탕으로 밀크티가 유행하게 되었다. 하지만, 너도나도 사탕수수 재배에 뛰어들자 사탕수수 수익성이 하락했다. 영국에서 산업혁명이 시작되며 면직물 산업이 발전하고, 면화가 사탕수수 교역량을 넘게 되었다. 계몽사상이 퍼지고 산업혁명에 따른 자본주의가 발달하면서, 유럽과 미국에서 **흑인 노예제도가 폐지**되었다영국 1833년, 미국 1865년. 아프리카에서 금, 다이아몬드 등이 발견되며, 보다 가치 있는 천연자원에 집중한 것도 노예제도 폐지의 원인이 되었다.

### 아프리카 식민지

'아프리카 식민지'를 처음 개척한 건 대항해시대를 연 포르투갈이다. 포르투갈은 이슬람 상인을 거치지 않고 직접 향신료를 사기 위해 아프리카를 돌아 인도로 가는 동쪽 항로를 개척했다. 인도로 가는 중간 무역지가 필요해 아프리카 식민지를 만들었다. 포르투갈은 고온다습한 브라질을 식민지로 만들고 사탕수수를 심었다. 이후 네덜란드, 영국, 프랑스 등도 아프리카에 진출했다. 처음에는 '교역'을 위해 **해안 중심**으로 진출했다. 이후 '노예무역'이 활성화되며 아프리카 **내륙으로도 진출**하게 되었다. **베를린 회의**1884~85년에서는 아프리카 분할 원칙을 정했다. 그 결과 '실효적 지배'를 원칙으로 삼았다. 먼저 차지한 나라가 소유자라는 것이다. 국가 간 소유 경쟁이 부추겨졌고 20세기 초 아프리카 대부분은 서양 제국주의 식민지배를 받았다. **제국주의**帝國主義는 식민지주의다. 우월한 군사력과 경제력으로 다른 나라 민족을 정벌해 대국가를 건설하는 침략주의다. 제국주의 열강들은 자기들 마음대로 국경선을 그어 나눠 가졌다. 그로 인해 식민지 독립 이후 종교와 종족이 다른 부족 간에 분쟁을 야기하게 되었다.

### 쿨리

아프리카 노예가 해방되고 그 빈자리를 쿨리Coolie라는 청나라 저임금 계약 노동자가 채운다. 2차 아편전쟁1857~58년에서 진 청나라가 승전국영국, 미국, 프랑스 요구를 받아들인 결과다. 19세기 중국 인구는 늘었지만 가뭄으로 살기 힘들었다. 가난한 농민들이 해외로 가는 배에 몸을 실었다. 지금의 해외 차이나타운들은 쿨리의 땀들이 서려 있다. 노예해방 이후 신대륙 플랜테이션 농업설탕, 면화 등과 금은 광산에서는 일손 부족을 호소했다. 미국도 링컨의 노예해방으로 철도 건설 현장과 농장의 노동력 부족이 심각했다. 그 대안이 중국, 인도, 동남아 저임금 노동자였다. 미국 대륙횡단 열차도 쿨리가 없었으면 어려웠을 작업이다.

## 사탕무

사탕수수와 함께 설탕 원료로 사탕무가 발견되었다. 사탕무 뿌리 부분을 정제하면 설탕이 된다. 나머지 부분은 가축 사료로 쓰인다. 건조한 냉대, 온대지역에서도 잘 자란다. 현재 세계 설탕 생산 20% 정도가 사탕무에서 나온다. 사탕무 제조술은 18세기 중엽 독일인 '마르그라프화학자'에 의해 개발되었다. 하지만, 마르그라프는 죽을 때까지 '사탕무 설탕'이 시장에 거래되는 걸 못 봤다. 정제비용이 많이 든단 이유로 외면받았기 때문이다. 당시, 아메리카 식민지산 사탕수수가 많이 들어오며 설탕 가격이 안정적으로 유지되었다. 사탕무는 대륙봉쇄령프랑스과 역봉쇄령영국을 하면서부터 사탕수수 대체재가 된다. 나폴레옹은 영국과 유럽대륙 국가간 교역을 금지하는 **대륙봉쇄령**을 발표했다. 영국도 **해상 역봉쇄령**으로 맞불을 놨다. 이로 인해 아메리카 식민지에서 들어오던 설탕이 품귀현상으로 가격이 치솟았다. 자력 갱생 대안으로 사탕무 제조술이 도입되었다. 그 결과 사탕무 재배가 유럽에 정착하게 되었다. 사탕무로 인해 아메리카 식민지의 사탕수수 수출이 줄어들었다. 이에 노예무역도 시들하게 되고 노예제도 폐지로 이어졌다. 중남미 국가들<sub>브라질, 콜롬비아 등</sub>은 사탕수수 대신에 커피 플랜테이션으로 돌아서게 되었다.

### 럼

럼은 당밀<sub>설탕</sub>을 만들고 남은 사탕수수 찌꺼기를 증류시켜 만든다. 알코올 도수 40도 이상 독주다. 럼은 선원의 술로 불렸다. 대항해시대 장거리 항해에 필수품이었다. 장기간 보관시 나무통안 물은 오염되다 보니 술을 사용했다. 하지만, 낮은 도수의 맥주나 와인도 상했다. 반면, 독주인 위스키, 브랜디는 비쌌다. 싸고 오래가는 럼이 최적이었다. 덕분에 당시 선원들은 늘 취해 있었다. 미국 식민지인들은 1)럼을 만들어 아프리카로 가져가 2)흑인노예를 사서 서인도제도에 팔았다. 3)이후 미국 식민지인들은 서인도제도에서 당밀을 사와 미국에서 럼

**미국, 아프리카, 서인도제도 간 삼각무역**

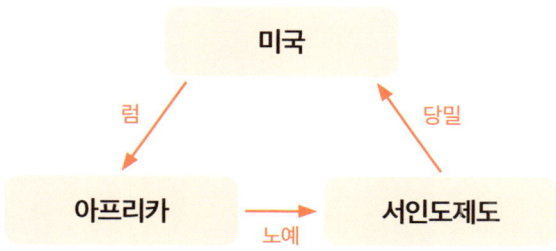

을 만들었다. 럼을 통한 삼각무역이다. 럼 삼각무역이 활성화되자 영국은 미국 식민지에 설탕법, 당밀법 등의 규제를 하고, 이런 규제들이 불만이 되어 미국 독립의 불씨가 되었다.

## 프라이드 치킨

프라이드 치킨은 미국 남북전쟁 이전 흑인 노예들이 먹던 음식이다. 백인들은 닭가슴살 위주로 먹고, 다리를 포함한 남은 부위들을 흑인들에게 줬다. 요리하고 남은 야채와 함께 튀겨서 말이다. 고된 노동을 위해선 높은 칼로리 유지가 필요했다. 남북전쟁 이후 흑인이 먹던 프라이드 치킨이 대중화되었다. 미국 남부 켄터키주 '할랜 샌더스1890~1980년'는 압력솥에 치킨을 튀기는 방법으로 인기를 얻었다. 샌더스는 프랜차이즈 계약을 할 때 흰색 정장을 입고 다녔다. 그런 모습이 KFC켄터키 프라이드 치킨 할아버지 모델의 대명사가 되었다. 참고로 바닷가재도 흑인 노예들에게 주던 싸구려 음식이었다.

# 공유지의 비극을 막을 방법은 사유재산 제도

### 공유지의 비극

영국 경제학자 애덤 스미스는 개인의 **이기심**을 좋은 것이라고 했다. 사람은 자신의 이익을 극대화하기 위해 노력하는데 이는 탐욕이 아니며, 도덕적으로 정당하다는 것이다. '보이지 않는 손'에 의해 사회 질서가 정해지고 공적 이익도 증가시킨다고 주장했다. 이러한 이기심에 반기를 든 논리가 있으니 바로 **공유지의 비극**The Tragedy of the Commons이다. 인간의 이기심으로 인해 공동체 파괴는 물론, 그 자신의 손해로 이어진다는 논리다. 미국 생물학자 '개릿 하딘'이 과학잡지 사이언스에 올린 논문에서 언급했다1968년. 여기서 **공유지**(共有地 공공자산)는 두 사람 이상이 공동으로 소유하는 땅을 말한다. 국가나

공공단체가 소유하는 땅인 공유지(公有地)를 말하는 게 아니다. 공동자원은 개인의 이기심 때문에 과하게 쓰이게 된다. 먼저 차지하는 게 임자라는 마음이 자리 잡고 있어서다. 공유지를 시장 기능에만 맡기면 자원 낭비로 금방 고갈된다. 예를 들면, 마을 공동의 목초지가 있다고 치자. 목초지 사용은 무료이기에, 개인의 이익을 위해 양을 과하게 방목하고 목초지는 황폐해진다. 결국 기르던 양이 풀을 못 먹어 죽는다. 저인망구멍이 작은 그물으로 어린 물고기까지 다 잡거나, 땔감으로 나무를 다 베어버려 민둥산을 만드는 것도 공유지의 비극이다. 1)**배제성**은 돈을 내야만 쓸 수 있는 것이다. 2)**경합성**은 소비자가 늘어나면 기존 소비자의 소비량이 줄어드는 것이다. 공유자산은 무료로 사용할 수 있지만배제성 없음, 한정된 자원이다 보니 사용자가 늘면 소비가 줄어들고 나중에는 없어진다경합성 있음. 즉, 공유자산은 1)배제성은 없지만, 2)경합성은 있다.

공유지의 비극과 비슷한 개념으로 **깨진 유리창 이론**이 있다. '필립 짐바르도스탠퍼드대 심리학 교수'는 유리창이 깨지고 번호판도 없는 자동차를 뉴욕 거리에 두니, 버려진 자동차 취급을 받는다는 걸 알게 되었다. 쓰레기도 버리고 타이어도 훔쳐갔다. 그는 시민들의 작은 일탈을 방치하면 더 큰 문제가 생길 수 있다고 주장했다. **반(反)공유지의 비극**The Tragedy of the Anticommons 논리도 있다. '마이클 헬러컬럼비아대 교수'는 공유자산이 나뉘어져 사유재산이 되면서, 사회 전체의 생산 증가를 막는다고 주장했다. 예를 들면, 지적재산권과 특허제도가 과도하게 지식을 보호하면서, 제대로 사용되지 못하게 한다는 것이다. 공유지의 비극이 자원의 과다 사용을 고민한다면, 반공유지의 비극은 과소사용을 걱정했다.

## 공유지의 비극 해소

공유지의 비극을 해소하려면 시장 기능에만 맡겨둬선 안 된다. 1)정부의 강제적인 규제어획량 제한, 금어기간 설정 등, 2)공동체의 자율적인 약속공익광고 등, 3)사적 재산권의 확립 등이 필요하다. 이 중 가장 확실한 방법은 공유지의 사유화다. 요금을 부과하거나 개인재산으로 인정해 주는 것이다. **사적 재산권**은 시장경제를 구성하는 가장 중요한 요소다. 네 것과 내 것을 구분하지 않는다면 공유지의 비극이 늘어날 뿐이다. 개인의 재산권을 인정해 주면 자신의 이익을 위해 공유지를 소중히 다룬다. 사적 소유권이 없는 고래, 판다 등 멸종동물의 개체수는 줄어드는 반면, 사적 소유권이 있는 소, 돼지, 닭 등 가축은 멸종위기를 겪지 않는다. 월등히 가축 소비량이 더 많은데도 말이다. 사적 재산권이 있는 자원은 주인이 개체수를 늘리기 위해 노력한다. 잘 돌볼수록 이익이 늘어나기 때문이다. 상아에 대한 수요 증가로 아프리카코끼리 수가 줄어들자 1)케냐는 규제 정책을 펼쳤다. 사냥을 금하고 밀렵 활동에 중형을 내렸다. 그럼에도 개체수 감소를 막을 수 없었다. 2)반면, 짐바브웨는 부족별로 공유지를 할당해 사냥할 수 있도록 했다. 상아 거래를 합법화하고, 수입을 부족민들이 나눌 수 있게 했다. 짐바브웨에선 코끼리 수가 서서히 늘어났다.

명예혁명1688년에 앞서 영국은 **전매조례**1624년를 정한다. 새로운 발명에 대해 일정 기간 독점권을 인정하는 것이다. 새로운 기술혁신증기기관, 방적기 등이 가속화되고, 산업혁명이 급속도로 진행되었다. **사적 재산권** 인정이 가져온 결과다. 반대로, 사적 재산권을 인정하지 않았던 경우는 실패가 많았다. 개인이 가져갈 인센티브가 없기에 열심히 일할 이유가 없어서였다. 과거 공산주의 국가들이 모든 토지를 국유화하고 집단농장 체제로 바꿨지만, 곡물 생산량이 급감했던 이유다. 경제학은 애덤 스미스의 말처럼 인간의 이기심에서 출발한다. 공유지의 비극이 발생하지 않도록 사적 재산권을 잘 구별해 준다면, 이기심이 스스로 잘 헤쳐 나갈 수 있게 하지 않을까.

## 인클로저 운동

**인클로저**Enclosure 운동도 사적 재산권 강화다. 인클로저는 '울타리'란 뜻이다. 인클로저는 토지 소유권을 나타내기 위해 담장을 쌓는 것이다. 지주들이 자신의 땅에 울타리를 치고 돈 되는 걸 했다. 대신에, 기존에 있던 영세 농민들은 지주의 땅에서 쫓겨났다. 인클로저 운동은 영국에서 2번에 걸쳐 발생했다. **1차 인클로저 운동**15세기 말~17세기 중반은 양털 가격 급등에 따라 양을 기르기 위해서였다. 농민은 도시로 쫓겨나 임금노동자가 되었다. 『**유토피아**』를 쓴 토머스 모어는 당시 상황을 '양이 사람을 잡아먹는다'라고 표현할 정도였다. **2차 인클로저 운동**18세기 후반~19세기 전반은 산업혁명에 따른 도시인구 증가로 곡물 가격이 오르자, 곡물 대농장을 경영하기 위해서였다. 자본가가 소농민 땅을 흡수해 자본주의적 경영을 한 경우다. 땅을 잃은 농민들은 대도시 임금노동자로 흡수되었다. 공업에 필요한 노동력이 값싸고 풍부해지게 되었다. 그 결과, 자신이 일한 대가보다 적은 임금을 받아도 감지덕지하게 느낄 수밖에 없었다.

## 존 로크

현대적인 의미의 **사적 재산권** 개념이 정립된 건 **존 로크**1632~1704년, 영국 계몽주의자로부터다. 그는 자유주의 이론의 기초를 세웠다. 개인에겐 사적 재산권이 있다고 주장했다. 그의 주장은 당시 왕권체제의 근간인 왕권신수설을 부정할 정도로 가히 혁명적이었다. 로크 이전에 시민의 재산권은 왕이 충성스러운 신하에게 베푸는 포상 정도였다. 왕국의 모든 재산은 왕의 것이었기에, '일반 국민들은 토지나 건물이 내 것이다'라고 할 수 없었던 시기였다. 결국 로크는 영국 왕제임스 2세의 탄압을 피해 네덜란드로 피신했

그림 86 존 로크

다. 하지만, 그의 이념은 명예혁명1688년과 권리장전1689년의 사상적 근간이 되었다. 명예혁명으로 메리 여왕과 함께 영국으로 돌아온 그는 권리장전 작성에 참여해, 왕이 개인의 재산권을 침해할 수 없음을 천명했다. 법치주의가 확립되고 사적 재산권 개념이 정립되며 영국은 발전하게 된다. 사유재산권의 인정으로 생산성이 증가하여 맬서스가 걱정한 절대적 빈곤맬서스 함정은 해소되게 되었다.

『통치론Two Treatises of Government, 1689년』은 존 로크의 자유주의 정치사상을 담은 책이다. 개인은 평등하고, 동등한 자연권을 지니며 이성적인 존재다. 국가는 이성적인 인간이 '생명, 자유, 재산을 안전하게 보호받기 위해 만든' 계약의 결과물일 뿐이다. 국가는 인류의 시작과 동시에 자연스럽게 또는 신의 뜻에 따라 당연하게 주어진 것이 아니다. 통치권은 모든 권력을 지닌 지배자라기 보다 '계약 의무를 수행하는 정도'다. 개인의 동의가 없는 한 통치자가 정당하게 지배할 수 없고, 개인은 복종할 필요가 없다. 왕이 권위를 갖지 못하면 더 이상 왕이 아니며 저항할 수 있다. 왕권에 반하는 것이 신성모독이던 시절왕권신수설, 로크는 국민저항을 당연하게 여겼다. 로크의 사상은 영국에서 명예혁명을, 프랑스에선 대혁명을, 미국에선 독립운동으로 이어졌다. 특히, 미국의 독립선언서는 표절 시비가 일 정도로 『통치론』과 흡사했다.

## 1-41

# 커피의 역사,
# 증권과 보험의 시작 커피하우스

### 커피의 시작

커피의 시작은 아프리카 북동부 **에티오피아**(아비시니아제국)부터로 추정된다. 염소가 빨간 열매를 먹고 뛰어다니고, 밤에도 자지 않았다. 이 모습을 목동 칼디가 발견하고 수도원장에게 이야기했다. 그런데 수도원장은 쓸데없었다며 열매를 불 속에 던져 버렸다. 그러자 열매가 구워지며 향긋한 냄새가 났고, 이 열매 씨앗을 갈아 물에 녹여 마셔본다. 그 결과 정신이 뚜렷한 채 잠이 오지 않았다. 이후 수도사들이 밤샘 기도를 할 때 이 열매로 만든 음료를 마셨다고 한다. 이 빨간 열매는 커피체리로 이 열매속 2개의 씨앗이 커피 생두다. 생두를 씻어 말린 뒤, 볶아 향을 내면 커피 원두가 되었다. 빨간 열매도 먹을 수 있는데 단맛이 난다. 커피는 카페인으로 인해 가슴이 뛰고 잠이 오지 않을 수 있다. 신과의 합일을 최고로 치는 이슬람 신비주의 수행자^수피는 밤샘 기도를 드렸는데, 커피가 식욕을 떨어뜨리고 잠을 깨운다는 사실을 알고 기도 전 마셨다. 커피 열매를 한약처럼 달여서 아주 쓰게 먹었다. 그로 인해 커피는 신의 음료로 생각하게 되었다. 커피 이름은 에티오피아에선 카파^Kaffa, 아라비아에선 카흐와^Qahwa, 오스만제국에선 카흐베^Kahve라고 불렸다. 아관파천으로 러시아 공사관에 피신했던 고종황제가 드신 가배가 카흐베다. 그 카흐베가 오늘날 커피의 어원이 되었다.

## 커피 독점

커피 원산지는 에티오피아 산악지대지만, 식물로 재배된 건 바다 건너 아라비아반도의 예멘이다. 575년경 이후 약 1,000년 동안 오직 예멘 지역에서만 **아라비카**란 품종의 커피가 재배되었다. 이슬람 율법^코란은 술을 금하고 있기에 커피를 즐겨 마셨다. 가톨릭이 와인이라면 이슬람은 커피였다. 메카에는 '카흐바 하네^카흐바(커피)+하네(집)'라는 커피하우스가 세계 최초로 생겼다. 커피하우스는 이후 이집트 카이로로 전해졌다. **오스만 튀르크**가 이집트^맘루크 왕조를 점령하고, 이집트 식민지였던 예멘과 메카를 접수했다. 커피는 오스만 튀르크 영토 확장에 따라 여러 지역으로 퍼져나갔다. 또한, 이슬람 수도자들이 메카^사우디아라비아 지역를 순례하는 관습 덕분에 커피를 고향으로 가져가기도 했다. 하지만, 재배는 오직 **예멘**에서만 하도록 했다. 오스만의 돈 되는 사업인 커피 독점을 위해서였다. 1)커피 원두를 끓이거나, 2)열을 가해 발아 능력을 없앤 후에야 3)외부로 반출되었다. 이를 위반하면 사형에 처해졌다. 예멘 산악지대에서 재배된 커피는 예멘의 **모카항**으로 모였다. 모카 브랜드가 커피 대명사가 된 이유다. 이후 뱃길로 이집트 수에즈까지 운반된 다음 낙타에 실려 이집트 알렉산드리아 창고로 보내졌다. 베네치아 상인들이 알렉산드리아로 가 커피를 서서 유럽 전역에 팔았다.중개무역.

## 오스만제국 커피 문화

오스만제국은 커피를 즐겼고, 커피하우스카페 문화가 발달했다. 커피하우스에선 이야기를 나누거나, 음악을 들을 수 있었다. 하루 온종일 커피하우스에서 커피만 마시는 이들도 있었다. 오스만제국은 커피를 뜨거운 모래에 끓였다. 전용 주전자인 **체즈베**에 끓여 **자르프**봉투란 뜻라는 그릇에 담았다. 부자들은 자르프를 귀금속으로 장식하기도 했다. 오스만

그림 87 오스만제국 커피하우스

제국에선 커피를 가루채 끓여서 마셨는데, 마시고 남은 커피 가루로 점을 치곤 했다. 컵 받침을 커피잔 위에 얹고 바로 뒤집는다. 그리곤 커피잔에 남은 찌꺼기 모양으로 운세를 판단했다. 청혼에서도 커피는 중요했다. 남자측이 청혼을 신청하면 여자측은 이를 받아들여야 했다. 남자 측이 방문하면 원하는 커피 취향에 맞춰 손님 대접을 했다. 단, 예비 신랑 커피는 예비 신부가 본인 마음대로 준비할 수 있었다. 마음에 들면 설탕 듬뿍, 아니면 쓰디쓴 커피를 내놓았다. 심하면 소금을 넣기도 했다. 예비 신랑은 나온 커피 맛에 대해 일절 내색해선 안 되었다. 상견례가 끝나고 집에 가는 길에 커피 맛을 가족에게 말하는 게 예의였다.

## 커피 세례

12세기 십자군 전쟁을 계기로 아랍에 갇혀있던 커피는 유럽에도 소개되었다. 후추 등 향신료 루트를 통해 전파되었다. 유럽에서 커피를 처음 받아들인 건 **베네치아** 상인들이다. 물 위에 세워진 수상도시 베네치아는 농사가 어려웠다. 중개무역을 통해 살아갈 수밖에 없는 환경이었다. 오스만제국과 중개무역을 하던 베네치아 상인들이 커피 맛에 물들었다. 베네치아는 예멘 커피를 수입해 유럽에 퍼트린다. '플로리안'이라는 유럽 최초의 커피하우스도 베네치아에 생긴다. 베네치아에 들여온 커피는 로마로 전해지게 되었다. 커피를 너도나도 좋아하게 되자 가톨릭 사제들이 반기를 들었다. 로마의 사제들은 교황클레멘스 8세(재위 1592~1605년)에게 이교도의 음료이자 **사탄의 음료**악마의 유혹인 '커피 금지령'을 내려달라 요청했다. 하지만, 커피를 맛본 교황은 커피에 세례를 내리고 가톨릭의 음료로 공인했다. 교황의 공인 이후 커피는 유럽 전역에 더욱 퍼져나가게 되었다. 베네치아 상인은 여기에 상술을 더했다. 이교도의 검고 쓴 음료에 대한 반감을 없애려 **두통을 없애는 약**으로 홍보했다.

### 아인슈페너

**비엔나커피**란 메뉴는 오스트리아 빈영어로 비엔나에는 없다. **아인슈페너**말 한 마리가 끄는 마차란 뜻라 해야 현지에서 알아듣는다. 마부들이 흔들리던 마차에서 마시던 커피다. 생크림 토핑을 듬뿍 얹어 커피가 쏟아지지 않게 하는 게 특징이다. 생크림 반, 커피 반 해서 마시는 게 요령이다. 오스트리아에 커피가 전해진 건 오스만제국과의 전쟁 때문이다. 커피를 즐기던 오스만제국군이 퇴각하며 다수의 커피를 놓고 갔는데, 이를 활용해 커피하우스를 만들었다는 설이 있다. 오스만제국은 동로마제국비잔틴제국 수도인 콘스탄티노플비잔티움, 이스탄불을 함락했다1453년. 여세를 몰아 오스트리아 빈을 두 차례 공격했다1529년, 1683년. 빈을 차지하면 독일, 프랑스가 지척이 된다. 빈은 과거부터 가톨릭 신봉자인 합스부르크 가문이 다스려 왔다. 첫 번째 오스만 공격1529년은 15일 가까이 했으나, 보급품 문제로 중단됐다. 두 번째 공격1683년은 15만 오스만 대군이 합스부르크 군개 1만 6천 명을 에

워쌌다. 오스만은 물자 공급 차단으로 빈 사람들을 굶겨 죽이려 고사작전을 택했다. 빈에선 로마 교황청에 지원군을 보내달라 요청했다. 빈이 뚫리면 다음은 당신들 차례라는 경고와 함께다. 이에 폴란드 왕소비에스키을 총사령관으로 하는 '가톨릭 신성연맹 군대'가 도착했다. 폴란드 기병대를 위시한 가톨릭 군대는 오스만 대군을 몰아낸다. 이전까지 가톨릭합스부르크 가문세력이 밀렸었다면, 이 전투 이후 오스만제국이 동유럽에서 물러나게 된다. 오스만제국 건국1299년 이래 최대 패배였다. 1)전쟁 후 빈 제빵사가 오스만제국의 상징인 초승달 모양의 **크루아상**을 만들었다. 오스만을 씹어먹어 보겠다는 의미였다. 빈 출신 마리 앙투아네트가 프랑스에 시집가 크루아상을 먹으면서 파리에도 유행하게 된다. 2)빈에선 폴란드 군에 감사하다는 의미로 **베이글**을 만들었다. 폴란드 기병대의 말 등자를 본떠 만들었다는 설이 있다.

## 커피독점 몰락

오스만제국의 독점 유지 노력에도 불구하고 커피 씨앗(나무)가 유출되고 만다. 1)1600년경 인도에서 온 **이슬람 순례자**바바부딘가 예멘에서 커피 씨앗을 자신의 배꼽에 훔쳐내, 인도에서 경작에 성공한다. 2)**네덜란드인**도 커피 한 그루를 온전히 훔쳐내 네덜란드로 달아난다. 이후 암스테르담 식물원에서 배양해 이를 네덜란드령 동인도제도 섬수마트라 등에서 재배하게 되었다. 1700년대까지 모카와 자바 커피가 인기였지만, 이후 모카는 커피 시장에서 독점 경쟁력을 잃고 사라졌다. 차 생산지로 유명한 **실론**스리랑카은 한때 세계적 커피 생산지였다. 커피녹병이 발생하는 바람에 커피 대신 차 생산으로 바꾼 경우다. 3) 아메리카 대륙 카리브해 섬나라에서도 프랑스 장교의 노력으로 커피가 재배되기 시작했다1723년. 당시 프랑스 식물원에서는 커피나무암스테르담 시장이 루이 14세에게 바침를 온실에서 재배하고 있었다. 이에 **프랑스 장교**가브리엘 마티외 데클리외가 수차례 요청했지만 받지 못했다. 결국 루이 14세 주치의 도움으로 커피나무 한 그루를 어렵게 얻는다. 이를 프랑스령 마르티니크섬에서 재배에 성공했다. 4)브라질에 커피가 재배된 건 로맨스가 가미되었다. 수리남당시 가이아나은 네덜란드와 프랑스가 나눠 지배하고 있었다. 그런데 두 지역에서 국경분쟁이 발생하고 **브라질**포르투갈령 **장교**프란시스코 데 멜로 팔레타에게 중재 요청을 했다. 수리남은 커피가 재배되고 있었는데, 프랑스나 네덜란드 모두 커피 씨앗 반출을 통제했었다. 반출하면 사형이었다. 브라질 장교는 프랑스 총독 부인을 유혹했다. 임무를 마치고 돌아갈 때 그 부인에게서 커다란 꽃다발을 선물로 받는다. 그 꽃다발 안에 커피 씨앗을 한 움큼 넣어두는 건 추가 선물이었다. 이후 브라질은 세계 커피 시장을 좌우할 정도로 큰 재배지가 되었다. 커피나무가 예멘을 떠나 인도네시아, 카리브해, 브라질로 옮겨 가면서, 식민지 원주민과 아프리카 노예들의 삶도 힘들어졌다. 현재, 커피는 **커피 벨트**커피존라 불리는 남북회귀선 25º 사이에서 재배되고 있다.

## 커피하우스

유럽의 물은 석회석 성분이 많아 중세 유럽은 맥주나 와인을 즐겨 마시게 되었다. 다만, 술에 취한다는 게 문제였다. 그로 인해 근대 유럽에선 커피나 차를 마시는 문화가 발달하게 되었다. 영국에서는 커피가 17세기 중반 중동과 북아프리카 상인들에 의해 소개되었다. 옥스퍼드 대학교 근처에 레바논 기업가가 영국 최초로 **커피하우스** 옥스퍼드 엔젤를 세웠다. 이후 런던 등 대도시로 커피 문화가 빠르게 퍼져나갔다. 17세기 런던에만 1,000여 개, 영국 전체로는 8,000여 개의 커피하우스가 생겼다. 당시 영국은 산업화가 빠르게 진행되고 있었다. 그러다 보니 새로운 정보를 듣고, 자신의 생각을 자유롭게 표현하고픈 지식인들의 욕망이 가득했다. 그런 욕망을 채워주는 곳이 커피하우스였다. 다양한 사람들해운업자, 무역업자, 금융가, 정치가, 예술인 등이 모여들었다. 계몽주의 시대, 정치와 예술 논쟁도 하고 주식투자와 해상보험 이야기도 했다. 정보제공자 역할도 했는데, 신문과 각종 관보도 읽을 수 있었다. 커피하우스를 **페니 하우스**라고도 했는데, 단돈 1페니영국 화폐 최소 단위면 커피를 마시며 의견을 나눌 수 있었기 때문이다.

런던 증권거래소의 모태는 **조너선 커피하우스**Jonathan's Coffeehouse다. 커피하우스에서 주식 정보를 교환하고 거래도 활발하게 진행했다. 세계 최대 보험 조합인 런던 로이드Lloyd's of London도 **로이드 커피하우스**Lloyd's Coffeehouse(1688년 오픈)에서 출발했다. 1)선주, 선장, 무역상인, 보험사들의 만남 장소로 활용되면서, 2)전 세계 무역 정보가 모이고 3)보험시장이 발달하게 되었다. 영국 정치의 양대 정당인 토리당노동당과 휘그당보수당도 커피하우스에서 만들어졌다. 토리당은 런던의 '오진다 커피하우스', 휘그당은 '세인트 제임스 커피하우스'에 모인 정치인들로부터 시작했다. 애덤 스미스『국부론』, 아이작 뉴턴만유인력의 법칙, 존 로크사회계약론 사상도 커피하우스에서 만들어졌다. 프랑스 파리의 카페 '르 프로코프1689년 오픈'에는 장 자크 루소, 볼테르, 벤저민 프랭클린 등의 사상가들이 교류를 했다. 이들은 프랑스대혁명과 미국 독립운동의 근간인 계몽주의 사상을 완성하게 되었다. **계몽주의**는 교회의 권위에 바탕을 둔 구시대적 사고에 반대했다. 합리적이고 이성적인 인간의 진보를 추구하는 개혁 사항이다. 유럽의 커피하우스는 자본주의 경제성장에 맞춰, 다양한 생각정치, 사회, 과학 등을 채워주는 정보저장소 역할을 했다. 다만, 커피하우스는 남자들에게만 허용된 장소였고, 여자들은 출입할 수 없었다. 그 결과 여자들의 차 문화가 발달되고, **애프터눈 티**Afternoon tea 문화로 이어졌다. 애프터눈 티는 영국 공작 부인안나마리아 러셀이 친구들을 초대하면서 시작되었다. 당시 영국인들은 저녁을 8시경에 먹다 보니 낮에 허기가 졌다. 오후 3시부터 5시경, 차와 다과를 곁들여 먹게 된다. 삼단 스탠드 1층에 짭짤한 핑거푸드, 샌드위치, 2층에 잼과 크림을 곁들인 스콘, 3층에 케이크, 비스킷 등을 담았다. 먹는 순서는 1층부터 2층, 3층 순서다.

## 아메리카노

1) **에스프레소**Espresso는 원두 가루에 고압의 압력을 가해 Press 짜내는 Es 커피다. 2) 반대로 깔때기에 걸러서 뽑아내면 **드립커피** Drip(떨어지다)다. 3) **아메리카노** Americano는 에스프레소에 뜨거운 물을 타 희석시킨 커피다. America 미국에 '~처럼'이란 뜻의 No가 붙었다. 해석하면 미국처럼~정도 되겠다. 2차 대전 때 로마에 입성한 미군 병사들이 에스프레소 이탈리아식 커피에 물을 타 마셨다고 해서 붙인 이름이다. 4) **카페라테**의 카페는 이탈리아어로 커피, 라테는 우유란 뜻이니 우유커피다. 5) **카푸치노** Cappuccino는 에스프레소에 우유 거품을 두껍게 올린 커피다. 카푸친 작은형제회 가톨릭 남자수도회 수도자의 후드 달린 수도복에서 유래되었다는 설이 있다. 카푸치노 모양이 수도복과 같다거나, 수도복 색과 카푸치노 색이 같다거나, 수도사 머리 모양이 카푸치노와 같다거나 등의 설도 있다. 카푸친 수도사들은 주변머리만 남겨두고 가운데를 동그랗게 밀었다.

## 1-42

# 런던 대화재와 화재보험의 시작

### 베니스의 상인

『베니스의 상인』은 영국 극작가 윌리엄 셰익스피어1564~1616년의 5대 희극 중 하나다. 베니스에 사는 **바사니오**는 결혼 지참금이 필요했다. 부자 친구 **안토니오**에게 돈을 빌리려 했다. 하지만, 무역업자인 안토니오는 전 재산을 무역선에 투자한 상황이었다. 안토니오는 친구에게 돈을 빌려주기 위해 고리대금업자 샤일록에게 돈을 빌린다. **샤일록**은 유대인 악덕 고리대금업자로 묘사되었다. 중세 고리대금업자는 좋은 평판을 얻지 못한 직업이다. 샤일록은 그동안 안토니오에게 모욕을 당해왔다고 생각해 왔다. 복수심에 불타 위험한 제안을 한다. 정해진 날짜까지 돈을 갚지 않으면 안토니오의 살점 1파운드를 가져가겠다고 말이다. 두 달 후면 무역선이 돌아오기에 안토니오는 흔쾌히 그 제안을 받아들인다. 바사니오는 친구 덕에 결혼 지참금을 마련하게 된다. 하지만, 안토니오의 배 3척이 모두 바다에 가라앉아 파산했단 소식이 전해졌다. 바사니오는 자신 때문에 위험에 처한 안토니오를 구하고 싶었다. 샤일록에게 빌려준 돈보다 몇 배 더 많은 돈을 갚겠다고 한다. 하지만, 샤일록은 계약서대로 살점 1파운드를 내놓으라 했다. 결국 재판정까지 가게 되고 재판관은 샤일록에게 자비를 베풀라 했지만, 샤일록은 이를 거절한다. 재판관은 샤일록에게 '살점 1파운드를 도려내되 피를 흘리지 말라'라고 판결한다. 계약 사항에 피를 내어준다고 되어있지 않다면서 말이다. 만약, 피를 한 방울이라도 흘린다면 샤일록의 토지와 재산을 몰수하겠다는 말도 더했다. 샤일록은 빌려준 돈만 받겠다고 애원했지만, 재판관은 이를 거부했다. 알고 보니 재판관은 바사니오의 여자친구가 변장한 것이었다. 참고로 **윌리엄 셰익스피어**1564~1616년는 런던에서 연극배우 겸 극작가로 활동을 시작했다. 그는 로미오와 줄리엣 등 200여 편의 문학작품을 남겼다. 셰익스피어의 5대 희극은 1)『한여름 밤의 꿈』, 2)『십이야Twelfth Night』, 3)『말괄량이 길들

그림 88 윌리엄 셰익스피어

이기』, 4)『뜻대로 하세요』 그리고 5)『베니스의 상인』이다. 4대 비극은 1)『햄릿』, 2)『오셀로』, 3)『리어왕』, 4)『맥베드』이다.

## 모험대차

함무라비 법전에는 **모험대차**<sup>무릅쓸 모冒, 험할 험險, 빌릴 대貸, 빌릴 차借</sup>가 기록되어 있다. 모험대차는 순수보험과 투자 기능이 섞여 있다. 1)무역하는 이가 항해 전 자금을 빌릴 경우 2)**배가 침몰하거나 약탈당하면 빌린 돈을 갚지 않아도 되었다**<sup>순수보험 기능</sup>. 3)항해를 무사히 마칠 때만 원금과 약속한 이익을 돌려주면 되었다<sup>투자 기능</sup>. 해상보험의 원시적 형태다. 고대 그리스나 로마 시대에도 모험대차가 성행했다. 14세기 지중해 무역을 하던 이탈리아 북부 무역상인들은 해상보험을 발전시킨다. 교황<sup>그레고리우스 9세</sup>이 **이자 금지령**<sup>1203년</sup>을 내림에 따라 이자를 받을 수 없게 되면서부터다. 이자 금지령으로 무역 자금을 빌려주고 항해 완료 시에 이익을 나눠주지 못하게 된 것이다. 그 결과 이익을 받는 모험대차 방식을 수정하게 된다. 항해의 위험만 보장하는 **순수보험 기능**만을 살리게 되었다. 당시 나무로 만든 배<sup>갤리선, 범선</sup>는 풍랑에 약했다. 일기예보도 없던 시절이니 풍랑에 배가 침몰하는 경우가 많았다. 지중해는 해적 소굴이었다. 특히, 베네치아<sup>베니스</sup>나 제노바는 전업 해적단까지 운영했다. 자국 배를 제외하곤 타국 배는 모두 약탈 대상이었다. 자국 정부에 약간의 세금만 내면 해적선 약탈이 허용되던 시절이었다. 해상무역을 위해선 위험에 대비한 해상보험이 필요했다. 베니스의 상인에서 안토니오도 실제로는 해상보험에 가입하고 무역선을 띄우지 않았을까?

### 해상보험

17세기 런던에서도 **해상보험**이 발전했다. **로이즈 커피하우스**는 선착장 근처였다. 선주, 선원, 무역업자, 보험업자, 배 만드는 이가 만나는 장소였다. 선박 무역과 관련된 다양한 정보가 교류되었다. 이후 로이즈 커피하우스는 런던 중심가로 옮긴다. 커피하우스 벽면 게시판에 선박 출발·도착 시간, 화물 정보 등을 게시했다. 이후 뉴스를 발행해 정보를 제공했다. 보험업자들은 **로이즈협회(런던로이즈)**란 보험조합을 만들었다1771년. 로이즈의 발전에는 노예무역선에 제공한 해상보험도 한몫했다. 로이즈는 영국 노예무역 관련 해상보험시장의 90%를 점했다. 영국은 노예무역이 본격화한 1761년부터 대서양 횡단 노예무역을 폐지한 1807년까지 전 세계 노예무역 시장의 40%를 차지했다.

### 런던 대화재

런던 왕실에 빵을 납품하는 빵집에 불이 난다1666년. 건조한 날씨에 바람도 불어 불길이 번져갔다. 민간소방서는 자신들의 조합 소속이 아니라며 방치했다. 런던시장은 화재 현장 주변 건물의 집주인이 없

그림 89  런던 대화재

다며 그대로 뒀다. 화재가 번지지 않게 건물을 무너뜨려야 했는데 말이다. 당시 런던은 좁은 길에 주택이 다닥다닥 붙어 있었다. 건물 1층 너비에 따라 세금을 내다보니 1층을 좁게 하고 2층부터 넓게 지었다. 목조주택으로 지었으니 불에 취약했다. 나흘간 런던 도심의 80%가 잿더미가 되었다. 빵집 주인은 오븐이 꺼져 있었다며 무죄를 주장했다. 대신에 죄 없는 프랑스인이 잡혀 죽었다. 알고 보니 그는 화재 이틀 뒤 런던에 들어왔다. 300여 년이 지나 빵집 후손이 직원의 실수라며 사과문을 올렸다1986년. 당시 런던은 위생 상태도 엉망이었다. 런던 대화재 1년 전 대역병이 돌아 많은 이들이 죽었다1665년. 그런데 런던 대화재 이후 대역병이 사라졌다. 화재가 런던의 불결한 위생 상태까지 싹 다 태워버렸다. 대화재 이후 런던의 모든 건물은 돌이나 벽돌로 지어야 한다는 조례가 만들어졌다.

## 화재보험

런던 대화재 이후 17세기 **화재보험**이 탄생하게 되었다. 니콜라스 바번은 길드의 상호부조 방식을 벤치마킹해서 '화재사무소'란 이름의 화재보험회사를 설립했다. 유리공 길드나 대장장이 길드는 불을 다루다 보니 화재 피해를 입곤 했다. 서로 돈을 모아 화재가 날 경우 도와주기로 상호부조를 만들었다. 해상보험이나 화재보험을 **손해보험**이라 한다. 재물 손해에 대해 보장을 해주기 때문이다. **재보험** Reinsurance 은 보험사를 위한 보험이다. 고액의 보상금을 지급하다 보면 보험사도 파산할 수 있다. 이런 위험에 대비해 보험사가 다른 보험사에 보험을 드는 걸 말한다.

## 생명보험

**생명보험**은 손해보험보다 늦게 생긴다. 사망률에 대한 통계를 낼 수 없어서였다. 최초의 생명보험사는 영국의 '아미카블 소사이어티'다 1706년. 하지만, 사망률을 보험에 반영한 건 영국의 '에퀴터블 생명보험사'다1764년. 1)브로츠와프폴란드 남서부 목사카스파르 노이만가 그 지역 신도들의 출산, 사망을 빠짐없이 기록해 **사망통계표**를 만들었다17세기 말. 2)영국왕립학회는 에드먼드 헬리헬리혜성 발견한 이에게 동일한 방식으로 **런던 시민의 사망률**을 예측하게 했다. 헬리의 조사 결과 당시 런던 인구 절반이 33세 이전에 사망했다. 60세까지 사는 인구는 25%였다. 3)당시 보험은 나이에 상관없이 매년 똑같은 돈을 내고,

사망할 때 똑같은 보험금을 받는 방식이었다. 젊은 사람은 오랜 기간 돈을 내야 하니 불만이 많았다. 이에, 제임스 도도슨이란 수학자가 나이별 공평한 보험료를 산출하게 되었다. '에퀴터블 생명보험사'는 브로츠와프의 기록, 헬리의 통계, 도도슨 수학을 바탕으로 생명보험 상품을 만들었다.

## 사회보험

독일의 철혈재상 **오토 폰 비스마르크**1815~1898년는 근대적 사회보장제도를 처음 도입했다. 19세기 중반까지 독일은 여러 제후국으로 나뉘어 있었다. 그 제후국 중 하나인 프로이센의 재상이 된 비스마르크는 강력한 군사력 증강 정책인 철혈정책을 추진했다. 프로이센은 덴마크, 오스트리아, 프랑스와의 전쟁에서 승리하고 통일 독일제국을 선포했다. 하지만, 가난한 노동자들이 공산주의를 지지하자 노동자를 위한 **사회보장제도**를 만들었다. 아픈 사람을 위한 의료보험, 공장에서 다친 사람을 위한 산업재해보험, 노인을 위한 노령연금제도 등을 도입했다.

# 1-43

# 루이 14세부터 16세까지, 그리고 미시시피회사 버블

### 루이 14세

그림 90 루이 14세

30년 종교전쟁 이후 유럽 대륙 국가들은 '언제나 전쟁이 가능하도록' 상비군을 유지해 왔다. 왕이 상비군을 소유하니 귀족들보다 군사적 우위를 가져가 절대권력이 가능해졌다. 절대권력인 왕이 마음대로 돈을 쓰다 보니 거액의 국가부채가 쌓여만 갔다. 그 대표적인 예가 프랑스 부르봉 왕가 루이 14세~루이 16세다.

루이 14세는 5살부터 왕이 돼 72년간1643~1715년, 루이 15세도 59년간1715~74년 통치를 했다. 통치 기간이 길다 보니 후손들이 대를 건너 왕이 되었다. 루이 15세는 루이 14세의 증손자, 루이 16세는 루이 15세의 손자다. 프랑스대혁명으로 단두대에 처형된 루이 16세는 억울할 수도 있겠다. 131년간 장기간 통치한 두 할아버지들로부터 부채를 너무 많이 물려받았다. 오지랖 넓게 미국 독립전쟁까지 지원하다 국가 부도 위기를 맞는다. 결국 세금을 더 걷으려 삼부회성직자, 귀족, 평민대표 회의를 소집해 고집부리다 비명횡사했다. 그 누수의 시작은 루이 14세로부터다. **루이 14세**는 태양왕이라 불린다. 절대왕정 시대 태양 같은 존재라서다. 한술 더 떠 '짐이 곧 국가다'라는 망언 같은 명언을 남겼다. 왕이 국가라고 할 정도니, 의회삼부회 통제도 받지 않고 전쟁하고 사치하며 살았다. 루이 14세 통치 기간에 대규모 전쟁만 4차례를 했다. 1)스페인 영토 일부에 대한 상속권을 주장하며 권리 이전 전쟁1667~68년, 2)네덜란드 전쟁1672~68년, 3)아우쿠스부르크 동맹 전쟁9년 전쟁, 1688~97년, 4)스페인 왕위 계승 전쟁1701~13년까지다. 최고의 사치는 파리 근교에 베르사유궁전을 지은 거다. 멋들어진 궁전을 짓고 밤마다 귀족들을 불러 음주가무를 즐겼다. 힘 약한 귀족들은 왕의 눈에 들으려 열심히 스텝을 밟았다. 중국산 도자기에 최고급 차와 향신료로, 먹는 예절도 우아하게. 그렇게 귀족문화가 발전했다. **낭트칙령**은 앙리 4세루이 14세 할아버지가 위그노라 불리는 신교도를 인정해준 약속이다1598년. 그런데 루이 14세는 나라에 '왕도 하나 종교도 하나'라고 주장했다. 로마 가톨릭만 인정한다며 낭트칙령을 폐기했다. 당시 신흥부자들, 기술을 가졌거나 금융을 하던 부르주아들은 신교도들이었다. 가톨릭이 아닌 신교도들은 국외로 추방당했다. 경제의 핵심들이 빠져나가니 프랑스 경제가 흔들리기 시작했다. 반면, 그들이 옮겨간 네덜란드, 독일 등은 경제가 살아나게 된다.

**베르사유궁전**은 파리 남서쪽으로 22km 떨어져 있다. 원래 루이 13세1601~1643년가 사냥할 때 머물던 여름별장이 있던 곳이다. 루이 14세1638~1715년가 증개축을 해 오늘날 모습을 갖췄다. 당시 재무 장관니콜라 푸케이 만든 파리 근교의 성인 '보 르 비콩트'를 모델로 지었다. 니콜라 푸케 재무 장관은 루이 14세를 자신의 성에 초대해 연회를 열었다. 루이 14세는 자신보다 잘사는 신하에 기분이 나빴다. 연회 3주 뒤 푸케는 공금횡령으로 체포되고, 재판에서 국외 추방령까지 당했다. 이때 푸케를 체포한 이가 왕실 경호원인 달타냥1611~73년이다. 알렉상드르 뒤마의 소설 『삼총사』에 등장하는 실존 인물이다. 루이 14세는 추방령보다 더 세게 종신형을 내린다. 푸케는 15년 옥살이 끝에 숨졌다. 왕권신수설이 지배하던 절대왕정 시절이니 가능한 이야기다. 루이 14세는 '보 르 비콩트'를 만든 담당자루이 르 보, 루브르성(루브르 박물관) 증축도 담당에게 증개축을 맡긴다. 보 르 비콩트보다 더 크고 더 화려하게 큰 궁을 만들라 했다. 베르사유궁전이 완공되고 루이 14세는 왕가의 거처를 옮긴다1682년.

## 존 로

루이 15세는 5살에 왕위에 올라 오를레앙공 필립이 섭정을 했다. 오를레앙공은 빚을 줄이려 억지 정책들을 펼쳤다. 1)일단 부채 이자를 무조건 낮추었다. 채무 종류와 상관없이 일괄 4%로 정했다. 2)그다음은 국가 채무를 검사해 절반 이상을 무효로 선언했다. 3)**정의법정**을 세웠다. 프랑스 왕가와 관련된 이들을 법정에 불

그림 91 존 로

러내 재산 증식 요인을 입증하게 했다. 제대로 입증하지 못하면 불법 이익 환수, 형벌을 내렸다. 그럼에도 루이 14세가 물려준 빚 때문에 골머리를 앓는다. 이때 사람 하나 잘못 만나 나라가 더 나락으로 간다. **미시시피회사 버블**의 주인공 스코틀랜드인 **존 로**1671~1729년다. 존 로의 아버지는 금세공업자였다. 당시 금세공업자는 금융인 취급을 받았다. 금세공하면 금화를 만드는 일이니까 말이다. 젊은 시절 존 로는 여자를 놓고 결투를 하다 사람을 죽이고 암스테르담으로 도망가 산다. 여기서 또 금융을 접했다. 머리가 비상해 도박도 잘했다. 갖출 건 다 갖췄다. 사기꾼 기질에 금융 지식까지. 남은 건 프랑스를 속이면 되었다. 그는 프랑스 재무 장관 자리까지 오르지만 사기가 들통나 프랑스 밖으로 도망치는 신세가 된다.

## 토지담보 화폐발행

18세기 유럽은 금본위제였다. 나라가 가진 금 범위 안에서만 화폐를 만들어야 했다. 당시 지폐는 금 보관증이었다. 지폐를 가져가면 종이에 적힌 금액만큼 금으로 바꿀 수 있었다. 이를 **금 태환 지폐**라고 한다. 태환<sup>바꿀 태兌, 바꿀 환換</sup>은 지폐를 정화<sup>바를 정正, 재물 화貨</sup>로 바꾼다는 의미다. 금본위제에서는 금화, 은본위제에서는 은화로 지폐를 바꿀 수 있었다. 금 태환 규모는 국가가 가진 금 보유량에 비례했다. 문제는 프랑스가 만성 재정적자<sup>지출>수입</sup>에 허덕였다는 것이다. 루이 14세부터 누적된 부채 이자도 못 낼 지경이었다. 허니, 화폐를 발행할 수 있는 금도 부족했다. 수백 년간 식민지 금은을 캐왔으니 식민지에서 얻을 금은도 많지 않았다. 이때 존 로가 꼭 금은 기준으로만 화폐를 발행해야 하느냐며 놀라운 제안을 한다. 바로, 토지의 시장가치를 기준으로 화폐를 발행하자는 거다. **토지가치=화폐 발행량**이다. 금은과 바꿀 필요가 없는 불태환 화폐다. 그의 고향인 스코틀랜드에 제안했지만, 퇴짜맞은 아이디어가 프랑스에서 빛을 발한다. 존 로의 주장에 따르면, 1)토지는 사라지지 않고 가치를 지닌다. 2)그 토지가치만큼을 담보로 화폐를 발행한다. 3)토지가치가 오르면 화폐 발행량이 늘어난다. 궁핍한 프랑스에게는 단비 같은 소식이었다. 케인스보다 250년이나 앞선 선진 금융 기법이다. 이렇게만 놓고 보면 존 로는 시대를 앞선 금융 천재다. 오늘날 중앙은행도 더 이상 금 태환을 하지 않는다. 중앙은행은 국가가 보유한 금과 상관없이 경기가 어려우면 화폐 발행량을 늘린다. 유동성 공급<sup>통화량 증가</sup>을 통해 경기를 살린다. 단점은 화폐가 많아져서 화폐가치가 하락한다. 화폐가치 하락은 물가상승인플레이션이 뒤따른다.

## 미시시피회사

왕실 신임을 얻은 존 로는 왕립은행을 설립하고 은행권(화폐)을 발행했다. 토지 기반 발행이므로 금 보유량과 무관하게 발행이 가능했다불태환 화폐. 여기서 화폐 발행의 기반이 된 토지는 **미국 루이지애나 땅**이었다. 프랑스 재무 장관까지 오른 그는 왕립은행의 은행권을 유일한 법정화폐로 선언했다. 이렇게 화폐만 발행했다면 좋겠지만, 도박꾼 사기 수법이 나온다. 존 로는 미국 **루이지애나 식민지 독점개발권**을 보유한 **미시시피회사**를 낙찰받는다. 존 로는 미시시피회사 주식을 프랑스 **국채로 살 수 있게 했다**. 국채는 국가가 발행한 채권으로 국가가 진 빚이다. 나라로부터 빚을 못 받을 바에는 미시시피회사 주식으로 바꿔가라는 것이다. 일종의 출자전환대출금을 주식으로 전환이다. 당시 프랑스 국채는 액면가격의 30% 수준이었다. 30%짜리를 **100% 가치로 쳐서 주식이랑 교환**시켜 주니 국채 보유자들이 좋아라 했다. 프랑스 정부도 나라빚 대신 주식을 받아가니 그저 감사할 뿐이다. 미시시피회사 주식을 받아갈수록 국가 부채가 줄어들었다. 당시 프랑스 정부 부채의 20%가 정리되었다. 여기에 회사는 투자자들에게 주식 액면가500루브르의 4% 이익을 보장했다. 가령, 액면가 100루브르인 국채가 하락해 30루브르가 되었는데, 이를 미시시피회사 주식을 사면 100루브르 제값을 다 쳐주고, 매년 4루브르 이익까지 보장한다는 것이다.

당시 루이지애나는 지금의 루이지애나보다 훨씬 큰 땅이었다. 현재 미국 영토를 3등분하면, 중간 정도 크기였다. 하지만 버려진 지역이었다. 프랑스가 잉글랜드 식민지를 지나쳐 미시시피강 너머까지 개발하기란 돈도 시간도 불가능했다. 당시 주가 상승에 최고는 헛소문이었다. 루이지애나에 금이 묻혔다는 헛소문에, 범죄자들에게 삽주고 금 캐는 퍼포먼스면 충분했다. 미시시피회사의 주가는 당연히 급등했다. 왕립은행은 화폐를 마구 찍어내 주식 살 자금도 빌려줬다. 루이지애나 땅값 가치를 부풀리니 화폐도 더 찍어낼 수 있었다. 화폐 공급이 늘어나게 되고, 유동성 공급통화량 증가에 주가는 더 폭등했다. **백만장자**Millionaire라는 말도 이때 생겨났다. 허나, 버블은 끝이 있는 법이다. 헛소문의 진실은 드러나고 주가는 95% 넘게 폭락했다. 존 로는 도망가고 프랑스는 더 기울어간다. 이후 프랑스 정부는 150년간 주식회사를 만들지 못하도록 했다. 은행이란 이름도 쓰지 못하게 했다. 지금도 프랑스계 은행들이 Bank를 잘 쓰지않는 이유다. 대신에 금고(Caisse), 협회(Société), 신용(Crédit) 등의 단어를 쓴다.

# 1-44

# 버블법을 만들게 한 영국 남해회사 주가버블

### 흑인 노예교역권

**스페인 왕위 계승 전쟁**1701~14년은 스페인 왕위 계승을 둘러싸고 프랑스, 스페인 vs. 영국, 오스트리아, 네덜란드 사이 벌어진 전쟁이다. 병약했던 스페인 왕 카를로스 2세스페인 합스부르크 왕가 마지막 왕가 후사 없이 사망하는데, 후계자로 프랑스 필리프 앙주공프랑스 루이 14세 손자을 지명하였다. 필리프는 펠리페 5세로 스페인 왕에 즉위했다. 스페인 왕국이 프랑스 브루봉 왕가 차지가 된 것이다. 프랑스와 스페인 제휴에 반대하는 영국, 네덜란드가 반기를 들었다. 여기에 스페인 왕위 계승권을 주장하는 합스부르크 왕가오스트리아가 가세해 대항했다. 결론은 프랑스 측이 밀리며 전쟁이 끝났다. 프랑스는 펠리페 5세의 스페인 왕위 계승만 인정받는다. 펠리페 5세가 프랑스 왕위를 계승할 수 없도록 했다. 두 나라스페인, 프랑스가 합쳐질 위험은 사라지게 되었다. 전쟁도 평화회담도 네덜란드 땅에서 했지만 실익은 영국이 챙겨갔다. 영국은 프랑스가 스페인으로부터 양도받았던 **흑인 노예교역권**(아시엔토)asiento right를 차지했다. 30년간 독점적으로 영국만이 아프리카 흑인들을 라틴아메리카로 수출할 수 있게 되었다1713년, 위트레흐트 조약.

## 남해회사

영국은 스페인과 전쟁 등으로 국가 채무가 늘어 골머리를 앓고 있었다. 이에 프랑스 미시시피회사를 롤모델로 국가채무를 줄일 방안을 고민했다. 영국 의회는 **국채 문제 해결**을 위해 법을 제정해 **남해회사**The SouthSea Company를 설립했다1711년. 당시 남해Southsea는 남아메리카 쪽 바다를 의미했다. 남해회사는 **주식을 발행하고 1,000만 파운드 국채와 교환**하기로 했다. 대신에, 남아메리카 카브리브해서인도제도 연안에 대한 독점무역권을 부여받았다. 주로, **노예무역**을 할 권리였다. 즉, 아프리카 노예를 당시 스페인 점령지였던 남아메리카 등에 공급하는 것이었다. 노예무역은 그동안 성공적인 결과를 보여왔기에 안정적인 사업으로 인식되었다. 다만, 영국과 스페인 사이 전쟁스페인 왕위 계승 전쟁 1701~14년을 한 사이인데 스페인이 영국회사에 호의적일 리 없었다. 일단 남해회사 노예무역 이익의 25%를 스페인에 세금 납부토록 했다. 또한 1년에 1번만 남해회사 무역선이 교역토록 했다. 영국이 원하는 만큼의 노예무역을 못 하게 했다. 여기에 **4국 동맹 전쟁**1718~20년,이 벌어졌다. 스페인 펠리페 5세가 이탈리아 영토를 탈환하고 프랑스 왕위를 주장하며 전쟁을 일으킨 것이다. 이에 영국, 프랑스, 오스트리아, 네덜란드 공화국이 맞서 4국 동맹을 구성했다. 영국과 스페인 간 전쟁으로 인해 그나마 하던 노예무역이 중단되고 만다. 남해회사 재정이 좋을 리 없었다. 그럼에도 전쟁이 끝나면 노예무역이 활발해질 걸로 기대했다. 영국 왕조지 1세도 남해회사 이익을 탐내 경영자Governor로 취임하기도 했다1718년. 영국 왕이 경영에 참여하니 투자자들에게 신뢰감을 주기 충분했다. 그러나, 스페인과 전쟁이 끝났음에도 스페인의 엄격한 무역 제한 때문에 노예 수출이 늘지 못했다.

## 남해회사 유상증자

추가로 남해회사는 **3,150만 파운드 유상증자**주식 발행를 통해 **국채를 인수**한다는 계획을 세웠다. 국채를 남해회사 주식과 바꾼다는 것이다. 영국 정부는 국채 부담을 줄일 수 있고, 남해회사는 금융수익을 벌고자 했다. 남해회사는 영국 정부에 유상증자 대가로 750만 파운드를 지불했다. 대신에 새로 발행하는 주식 일부를 팔아 그 돈을 조달한다는 계획을 세운다. 남해회사는 액면가 100파운드 주식 31만 5,000주를 발행했다3,150만 파운드. 이 주식을 주당 100파운드에 국채 소유주에게 넘기면 남해회사는 남는 게 없다. 오히려 정부에 지불하는 750만 파운드만큼 손해다. 남해회사 주가가 올라 주당 200파운드가 되면 이야기가 달라진다. 정부에 준 돈 750만 파운드를 넘겨 수익이 생긴다. 주가가 오르면 오를수록 수익은 더 커진다. 영국 의회에선 국채와 남해회사 주식간 교환 비율을 미리 정하자는 주장도 있었다. 하지만, 주식 가치를 객관적으로 정할 수 없다며 반대하는 의견도 나왔다. 미리 남해회사가 권력자들에게 로비를 했기 때문이다. 결국 **교환 비율이 확정되지 않은 채** 남해회사 유상증자안이 의회에서 가결되었다. 이제 남은 건 남해회사 주가가 오르는 것뿐이다.

| 주가 **100파운드**일 경우<br>750만 파운드 손해 | 100파운드×31만 5,000주=3,150만 파운드<br>3,150만 파운드-750만 파운드=2,400만 파운드 |
|---|---|
| 주가 **200파운드**일 경우<br>2,400만 파운드* 수익 | 200파운드×31만 5,000주=6,300만 파운드<br>6,300만 파운드-750만 파운드=5,550만 파운드 |

* 5,500만 파운드-3,150만 파운드=2,400만 파운드 수익

### 남해회사 주가버블

주가 상승을 위해서는 A)회사가 앞으로 더 좋아지거나<sub>화폐를 잘 벌거나</sub>, B)시장 유동성 공급<sub>통화량 증가</sub>을 늘려야 했다. A)남해회사는 주가 상승을 위해 수단과 방법을 가리지 않았다. 회사가 앞으로 좋아지긴 어려우니 루머를 활용했다. 스페인 정부가 남아메리카 모든 항구에 남해회사 선박 입항을 허가했다거나, 남해회사가 볼리비아 포토시 은

광 채굴권을 취득했다는 헛소문을 퍼트렸다. 스페인이 들어줄 리 만무한 이야기를 사실인 양 떠들었다. 사업이 확대되고 이익이 늘어나서 배당이 늘 거란 기대감도 높아졌다. B)남해회사는 시장 유동성 통화량을 높이기 위해 노력했다. 유상증자 투자 시 투자 금액의 20%만 내면 되도록 했다. 나머지 80%는 16개월에 걸쳐 8번 나눠 내도록 했다. '남해회사'가 '남해회사 투자자'에게 그들이 가진 주식을 담보로 대출을 해 줬다. 빚을 내서 더 주식을 사게 만들었다. 주식이 담보로 잡히니 주식 유통물량이 줄었다. 여기에 국채 보유자의 주식 전환 요청에도 주식전환을 늦게 해줬다. 거래물량을 줄여서 주가를 끌어올리려 했다. 투매물량이 나오면 주식을 사들여 주가를 지탱하

그림 92 남해회사 버블

기도 했다. 정부도 국가채무 감소를 위해 남해회사의 인위적인 주가 상승 노력을 방관했다. 미리 투자한 주주들은 주가 상승을 반겼다. 대박을 이룰 수 있다는 꿈이 영국 중산층을 자극했다. 남해회사 주가가 오르니 뒤늦게 투자 열기가 달아올랐다.

남해회사 주식버블1720~21년은 네덜란드 튤립버블, 프랑스 미시시피회사 버블과 함께 3대 집단적 투기 광풍으로 알려져 있다. 버블bubble, 거품이란 자산의 실제 가치내재가치보다 시장가격이 과하게 부풀어 오른 상태다. 남해회사 주식은 1720년 초 주당 128파운드였는데 5월 말 550파운드, 8월 초에는 1,000파운드를 넘어섰다. 8개월도 안 되어 주가가 9배 올랐다. 이후 버블 주가는 가파르게 떨어지고 1721년에는 100파운드 아래로 내려갔다.

## 뉴턴의 몰락

만유인력의 법칙을 발견한 물리학자 **아이작 뉴턴**1642~1727년은 영국 화폐를 인쇄하는 조폐국장 일을 오래 했다1699~1727. 뉴턴도 남해회사에 투자해 큰 손해를 봤다. 처음에는 7,000파운드를 땄으나 이후 재투자해 2만 파운드를 잃었다. 그가 가지고 있던 재산의 2/3를 78세 나이에 날려 버린다. 뉴턴은 '나는 천체의 움직임은 계산할 수 있지만, 인간의 광기는 알 수 없었다'라고 한탄했다. 『로빈슨 크루소』의 저자 **대니얼 디포**도 투자에 실패해 가난하게 살았다. 반면에 음악의 어머니라 불리는 **헨델**게오르크 프리드히리 헨델은 대박을 터트려 왕립 음악아카데미를 설립할 자금을 마련했다.

## 버블법

영국은 로버트 월폴을 재무 장관으로 임명해 남해회사 사태를 수습하게 되었다. 부패를 눈감아 준 관료와 정치인들은 탄핵되었다. 월폴은 주식 폭락으로 얼어붙은 경기회복을 위해 영란은행을 활용했다. 통화공급을 통해 경기도 살리고 기업들도 살려냈다. 기업 투명성과 시장 건전성을 위해 **버블법**Bubble Act도 만들었다. 허위 정보를 기반으로 한 주식발행을 방지하기 위해서였다. 투기를 선동한 자의 재산을 몰수하고 왕실의 특허 없이는 주식회사를 설립 못 하도록 했다. 또한 공인회계사 제도와 회계감사 업무를 통해 제3자가 회사를 감시하도록 했다. 이 사건 이후 영국은 100년 이상 주식회사를 허가하지 않았다. 재미있는 건 주가버블 논란을 일으켰던 남해회사는 1853년까지 존속했었다.

## 1-45

# 종교가 부른 육식 금지와 중국인의 돼지고기 사랑

### 중세 가톨릭 육식 금지

중세 가톨릭은 1년 중 거의 절반을 육식 금지를 시켰다. **사순절과 금요일, 각종 성인 축일**에 **육식을 금해왔다**. 사순절은 예수님이 십자가에 못 박혀 돌아가시고 다시 살아난 부활절 직전 40일 동안이다. 교인들이 예수님의 고난과 고통을 기억하며 금식에 들어가는 기간이기도 하다. 흑사병 이후 로마 교황청은 엄격한 식단을 요구했다. 고기뿐만 아니라 유제품, 달걀, 버터도 금지했다. 육식이 **성욕을 부추기는 음식**으로 여겼기 때문이다. 육식 금지는 15세기부터 수도자뿐만 아니라 일반 신자에게도 확대되었다. 지중해 연안 남부 국가들은 육식 금지에도 힘들지 않았다. 고기를 대체할 **해산물과 올리브 기**

름이 풍부해서였다. 반면, 알프스 이북 낙농업을 기반으로 하는 내륙지역 게르만인들은 달랐다. 척박한 땅에 육식을 금지하니 먹을 게 마땅치 않았다. 추운 북쪽 지역은 올리브 나무가 자랄 수 없는 환경이었다. 내륙지역이라 해산물을 접하기도 어려웠다. 지방질 섭취를 위해선 고기 또는 **버터**를 먹을 수밖에 없었다. 버터가 올리브 오일 같은 지방 제공자 역할을 했다.

　북부인들의 딱한 사정을 고려해 로마 교황청은 버터와 우유를 먹게 한 대신 **면벌부를 구입**하게 했다. 오스만제국과의 전쟁 자금이 필요했던 로마 교황청은 **면벌부 판매**에 열을 올린다. 15세기 인쇄술 발명은 면벌부의 대량 발행으로 이어지고, 면벌부 폐해가 더 심해진다. 프랑스 루앙북부 도시에는 '버터 타워'라는 대성당이 있다. 성당 오른쪽 탑이 버터 타워로, 버터 면죄부 돈으로 탑을 지었기 때문이다. 결국, 루터는 버터 소비에 면벌부를 파는 행위에 대해 근거 없음을 주장해 종교 개혁을 주장하게 된다. 버터를 먹는 알프스 이북 지역은 종교 개혁의 선봉에 서게 된다. 현재 유럽의 종교 지형을 보면 버터를 먹는 독일, 네덜란드, 스위스 등은 개신교가 강세다. 반면, 올리브를 먹는 이탈리아, 스페인, 포르투갈은 가톨릭이 우세하다.

### 이슬람교 육식 금지

이슬람 문화권에선 돼지고기와 술이 금지 음식이다. 코란이슬람 경전

그림 93 할랄 로고

에 근거해서다. 1)돼지고기, 2)도축하지 않고 죽은 동물 고기나 피, 3)신의 이름으로 도살하지 않은 동물 고기, 4)술을 먹지 말라 되어 있다. 코란에선 술에 취해 기도하는 걸 금하고도 있다. 술은 이로움보다 해로움이 더 많기 때문이다. 이로 인해 이슬람교도는 술을 마시지 않는다. 다만, 기아 상태 등 어쩔 수 없이 먹어야 할 때, 모르고 먹을 경우는 예외적으로 금기 음식 섭취가 허용된다. 코란에는 이런 금지된 것을 **하람**Haram이라 한다. 반면, 이슬람식으로 도축된 동물의 고기를 **할랄**Halal이라 한다. 할랄 시장은 세계 식품시장의 20%를 차지할 정도로 큰 시장이다. 이슬람교가 돼지를 불경하게 여기게 된 이유는 1)물이 부족하고 **건조한 중동 환경**이 돼지 사육에 적합하지 않았기 때문이었다. 돼지는 땀샘이 없어 섭씨 30도 이상이면 열사병에 걸리기 쉽다. 잘못하면 전염병의 온상이 될 수 있다. 체온을 내리기 위해선 물로 목욕해야만 한다. 2)중동 지역 대부분은 **유목생활**을 해 끊임없이 이동해야 했다. 사막을 이동하는 강행군을 돼지가 견디기도 어려웠다. 돼지는 정착생활을 하는 농경민에게나 적합한 동물이다. 3)**잡식성**인 돼지가 인간의 곡식을 축낸다는 이유도 있었다.

### 힌두교 육식 금지

인도 인구의 80%는 힌두교를 믿는다. 무슬림이 돼지를 천시하는 것과 달리 힌두교도는 소를 신성시한다. 그 결과 **힌두교도는 소고기를 먹지 않는다.** 다만, 우유 등 유제품은 먹을 수 있다. 신성시하는 소를 먹지 않기에, 인도 길거리는 소들의 천국이다. 그래서일까 전 세계 소의 1/3은 인도에 있다. 힌두교가 처음부터 소를 신성시한 건 아니다. 힌두교의 가장 오래된 경전인 베다$^{Veda,\ 기원전\ 1500\sim600년}$에선 소를 먹은 기록이 있다. 소를 숭배한 이유는 몇 가지 설이 있다. 1)최고의 신인 '시바' 신이 흰 소를 타고 다니기 때문이다. 2)소가 농경사회에서 중요한 역할을 했기 때문이기도 하다. 소는 농사에 도움이 되고, 우유를 생산해 준다. 소똥은 중요한 땔감이기도 하다. 유목민이던 아리아인$^{인도인\ 조상}$이 농경생활을 하게 되면서 소를 먹지 않았다.

하지만, 인도에서 모든 소가 다 대접받는 건 아니다. 신성하지 않은 소가 있는데 **물소**$^{버팔로}$다. 죽음의 신$^{야마}$이 타고 다니는 동물이어서다. 이 때문에 물소를 먹는 것에는 저항감이 없다. 이 물소 덕분에 인도가 주요 소고기 수출국이다. 인도의 소고기 산업은 소수파인 이슬람교도들이 주도하고 있다. 다만, 힌두교 과격 세력의 '소고기 산업에 대한 공격'이 사회문제가 되기도 한다. 힌두교에선 돼지고기를 금하진 않지만, **돼지를 불결한 동물로 여겨** 안 먹기도 한다. 돼지는 버려지는 음식을 먹기에 온갖 병균을 갖고 있다고 여긴다. 카스트 가장 낮은 계급만 먹는 천한 음식으로 여겨진다. 그래서 인도에선 닭이나 양을 주로 먹는다. 인도에선 불교와 자이나교 영향으로 채식주의자가 많다. 인도 카스트 최상위 계층인 브라만$^{제사장}$들은 생선도

육류로 판단해 먹지 않는 경우도 많다.

인도는 인더스강 주변의 인더스 문명기원전 2500~1500년 사이으로 시작했다. 이후 유목민족인 **아리안족**이 쳐들어와 인도를 장악한다. 아리안족은 여러 자연신을 숭배하는 브라만교를 믿었는데, 브라만교에 토착 신앙이 더해져 힌두교가 만들어진다. 아리안족은 **카스트**라는 계급사회를 만든다. 기존 인도 토착민을 하층민으로 만들기 위함이다. 카스트는 네 계급브라만, 크샤트리아, 바이샤, 수드라과 계급 외 불가촉천민아닐 불不, 옳을 가可, 닿을 촉觸, 천할 천賤, 백성 민民으로 구성된다. 최상위 계급 브라만은 종교 사제, 두 번째 계급 크샤트리아는 왕족, 무사, 세 번째 계급 바이샤는 평민, 농, 공, 상인, 네 번째 계급 수드라는 인도 토착민인 드라비다인으로 천민(노예)다. 드라비다인은 피부가 검고 체구가 작은 반면, 아리안족은 피부가 희고, 체구가 크다.

### 유대교와 불교 육식 금지

**유대교**도 먹을 수 있는 음식과 먹을 수 없는 음식이 정해져 있다. 유대 경전인 **토라**Torah를 기준으로 재료뿐만 아니라 음식 준비, 음식 검사 방식까지 정해져 있다. 유대인이 먹을 수 있는 음식을 **코셔 푸드**Kosher Food라 한다. 토라에선 발굽이 갈라져 있고, 되새김질하는 동물 고기만 식료품으로 허락한다. 발굽이 갈라져 있는 동물로는 소, 양, 염소, 돼지다. 이 중 돼지는 되새김질을 못 한다. 그 결과 유대교에서도 **돼지고기 먹는 걸 금지**한다. 유제품우유, 버터, 치즈도 경전에서 허용된 동물 것만 먹는다. 지느러미와 비늘이 없는 바다 생물새우, 게, 조개 등도 허용하지 않기에 먹지 않는다.

**불교**는 살생을 금하기에 육식을 금한다. 하지만, 종파에 따라 육식을 하기도 한다. 소승불교는 대승불교와 달리 육식은 죄도 악도 아니다. 소승불교를 믿는 지역티베트, 스리랑카, 미얀마, 태국 등의 승려는 고기, 유제품을 즐겨 먹는다. 하지만 소승불교에서도 1)자기가 죽이거나, 2)자신을 위해 죽은 동물, 3)죽음 현장을 목격한 동물 고기만은 부정하다 하여 먹지 않는다. 우리 불교에선 오신채五辛菜와 고기를 빼고 음식을 만든다. 오신채는 마늘, 부추, 파, 양파, 달래로 향이 강하고 자극적인 맛이 특징이다. 수행에 방해되고, 성욕을 유발한다 해 섭취를 금한다. 중국 양나라 무제는 독실한 불교 신자였다. 살생을 금하는 불교 계율을 모든 백성에게 적용했다. **단주육문**斷酒肉文 포고령을 통해 술과 육식을 금했다. 그 결과 고기를 대체할 식자재를 찾게 되었고 승려들이 **콩고기**를 개발하게 된다.

## 일본의 육식 허용

불교국가 일본의 육식 금지는 원래 승려 계율이었으나, 일본 왕 덴무631~86년가 '살생금지령'을 내린 후 모든 국민에게 적용되었다675년. 1,200여 년 동안 육식 금지를 폐지1872년한 건 메이지유신1868년 때문

이다. **메이지 유신**1868년, 명치유신은 메이지 천황 시절 벌어진 1)왕정복고 쿠데타와 그 이후 벌어진 2)일본판 산업육성을 말한다. 서구화를 통한 부국강병을 꿈꾸던 일본은 서양인의 월등한 체격을 부러워했다. 이를 위해 일본 메이지 천황은 공개적으로 육식을 했다. 사회적 반발도 있었으나 육식은 빠르게 퍼져 나갔다. 소고기 나베, 돈가스, 카레라이스, 단팥빵 등 서양화된 음식이 대중화되었다. **돈가스**는 돼지고기에 빵가루를 묻혀 튀긴다. 여러 유래가 있지만 영국 요리인 '커틀릿Cutlet' 유래설이 널리 인정된다. 커틀릿은 얇은 고기에 빵가루를 묻혀 굽거나 튀긴 서양식 음식이다. 돼지고기 커틀릿Pork Cutlet을 일본식 표현으로 '포크 가쓰레스ポークカツレツ'로 이름 붙여 팔았다.

### 중국인의 돼지고기 사랑

중국은 세계 최대 돼지고기 생산국이자 소비국이다. 중국인세계 인구 20%이 소비하는 돼지고기는 지구 소비량의 절반이다. 돼지가 중국인 삶에 들어온 건 3,000년도 더 된다. 중국인 돼지 사랑을 알 수 있는 단적인 예가 한자 '**집 가**家'자다. 집 가家를 보면 집 면宀 밑에 돼지 시豕가 있다. 집집마다 돼지를 키웠다는 증거다. 중국 일부 지역에선 아직도 아래층에는 돼지를 키우고 2층엔 사람이 산다. 돼지는 뱀을 힘들지 않게 잡아먹고, 인간이 남긴 음식, 심지어 인분도 잘 먹는다. 중국은 오랜 농경생활로 돼지를 잘 키울 수 있기도 했다. 중국에서 돼지는 왕성한 생명력, 행운을 상징한다. 중국 허베이에선 설날에 '종이를 오려 만든 돼지'를 창문에 붙인다. 돼지 몸에는 복복 복福 재재물 재財 한자가 쓰여있다. 돼지고기를 쓴 중국요리는 수없이 많다. 그중 최고를 '동파육'으로 꼽는 경우가 많다. 북송의 **소동파**문인이자 정치가(본명 소식)는 지방 벼슬아치항주 태수였을 때 홍수로 황폐해진 서호西湖를 되살렸다. 고마움에 백성들이 그에게 돼지고기를 바친다. 그러자, 소동파는 큼직하게 돼지고기를 썰어 넣고 야채, 간장 등을 더해서 푹 쪄낸 뒤, 백성들과 나눠 먹었다. 백성들은 그의 호를 따 **동파육**이라 불렀다.

그림 94 소동파

중국에선 돼지고기 가격이 중요하다. 중국 **소비자물가지수**에서 큰 비중을 차지하는 게 돼지고기다. 돼지고기 가격이 급등하면 **인플레이션**물가상승에 빠질 수 있다. 중국이 인플레이션으로 활력을 잃으면 우리의 對 중국 수출이 타격을 입는다. 반대로 돼지고기 가격이 급락하면 **디플레이션**물가하락, 경기침체압박이 커진다. 경기둔화와 개인의 소득감소는 돼지고기 소비감소로 이어진다. 중국 정부 당국이 돼지고기 가격에 주시하는 이유다. 돼지고기 가격이 오르는 원인은 1) 국제 곡물 가격 상승이다. 곡물 가격 상승에 부담을 느낀 중국 양돈 농가가 돼지 처분을 하면서 공급이 급감해지고 가격이 오른다. 2)인구 증가로 중국 내 소비가 늘어도 가격이 오른다. 중국 내 돼지고기 소비증가로 인해 연쇄적으로 국제 곡물 가격이 오르고 이는 **애그플레이션**농산물 인플레이션을 야기한다. 3)아프리카돼지열병 같은 전염병과 이상기후 등도 영향을 미친다. 중국 내 돼지고기 가격 상승은 우리 돼지고기 소비가격에게도 영향을 준다. 우리는 돼지고기를 미국과 유럽 등에서 수입해 오는데, 그들 국가의 돼지고기 가격도 덩달아 오르기 때문이다.

## 스페인 하몽

**하몽**Jamón은 돼지 뒷다릿살로 만든 스페인 전통 햄이다. 종이처럼 얇게 썰어 먹는 게 특징이다. 이탈리아에도 동일한 음식이 있는데 '프로슈토prosciutto'라고 부른다. 최고급 하몽으로는 '**이베리코 데 베요타**'가 있다. 이베리코는 이베리아반도스페인, 포르투갈에서 생산된 돼지란 뜻이다. 이베리코 돼지는 콜럼버스가 신대륙 탐험 당시 산타마리아호에 싣고 갔던 품종이다. 베요타는 도토리를 의미한다. 도토리는 비만을 억제하고 나쁜 콜레스테롤을 줄여준다. 참고로 이베리코 돼지는 몇 가지 등급으로 나뉜다. 블랙(순종 100%+베요타), 레드(교배종 75%+베요타), 그린, 화이트 등이다. 즉, 순종 여부, 도토리 방목 여부 등을 기준으로 나뉜다. 이중 블랙 등급은 엄마, 아빠가 모두 이베리코 돼지(순종 100%)이면서 도토리산에 자연방목한 최고급 돼지다. 즉, '이베리코 데 베요타'는 도토리 야산에 방목한 순종 이베리코 돼지로 만든 하몽이란 뜻이다. 이베리코 데 베요타는 방목을 하기에 근육질 다리에 은은한 도토리 향까지 난다. 다리에 근육이 많아 일반 하몽보다 숙성기간이 2배 이상 걸려 생산 단가가 비싸다. 일반적인 하몽은 사료로 키운 돼지로 만든다. 전통적인 방법으로 만들면 1년 이상이 걸린다. 하몽은 겨울인 12~1월에 만들기 시작한다. 천일염을 뿌리고 문지르는 과정을 2개월간 한 뒤, 세척하고 서늘한 동굴에 6개월 이상 건조와 숙성을 시킨다.

# 그림 출처

그림 2 〈함무라비 법전〉, 루브르 박물관, 프랑스 파리 ⓒ2018. Rama. Wikipedia
그림 3 〈고대 이집트의 회화〉, 미상, B.C. 1300년경 추정, 베를린 신 박물관, 독일 베를린
그림 6 〈일렉트럼〉 ⓒ2006. Classical Numismatic Group, Inc.(cngcoins.com). wikipedia
그림 8 〈도편 추방을 위한 도편〉 ⓒ2014. Carole Raddato. Wikipedia
그림 9 〈알렉산드로스 모자이크〉, 미상, B.C. 100년경 추정, 나폴리 국립 고고학박물관, 이탈리아 나폴리
그림 10 〈라오콘 군상〉, 아게산드로스, 아테노도로스, 폴리도로스, B.C. 2세기 추정, 바티칸 박물관, 이탈리아 로마
그림 11 〈불화의 황금 사과〉, 야코프 요르단스, 1633, 프라도 미술관, 스페인 마드리드
그림 12 〈한니발의 알프스 횡단〉, 하인리히 로이테만, 1866
그림 15 〈카이사르의 죽음〉, 빈첸초 카무치니, 1806, 카포디몬테 박물관, 이탈리아 나폴리
그림 16 〈프리마포르타의 아우구스투스〉, 미상, 1세기 초 추정, 바티칸 박물관, 이탈리아 로마
그림 19 〈퐁뒤가르〉 ⓒ2007. Emanuele. Wikipedia
그림 22 〈샤를마뉴의 대관식〉, 프리드리히 카울바흐, 1861, 막시밀리아네움, 독일 뮌헨
그림 23 〈5명의 란츠크네히트〉, 다니엘 호퍼, 1530, 메트로폴리탄 미술관, 미국 뉴욕
그림 25 〈오딘〉〈토르〉〈로키〉, 올라푸르 브륀욀프손 『NKS 1867 4to』의 삽화, 미상, 1760, 덴마크 왕립 도서관, 덴마크 코펜하겐
그림 26 〈바이외 태피스트리〉, 1070년대(추정), 바이외 태피스트리 박물관, 프랑스 노르망디
그림 27 〈신곡을 발표하는 단테〉, 도메니코 디 미켈리노, 1465, 산타 마리아 델 피오레 성당, 이탈리아 피렌체
그림 28 〈환전상과 그의 아내〉, 캥탱 마시, 1514, 루브르 아부다비, 아랍에미리트 아부다비
그림 29 〈성 토머스 아퀴나스〉, 카를로 크리벨리, 1476 추정, 내셔널 갤러리, 영국 런던
그림 30 돈지오 『Vita Mathildis』의 삽화, 1115, 바티칸 도서관, 이탈리아 로마
그림 31 〈하인리히 4세의 카노사 굴욕〉, 에두아르트 슈보이저, 1862, 막시밀리아네움, 독일 뮌헨
그림 32 세바스티앙 마메로 『Passages d'outremer』의 삽화, 장 콜롬브, 1474, 프랑스 국립 도서관,

프랑스 파리

그림 33　데이비드 오베르 『Croniques abregies』의 삽화, 15세기, 프랑스 국립 도서관, 프랑스 파리

그림 34　1863년 프랑스판 『돈키호테』의 삽화, 귀스타브 도레, 1863

그림 35　〈데카메론〉, 존 윌리엄 워터하우스, 1916, 레이디 레버 아트 갤러리. 영국 리버풀

그림 36　〈흑사병을 몰고 다니는 닥터 쉬나벨〉, 파울 페르스트, 1656

그림 38　〈정복왕 윌리엄의 초상〉, 미상, 16~17세기 추정, 내셔널 포트레이트 갤러리, 영국 런던

그림 39　〈오를레앙에 입성하는 잔 다르크〉, 장 자크 셰러, 1887, 오를레앙 보자르 미술관, 프랑스 오를레앙

그림 40　〈콘스탄티노플에 입성하는 메흐메트 2세〉, 파우스토 조나로, 1903, 톱카프 궁전 박물관, 튀르키예 이스탄불

그림 41　〈테오도시우스 성벽〉ⓒ2016. Glz19. Wikipedia

그림 43　〈게오르그 기제의 초상〉, 한스 홀바인, 1532, 베를린 국립 박물관, 독일 베를린

그림 44　한스 작스 『Das Ständebuch』의 삽화, 요스트 아만, 1568

그림 46　〈동방박사의 행렬〉, 베노초 고촐리, 1459~1460, 메디치 리카르디 궁전, 이탈리아 피렌체

그림 47　〈조반니 데 메디치의 초상〉, 크리스토파노 델 알티시모, 1560~1555, 우피치 미술관, 이탈리아 피렌체

그림 48　〈메디치 가의 문장〉ⓒ2008. Oren neu dag. Wikipedia

그림 49　〈마틴 루터의 초상〉, 루카스 크라나흐, 1525~1530, 루터하우스 박물관, 독일 비텐베르크

그림 50　〈장 칼뱅의 초상〉, 미상, 1550년경 추정, 카타리네콘벤트 박물관, 네덜란드 위트레흐트

그림 51　〈앙리 4세의 초상〉, 프란스 푸르뷔스 2세, 1610년경, 영국 왕립 컬렉션, 영국 런던

그림 52　〈루브르 문 앞의 아침〉, 에두아르 드바-퐁상, 1880년, 로제 퀼리오 미술관, 프랑스 클레르몽페랑

그림 53　〈황제 카를 5세의 초상〉, 후안 판토하 데 라 크루스, 1605년경, 프라도 미술관, 스페인 마드리드

그림 54　〈성 빈센트 패널의 세 번째 패널〉, 누노 곤살베스, 1460년대 추정, 국립 고대 미술관, 포르투갈 리스본

그림 55　〈바위 해안 앞의 포르투갈 캐랙선들〉, 요아킴 파티니르 작가군, 1540년경, 국립 해양 박물관, 영국 런던

그림 56　〈그라나다의 항복〉, 프란시스코 프라디야 이 오르티스, 1882년, 스페인 상원 궁전, 스페인 마드리드

그림 58　〈마르코 폴로의 초상〉, 미상, 불명, Wikimedia Commons

그림 59　〈남자의 초상〉, 세바스티아노 델 피옴보, 1519년경, 메트로폴리탄 미술관, 미국 뉴욕

그림 60　〈페르디난디 마젤란의 초상〉, 미상, 16~17세기 추정, 매리너스 박물관, 미국 뉴포트뉴스

그림 61 〈우용의 초상〉, 우타가와 쿠니요시, 1827~1830, Wikimedia Commons
그림 62 〈수나라 문제의 초상〉, 연립본, 7세기 추정, 보스턴 순수미술 박물관, 미국 보스턴
그림 63 〈송나라 황제의 과거 시험 참관도〉, 미상, 불명, Wikimedia Commons
그림 64 〈칭기즈칸의 초상〉, 미상, 14세기 추정, 국립고궁박물원, 대만 타이베이
그림 65 〈원대 지폐〉 ⓒ2007. PHGCOM. Wikipedia
그림 66 『天妃经』의 삽화, 미상, 1420년경 추정, 동풍 해양박물관, 중국 상하이
그림 67 〈암스테르담의 VOC 조선소〉, 미상, 1750년경 추정, Wikimedia Commons
그림 68 〈17세기 네덜란드 플라이트선〉, 벤첼라우스 홀라르, 1647, Wikimedia Commons
그림 69 〈암스테르담 은행〉, 에마누엘 데 위트, 1653년, 암스테르담 시립미술관, 네덜란드 암스테르담
그림 70 〈벵갈 후글리의 VOC 상관〉, 헨드리크 판 슈일렌뷔르흐, 1665년경, 암스테르담 국립미술관, 네덜란드 암스테르담
그림 71 〈호른에 설치된 17세기 VOC 기념 명판〉 ⓒ2018. Stephencdickson. Wikipedia
그림 72 〈암스테르담 구거래소〉, 욥 아드리아엔츠 베르크헤이데, 1670년경, 보이만스 판베이닝언 미술관, 네덜란드 로테르담
그림 73 〈꽃이 있는 정물〉, 한스 볼롱히에르, 1639년, 암스테르담 국립미술관, 네덜란드 암스테르담
그림 74 〈1637년, 튤립 투기 광풍〉, 요하네스 힌데리쿠스 에헨베르허, 1837~1897 사이, 암스테르담 시립박물관, 네덜란드 암스테르담
그림 75 〈프란스 반닝 코크와 빌럼 반 루이텐부르크의 민병대〉, 렘브란트 판 레인, 1642, 암스테르담 국립미술관, 네덜란드 암스테르담
그림 76 〈헨리 8세의 초상〉, 한스 홀바인 2세, 1536~1537, 워커 미술관, 영국 리버풀
그림 77 〈엘리자베스 1세의 초상〉, 니콜라스 힐리어드, 1585년경, 개인 소장
그림 78 〈프랜시스 드레이크의 초상〉, 마르쿠스 헤라르츠 2세, 1591년경 추정, 국립 해양 박물관, 영국 런던
그림 79 〈빌럼 3세와 마리아 스튜어트의 대관식〉, 샤를 로흐흐선, 19세기, 암스테르담 박물관, 네덜란드 암스테르담
그림 80 〈카스텔로 플랜〉, 요하네스 빈흐분스, 1660, 메디치 라우렌치아나 도서관, 이탈리아 피렌체
그림 81 〈잉글랜드 은행 창립 헌장 봉인식〉, 레이디 제인 린지, 1905년, Wikimedia Commons
그림 82 〈말린 정향〉 ⓒ2007. Brian Arthur. Wikipedia 〈육두구 과실의 단면〉 ⓒ2016. Slashme. Wikipedia
그림 83 〈4일 전투〉, 아브라함 스토르크, 1670년경, 국립 해양 박물관, 영국 런던
그림 84 프레데릭 쇼벌 『The World in Miniature: Hindoostan』의 삽화, 1820년대
그림 85 〈영국 노예선 프룩스호 노예 적재도 포스터〉, 노예무역폐지협회, 1789, 대영도서관, 영국

런던

그림 86 〈존 로크의 초상〉, 고드프리 넬러, 1697년경, 에르미타주 미술관, 러시아 상트페테르부르크
그림 87 〈오스만 커피하우스 속 메다흐의 모습〉, 미상, 16세기 추정, Wikimedia Commons
그림 88 〈셰익스피어의 초상〉, 존 테일러, 1600~1610년경, 내셔널 포트레이트 갤러리, 영국 런던
그림 89 〈런던 대화재〉, 미상, 17세기 후반 추정, Wikimedia Commons
그림 90 〈루이 14세의 초상〉, 이아생트 리고, 1701년, 루브르 박물관, 프랑스 파리
그림 91 〈존 로의 초상〉, 카지미르 발타자르, 1843, 포르루이 박물관, 프랑스 포르루이
그림 92 〈남해회사 버블 풍자화〉, 에드워드 매슈 워드, 19세기 중반 추정, 테이트 갤러리, 영국 런던
그림 94 〈소동파의 초상〉, 조맹부, 1301년경, 국립고궁박물원, 대만 타이베이

# 최고민수 경제사 특강 1

**초판 1쇄 발행** 2025년 8월 6일

**지은이** 최고민수(박민수)
**브랜드** 경이로움
**출판 총괄** 안대현
**편집** 김효주, 심보경, 정은솔, 이수빈, 이제호, 전다은
**마케팅** 김윤성
**디자인** 스튜디오 포비

**발행인** 김의현
**발행처** (주)사이다경제
**출판등록** 제2021-000224호(2021년 7월 8일)
**주소** 서울특별시 강남구 테헤란로33길 13-3, 7층(역삼동)
**홈페이지** cidermics.com
**이메일** gyeongiloumbooks@gmail.com(출간 문의)
**전화** 02-2088-1804  **팩스** 02-2088-5813
**종이** 다올페이퍼  **인쇄** 재영피앤비
ISBN 979-11-94508-41-0 (03320)

- 책값은 뒤표지에 있습니다.
- 잘못된 책이나 파손된 책은 구입하신 서점에서 교환해드립니다.
- 이 책은 저작권법에 의하여 보호를 받는 저작물이므로 무단 전재와 복제를 금합니다.